buch & media

Simon Zawalinski, geboren 1952 in Stettin, lebte zunächst mit seinen Eltern in Polen. Während der antijüdischen Exzesse in den Jahren 1967 bis 1970 emigrierte er nach Israel und von dort in die Bundesrepublik Deutschland, wo er sich in Frankfurt am Main niederließ. Noch in Polen schrieb er als Jugendlicher Gedichte und Erzählungen. In Israel redigierte er mit anderen Mitgliedern eine Kibbuzzeitung, für die er auch regelmäßig schrieb. In Deutschland war er Mitherausgeber und Autor einer polnischen Exilzeitschrift. Von ihm erschienen bereits die Romane »Der Ostpark-Blues« (2010) und »Der Schnee von Jerusalem« (2013). Sein Theaterstück »Der polnische Patient« wurde 2014 erfolgreich in Frankfurt am Main uraufgeführt.

Simon Zawalinski

Frankfurter Kioskgeschichten

buch & media

Weitere Informationen über den Verlag und sein Programm unter
www.buchmedia.de

März 2015

Lektorat: Christa Opitz-Schwab
Umschlaggestaltung: Kay Fretwurst, Freienbrink
unter Verwendung eines Fotos von Simon Zawalinski
Printed in Germany · ISBN 978-3-95780-029-9

Inhalt

Gewidmet meinen Kunden,
die mir in den Jahren meines Kioskbetriebes
immer zur Seite gestanden haben
und eigentlich die Mitautoren dieses Buches sind.

Einleitung

Was ist eigentlich ein Kiosk? Wodurch unterscheidet er sich von einer Trinkhalle oder einem Marktstand? Oder ist das nur ein anderer Name für ein kleines Bauwerk aus leichter Substanz? Laut einer Studie von Elisabeth Naumann, die sie vor Jahren in dem Buch »Kiosk – Entdeckungen an einem alltäglichen Ort« veröffentlichte, ist dies ein Ort, wo sich schnell und einfach die kleinen, alltäglichen Wünsche erfüllen lassen. »Kiosk« sei ein Sammelbegriff für eine Trinkhalle, wo meistens Getränke mit oder ohne Alkohol verkauft werden, aber auch für einen Verkaufspavillon, wo man praktisch alles zum Leben Benötigte käuflich erwerben kann. Allerdings war ein Kiosk früher etwas anderes: In der Antike war er ein Kühle spendendes Nomadenzelt in der heißen Wüste, die alten Ägypter ließen in ihm ihre Götter wohnen, im Nahen Osten gab es schicke Gartenkioske, in denen sich der Adel zu erholen pflegte. In der Türkei gab und gibt es immer noch wunderschöne, architektonisch sehr kunstvoll gestaltete Kioske. Auch Gartenhäuschen und Gartenlauben sind im weiteren Sinne Kioske. Insbesondere im Orient blühte früher diese Architektur und jeder reiche Grundbesitzer sah es als Pflicht an, in seinem Garten einen Kiosk aufzustellen. Je vermögender dessen Eigentümer war, desto prachtvoller fiel das Bauwerk aus.

In der Neuzeit wurden diese Kioske wie so viele Dinge kommerzialisiert und ihrer ursprünglichen Bestimmung beraubt. Zwar gibt es immer noch genügend Gartenhäuschen, Lauben, Schuppen, Buden und ähnliche Bauten, aber den Kiosk als einen der Erholung und dem exklusiven Lebensstil dienenden Pavillon gibt es nicht mehr. Der auf den Verkauf von Waren und Dienstleistungen ausgerichtete Kiosk ist ein Kind des 19. und 20. Jahrhunderts. Er dient jetzt als Marktstand. Diese Entwicklung von einem vornehmen Ort der Erholung zu einem gewöhnlichen Bauwerk für Verkaufsgeschäfte gefällt nicht jedem. Der Kunsthistoriker

Carel J. Du Ry beklage diesen Vorgang als »Begriffsverwirrung in unserer westlichen Welt«, schreibt Elisabeth Naumann, und er spreche von »Degradierung traditionsreicher und künstlerisch wertvoller orientalischer Bautradition«. Nun, die Erinnerung an die feudale orientalische Herkunft der Kioske ist schon verblasst und geht langsam verloren.

Schon vor zwei Jahrhunderten hat sich der Begriff Kiosk als Bezeichnung für ein Verkaufshäuschen durchgesetzt. Das ist kein Prestigeverlust, sondern einfach der Lauf der Dinge. Laut Elisabeth Naumann erfolgte mit der Kommerzialisierung des Kioskes auch ein Standortwechsel. Er verließ die ruhigen Gärten und wanderte dorthin, wo sein Verkaufsangebot von vielen Menschen wahrgenommen wurde. Die Kioske entstanden hauptsächlich auf Bahnhöfen, in Fußgängerzonen, an Haltestellen – immer dort, wo der Mensch einen Moment Zeit hat und das Verlangen, etwas gerade Gewünschtes zu erwerben: sei es ein Getränk, ein Eis, ein schneller Imbiss, sei es eine Zeitung oder eine Zeitschrift, eine Schachtel Zigaretten oder ein Lottoschein. Im Kiosk erfolgen Impulskäufe, man ersteht Dinge, an deren Kauf man vorher nicht dachte.

Ein Kiosk hat aber auch eine wichtige soziale Aufgabe zu erfüllen: Er ist Anlaufstelle für Menschen, die sich mitteilen wollen, die einsam sind und sich nach etwas Kontakt sehnen und die wahrgenommen werden wollen. Ältere Menschen zieht der Kiosk wie ein Magnet an, aber auch die Zu-kurz-Gekommenen, die Außenseiter unserer Gesellschaft nutzen den Aufenthalt in einem Kiosk, um etwas Wärme, Geborgenheit und Anerkennung zu erfahren. Ein Kiosk baut sich eine Familie auf. Das sind Freunde und Kunden des Kioskes, die immer wieder hier erscheinen, die sich das Leben nur schwer ohne diesen vorstellen können. Im Kiosk treffen sich die Reichen mit den Armen, die politischen Antagonisten, die Kulturschaffenden mit den Kulturbanausen. Der Bankdirektor wechselt ein paar Worte mit dem obdachlosen Bettler, der Starmoderator aus dem Fernsehen hält einen Small Talk mit der Harz-IV-Empfängerin. Der Kiosk ist eine Begegnungsstätte, die menschliche Schicksale zusammenführt, manchmal mit einem unerwarteten Ergebnis. Die soziale Komponente dieses »Marktplatzes« ist sehr hoch. Jemand sagte einmal, Kioske und Trinkhallen seien die Kurorte des kleinen Mannes. Aber auch der »große« Mann lässt sich gerne hier blicken, plaudert ein bisschen und geht dann weiter. In all den Jahren, in denen ich Kioske betreibe, hat sich viel Prominenz bei mir die Klinke in die Hand gegeben. Magnetisch lockt die besondere Atmosphäre eines Kioskes viele Menschen an. Hier begegnet man den verschiedensten Schicksalen, hier erfährt man die neuesten Nachrichten, hier werden Neuigkeiten akribisch analysiert oder weiter in die Welt hinausgeschickt. Hier kommen Kriminelle und deren Verfolger zu Wort, die Begüterten und die ewig Benachteiligten, die Schönen und die Hässlichen, die großen Volksredner und die Schweigsamen. Man könnte zu Recht sagen: Hier trifft sich das Volk.

Es ist ein Querschnitt des bundesdeutschen Lebens mit all seinen Problemen und Begebenheiten. Man bezeichnet den Kiosk als ein Straßenmöbel, und das Treiben darin ist »eine kleine Welt, die nicht viel gilt und die dennoch viel über den Zustand unserer Welt erzählt«, wie die *Berliner Morgenpost* einmal richtig urteilte. Diese Straßenmöbel werden meist gering geschätzt, belächelt und nur mit Widerwillen akzeptiert. In der Stadt Frankfurt gab es einmal einige Verfechter eines kioskfreien Lebens. Sie monierten die Rückständigkeit dieser Institution und betrachteten sie als ein Überbleibsel aus vergangenen Zeiten, das in der modernen Welt keinen Platz mehr habe. Es zeigte sich jedoch, dass diese Überlegungen etwas verfrüht waren. Nach wie vor tragen die Kioske, Trinkhallen und Verkaufsstände zur Belebung nicht nur des Handels, sondern auch des öffentlichen Lebens bei. Man darf hier das angesprochene soziale Element nicht vergessen. Elisabeth Naumann kommt in ihrem Buch zu dem Schluss, dass der Kiosk niemanden zurückweist, er akzeptiert den Kunden bedingungslos. Der Kiosk stellt sich dem Käufer zur Verfügung. »Er kann dir ein verlässlicher Freund sein, ein guter Bekannter, ein sozialer Kontaktpunkt oder auch nur ein anonymer Aufenthaltsort. Er erlaubt dir die scheinbare Teilnahme an den unterschiedlichsten Erlebniswelten, indem er die Illusion nährt, überall dabei zu sein.«

Im Kiosk begegnet man den unterschiedlichsten Menschen und erlebt die unglaublichsten Geschichten. Wenn man fast dreiundvierzig Jahre dort arbeitet, hat man viel zu berichten. So hat sich in all den Jahren jede Menge Erzählenswertes angesammelt, meine Notizbücher sind voll von den verschiedensten Erlebnissen. Manche sind ernst, manche sind komisch. Meine Niederschriften reichen für zwei Bücher. Der erste Band liegt vor Ihnen. Ich wünsche Ihnen eine angenehme Lektüre und eine gute Unterhaltung.

Simon Zawalinski

Ein Kiosk ist zu verpachten

Eines Tages beschlossen mein Vater und ich, uns selbstständig zu machen. Aus Mangel an Kapital mussten wir gezwungenermaßen kleine Brötchen backen. Wir suchten ein kleines, aber feines Geschäft, welches ausbaufähig war und seinen Betreibern nur überschaubare Kenntnisse abverlangen würde. Unser Augenmerk richtete sich zunächst auf die Nahrungsmittelbranche wie Imbissstände, Tante-Emma-Läden oder Minibars. Um eine Übersicht über die angebotenen Geschäfte zu bekommen, riet uns ein Bekannter, am Freitagabend die *Frankfurter Rundschau* zu besorgen. Also erwarben wir an einem Zeitungsstand im Stadtteil Bornheim ein solches Exemplar. Um uns bis zu den Geschäftsinseraten vorzukämpfen, mussten wir die Autoanzeigen überspringen und die Stellenangebote sowie den Wohnungsmarkt überfliegen, außerdem noch die Todesanzeigen und die Suche nach Bekanntschaften durchblättern. Dann endlich fanden wir die Annoncen, die wir gesucht hatten. Die Angebote beinhalteten Restaurants, Imbissbuden, Handwerksbetriebe und sonstige Geschäftszweige, die entweder zu verkaufen oder zu verpachten waren. Uns fiel eine Anzeige auf, in der ein Pächter für einen Kiosk in der Stadtmitte von Frankfurt gesucht wurde. Dieser Kiosk weise gute Umsätze vor und alles Weitere könne man unter der angegebenen Telefonnummer erfahren. Es klang verlockend, besonders der Hinweis »Stadtmitte« weckte unser Interesse und traf auf einen tief in unseren Herzen schlummernden Wunschtraum. Da wir damals noch kein eigenes Telefon besaßen, marschierten wir mit der Zeitung los und fanden in der Berger Straße, genauer am Merianplatz, eine Telefonzelle. Selbstverständlich war diese besetzt und noch einige weitere Anwärter standen Schlange, um einen Anruf zu tätigen. Damals gab es noch keine Handys, keine digitalen Fotokameras, kein Video, und die Computer waren groß wie Schränke, nur Großunternehmen konnten sich solche Rechenanlagen leisten.

Folglich standen wir geduldig an und warteten. Das Warten hat sich gelohnt, denn unser Gesprächspartner am anderen Ende der Leitung, ein Herr Wolf, signalisierte sein Entgegenkommen. Er nannte uns auch die Adresse, an der sich das Objekt unserer Begierde befinden sollte: auf dem Börsenplatz gegenüber der Frankfurter Börse.

Also kauften wir Fahrkarten, stiegen in die Straßenbahn Nummer 12 und fuhren bis zur Hauptwache. Damals war die Hauptwache eine riesige Baustelle, man baute in Frankfurt die U-Bahn. Von der Hauptwache zum Börsenplatz ist es nur ein Katzensprung. Dort angelangt hielten wir Ausschau nach dem Kiosk. Ohne Erfolg. Wir fanden das Gebäude der Frankfurter Industrie- und Handelskammer, das die Börse beherbergt, wir sahen ein Stückchen weiter eine Bildergalerie, wir drehten uns um und erblickten das Gebäude des Kassenvereins der Börse, in dem sich ein Parkhaus befand. Etwas weiter entdeckten wir den Bau der Frankfurter Stadtsparkasse, in dem sich außerdem ein Antiquitätengeschäft und an der Ecke zur Schillerstraße das Modegeschäft Lang befanden, das laut eigener Werbung früher ein k. u. k. Lieferant gewesen sein wollte. Für die nicht Eingeweihten: K. u. k. ist die Abkürzung für die kaiserliche und königliche Monarchie des ehemaligen Staatengebildes Österreich-Ungarn.

Wir nahmen jedes Geschäft unter die Lupe, schauten uns mindestens zehn Mal gründlich um, aber einen Kiosk konnten wir nicht ausfindig machen. Da wir diesen Herrn Wolf ernst nahmen und davon ausgingen, dass er uns nicht zum Narren halten wollte, suchten wir beharrlich weiter. Direkt vor uns befanden sich ein italienischer Eissalon und ein Modegeschäft, schräg links das Café Foerst. Wir drehten uns noch mal um, aber außer einer kleinen Holzbude, die wie ein vergessenes Klo von anno dazumal aussah, fanden wir nichts, was mit einem Kiosk Ähnlichkeit gehabt hätte. Vom Börsenplatz aus riefen wir den Herrn Wolf an und fragten nach dem Verbleib dieser geheimnisvollen Immobilie. Zu unserer Verwunderung beschrieb Herr Wolf den Kiosk sehr genau und wir erkannten sofort die Holzbude als das gesuchte Objekt. Noch im Schockzustand betrachteten wir das Bauwerk von allen Seiten, um uns ein Bild zu machen. Wie man in dieser Hütte, die zum Kiosk mutiert war, Presseartikel und Tabakwaren verkaufen sollte, wollte mir nicht in den Kopf.

Aber mein Vater analysierte schon die neu eingetretene Lage. »Absagen kannst du immer«, belehrte er mich. Er erkannte sofort das Potenzial der Lage. Im Zentrum Frankfurts könnte laut seinen Überlegungen auch eine solch halb verfallene Holzbude gutes Geld bringen. Er beobachtete die Menschenströme, die zur Arbeit eilenden Börsianer, die um den Platz gruppierten Geschäfte, zählte, wie viele Bars, Kneipen und Restaurants sich in der Nähe befanden. Wir verbrachten den ganzen Tag mit unseren Recherchen und erfuhren dabei, dass die auf der Schillerstraße stillgelegte Straßenbahn diese Straße wieder befahren sollte, was durch die Einrichtung von zwei Haltestellen viele Menschen in die Nähe der Bude bringen würde. Und wenn nur einige von ihnen den Weg zum Kiosk fänden, dann wäre das für den Verkauf eine hervorragende Sache. Dann begutachteten wir das in der Mitte des Platzes stehende Bauwunder. Das Holz war schon morsch, an einigen Stellen drohte der Bau auseinanderzubrechen. Einige Ausbesserungsarbeiten waren hier vonnöten. Graffitis bedeckten die Außenwände. Ganz oben, rund um das Dach, betrieb die *FAZ* Reklame. An der Ecke zur Schillerstraße hin hatte die Firma Philip Morris ein Viereck mit Werbung für ihre neue Marke *Marlboro* angebracht. Der Cowboy zu Pferd schien die Bude zu bewachen. Hinter dem Kiosk angelehnt stand eine Holzkiste, in welche die Lieferanten neue Zeitungen und Zeitschriften hineinlegten und alte wieder mitnahmen.

Herr Wolf wollte für das Prachtstück zweitausend Mark, obwohl ihm das Gebäude gar nicht gehörte. Er war nur Pächter. Der Besitzer der Bude – aber nicht des Grundstücks – war ein Ansichtskartenhersteller, Herr Zimmermann, der in Frankfurt den Verlag Michel & Co gegründet hatte und in der Mainmetropole fast ein Monopol in dieser Branche hatte. Mein Vater handelte die Abstandssumme um fünfhundert Mark herunter. Bei der Bauaufsichtsbehörde im Römer ließen wir uns die Pläne des Kioskes aushändigen. Dieses Meisterwerk der Baukunst war im Jahr 1946 auf dem Börsenplatz aufgestellt worden. An dieser Stelle hatte in den späten dreißiger Jahren bereits ein Kioskpavillon gestanden, wo man neben Presseerzeugnissen auch Zigaretten und Erfrischungsgetränke verkaufte. Im Jahr 1948 war der Kiosk umgebaut und von einer Erna Hasenpflug betrieben worden, die ihn dann an den jetzigen Besitzer verkaufte. Diesen trafen wir nun in einem Café und informierten ihn von unserem Wunsch, seinen Kiosk zu pachten. Zu unserer Verwunderung und Überraschung fragte er uns, ob wir Interesse hätten, den Kiosk zu kaufen. Er würde uns einen guten Preis machen, denn er brauche Geld für die Erweiterung seines Geschäftes. Doch er nannte eine Summe, die wir nicht aufbringen konnten. Wenn wir uns sofort entschließen würden, bot er an, könne er mit dem Preis noch runtergehen und uns dem Filialleiter der Stadtsparkasse am Börsenplatz vorstellen. So geschah es auch. Die Bürokratiemaschinerie wurde in Gang gesetzt, wir bekamen den Kredit und der Besitzer sein Geld direkt von der Bank. Dann mussten wir das Gewerbe anmelden, ein Geschäftskonto bei der Bank eröffnen, einen Liefervertrag mit dem Pressegrossisten unterschreiben, einen Steuerberater finden, Handwerker mit der Ausbesserung verschiedener Kioskelemente beauftragen und den angesammelten Mist im Kiosk ausräumen. Bevor wir diesen wieder eröffneten, meldeten sich bei uns verschiedene Behörden wie das Liegenschaftsamt, das Gewerbeamt, das Amt für Stadtplanung und Gesamtentwicklung, das Straßenbauamt, die Stadtwerke, das Katasteramt und zu guter Letzt das Finanzamt. Überall mussten wir etwas einzahlen, Kautionen hinterlegen, Dokumente unterschreiben. Bei der städtischen Müllabfuhr, dem Vorläufer des FES, mussten wir Mülltonnen bestellen. Für die Ablagekiste mussten wir eine Versicherung abschließen. Nur den Kiosk selbst wollte keine Versicherung der Welt versichern. Bevor wir das Schloss an der Tür auswechselten, mussten wir diese ersetzen. Auch die Frontklappe, die außerdem als Schutzdach für die ausgelegte Ware diente, mussten wir neu anfertigen lassen.

Und dann kam der Tag X, an dem wir unseren Kiosk, unseren Verkaufsstand, öffnen durften. Die Zeitungskiste war voll mit Presseerzeugnissen und wir stellten erschrocken fest, dass die Kiste ein größeres Volumen hatte als der Kiosk, der genau einen Quadratmeter maß. Der erste Kunde war eine Dame, die nach *Dunhill* verlangte. Wir wussten nicht, ob das eine Zeitschrift sein sollte, eine Milchschokolade oder ein Getränk. Die Kundin half uns, indem sie uns aufklärte, *Dunhill* sei eine Zigarettenmarke.

Alle Anfänge sind schwer, unserer war aber besonders schwer, weil wir keine Ahnung von diesem Geschäft hatten. Wir sprangen ins tiefe Wasser, ohne richtig schwimmen gelernt zu haben. Mit jedem Tag lernten wir etwas dazu. Bald schon beherrschten wir das Auspacken und das Remittieren der Presseerzeugnisse, wir lernten die Namen der Zigarettenmarken, kauften und verkauften Getränke, Kaugummis und Süßigkeiten. Nach und nach begriffen wir auch die Gepflogenheiten der deutschen Bürokratie und den Umgang mit Überweisungen und Lastschriften. Es offenbarten sich die ersten Freunde des Kioskes, die Stammkunden, die uns die Treue hielten. Wir schlossen mit der Stadt Frankfurt einen Vertrag über die Benutzung der Liegenschaft ohne eigene Nummer auf dem Börsenplatz. Dafür kassierte der Magistrat eine Pacht, die überschaubar und der Größe des Objekts angemessen war. Als die Straßenbahn die Schillerstraße wieder befuhr, merkten alle Läden, wir eingeschlossen, eine Belebung ihrer Geschäfte.

Nach einigen Jahren beantragten wir bei der Stadt eine Baugenehmigung für einen neuen Zeitungskiosk. Doch alle Anträge, die wir immer wieder stellten, wurden abgelehnt. Bis uns eines Tages mitgeteilt wurde, dass man im Römer eine Umgestaltung und Modernisierung des ganzen Börsenplatz und der Schillerstraße plane. Im Rahmen dieser Maßnahme stellten die Mitarbeiter der verschiedenen städtischen Ämter Überlegungen an, wie man den Kiosk am besten in die neue Landschaft hineinkomponieren könnte. Am Ende des städtischen Nachdenkens bekamen wir den Bescheid, dass man den Ausbau des Platzes ohne einen Kiosk beschlossen habe. Erst nach unserer Intervention bei fast allen Ämtern, nach dem Einschalten der Presse und des Hessischen Rundfunks änderten die Verantwortlichen der Stadt ihre Meinung und beschlossen, doch einen Kiosk einzuplanen. Als wir schon so weit waren, einen Architekten zu beauftragen, kam Herr Wachler mit der neuesten Nachricht zu uns. Wie ihm jemand aus dem Liegenschaftsamt zugeflüstert habe, seien die Verantwortlichen dabei, den Platz für den neuen Kiosk an eine Betreiberkette zu vergeben. Er mahnte zur Eile. Wir sprachen die Börsianer an, die Fraktionen im Frankfurter Stadtparlament, die Industrie- und Handelskammer, die Vertreter der Frankfurter Medienlandschaft. Diese konzertierte Aktion wurde von Erfolg gekrönt. Der Leiter des Liegenschaftsamtes bat meinen Vater zum persönlichen Gespräch, bei dem er ihm versicherte, nur an uns die Baugenehmigung zu vergeben. Und es geschah auch so. Dann meldete sich plötzlich das Gartenamt mit dem Ansinnen, auf dem Platz des künftigen Kioskes Bäume pflanzen zu wollen. Nach vier turbulenten Wochen, in denen unser Nervenkostüm aufs Äußerste strapaziert wurde, versammelten sich im Römer die Stadtabgeordneten und laut allen Frankfurter Zeitungen beschlossen sie einstimmig, auf dem Börsenplatz einen Zeitungskiosk bauen zu lassen. Die Betreiber sollten die jetzigen sein.

Wir hatten diesen Sieg hart erkämpft. Wie viel Nerven uns das gekostet hat, ist gar nicht zu sagen. Wir beauftragten ein bekanntes Architekturbüro mit der Planung unseres neuen Kioskes, der jetzt »Verkaufspavillon« hieß. Dem Architekten gelang ein toller Entwurf und das später aufgestellte Konstrukt trug zur architektonischen Belebung der City bei. Für uns begann eine neue Ära des zeitgemäßen Verkaufens in einem modernen Pavillon auf einem runderneuerten Börsenplatz an der neu gestalteten, straßenbahnfreien Schillerstraße.

Der verrückte Theaterdirektor

Am Anfang unserer Tätigkeit im Kiosk, als dieser noch Kiosk und nicht wie heute Verkaufspavillon hieß, aus Holz gebaut und nicht begehbar war und nur einen Quadratmeter maß, lief alles viel gemütlicher ab, war aber nicht weniger stressig als heute. Zuerst lernten mein Vater und ich die verschiedenen Zigarettenmarken kennen. Die heutigen Marken gab es damals fast alle noch nicht. Und wer erinnert sich heute noch an die damals gängigen Marken wie *HB*, *Stuyvesant*, *Krone*, *Ernte 23*, *Milde Sorte*, *Eckstein*, *Kent*, *Reval* oder *Roth-Händle*? Die weniger bekannten, aber ebenfalls vorhandenen Marken hießen *Sheffield*, *Astor*, *Zanussi*, *Kurmark*, *Paramount*, *Overstolz*, *St. Laurent*, *Gold Dollar* und *Ducall*. Auch die Presselandschaft war teilweise eine andere. Es gab in Frankfurt neben der bundesdeutschen *Bild-Zeitung* noch die *FAZ*, die *Frankfurter Rundschau*, die *Frankfurter Neue Presse*, die *Abendpost/Nachtausgabe* und die *Frankfurter Rundschau am Abend*. Noch früher erschienen zudem die *Abendpost* am späten Nachmittag und die *Nachtausgabe* am Abend. Es gab damals auf den bundesdeutschen Printmedienmarkt Zeitschriften, deren Existenz man schon vergessen hat, zum Beispiel die Frauenzeitschriften *Jasmin* oder *Annabelle*. Wer weiß heute noch, dass es die Satire-Zeitschriften *Pardon* und *Spontan* gab? Es erschienen auch mehrere linke Blätter wie *Das da*, *Pflasterstrand* und *Konkret*, ein Männermagazin *Esquire* und ein Konkurrenzblatt für den *Stern* vom Bauer-Verlag mit dem Namen *Quick*. Es gab außerdem eine illustrierte Ausgabe der *Bild-Zeitung* namens *Neue Revue*. Damals erschienen aber auch schon die *Zeit*, der *Stern*, der *Spiegel*, die *Brigitte*, *Für Sie*, *Freundin*, *Hörzu* und die deutsche Ausgabe des *Playboy*, die Rekordumsätze einfuhr. Dass die *Frankfurter Allgemeine Zeitung*, hinter der immer schon ein kluger Kopf stand, von den meisten klugen Köpfen der Republik nur kurz »*FAZ*« genannt wurde, mussten wir erst lernen.

Einer dieser »klugen Köpfe« erkor unsere Verkaufsstelle zu seinem Stammkiosk und besuchte uns täglich, immer zwischen 9.45 Uhr und 10.00 Uhr. Dieser Herr von nicht besonders großer Statur trug unter der Nase eine Art Schnurrbart, hatte kurz geschorenes Haar und einen etwas verschwommenen Blick. Er verlangte nach einer »*FAZ*«. Weder mein Vater noch ich verstanden, was der Kunde von uns wollte. Eine *FAZ* kannten wir beide nicht. Wir fragten ihn so nett wie möglich, was diese ominösen drei Buchstaben bedeuteten, da meinte er barsch, wer Presseerzeugnisse verkaufe, der sollte alle Titel kennen, auch die Abkürzungen. Dann ging er, ohne irgendetwas gekauft zu haben. Wir dachten, der Spuk sei vorbei, aber wir wurden eines Besseren belehrt. Tags darauf erschien dieser komische Kerl wieder und verlangte nach der »*FAZ*«. Auch diesmal konnten wir uns darunter nichts vorstellen, worüber sich unser Kunde sehr aufregte. Er schimpfte wie ein Rohrspatz über unbelehrbare Menschen, die zu dumm seien, die drei Buchstaben zu interpretieren. Das sei ein schlechter Dienst am Kunden und eines Zeitungsverkäufers nicht würdig. Wieder ging er unverrichteter Dinge weiter. Jetzt passten wir auf. Gleich den nächsten Kunden fragten wir nach den drei dubiosen Buchstaben. Zu unserer Enttäuschung konnte er uns nicht weiterhelfen. Wir waren also nicht allein, auch andere Menschen in der Bundesrepublik kannten das Geheimnis nicht. Später am Tag erschien ein netter junger Mann, der die *Süddeutsche Zeitung* kaufen wollte. Er blätterte darin und fragte laut, aber an sich selbst gerichtet, ob über dieses Thema auch in der *FAZ* berichtet würde und bat uns dann, ihm auch die *Frankfurter Allgemeine Zeitung* auszuhändigen. Für uns war das ein Aha-Erlebnis. Jetzt hatten wir die Lösung! Endlich! Wir brauchten den Mann gar nicht mehr zu fragen, jetzt war klar: *FAZ* war die Abkürzung für *Frankfurter Allgemeine Zeitung*, dessen waren wir uns sicher. Der Kunde bezahlte die beiden Zeitungen und wünschte uns noch einen schönen Tag. Dieser Tag war schon schön, hatten wir doch die Bedeutung dieser drei Buchstaben erfahren. Wir freuten uns schon auf die morgige Begegnung mit dem komischen Kauz, aber zu unserer Enttäuschung kam er nicht. Dieser schlecht gelaunte Mensch kam auch nicht am nächsten Tag. Aber als er nach zwei Wochen endlich unseren Kiosk aufsuchte, legten wir ihm sofort die *FAZ* vor die Nase. Er schaute uns verdutzt an und erklärte sichtlich zufrieden: »Na bitte, der Mensch ist imstande, alles zu lernen. Er braucht nur den Ansporn und ein wenig Hilfe. Heute brauche ich aber die *FR*, die *FAZ* habe ich schon.«

Wir blickten ihn ein wenig entgeistert an, aber mein Vater schaltete schnell. Er lächelte, nahm die *FAZ* weg und legte stattdessen die *Frankfurter Rundschau* vor den Kunden. Diesmal war es dem arroganten Intellektuellen nicht gelungen, uns zu verhöhnen. Er bedankte sich in süffisantem Ton und ging von dannen. Am nächsten Tag war er wieder da und holte seine geliebte Lektüre, die *FAZ*.

Bei einem der nächsten Käufe versuchte ich behutsam ein Gespräch einzufädeln, doch er wehrte sofort ab. Nach einigen vergeblichen Versuchen gab ich auf und bediente ihn ganz förmlich, indem ich ihm seine Zeitung fast ohne Worte aushändigte. Das ging etwa fünf bis sechs Monate so, bis ich eines Tages das Volksbildungsheim aufsuchte, wo sich auch das »Theater am Turm« befand. Heute ist das Volksbildungsheim woanders untergebracht, das Theater logiert in einem ehemaligen Straßenbahndepot und am Turm befindet sich aktuell ein Kino-Center. Damals aber war dieses Theater die wohl wichtigste Adresse für avantgardistisches Theater in Frankfurt. Als ich den Vorraum betrat, drohte mir schon von fern unser humorloser *FAZ*-Käufer. Sein Bild hing nämlich an einer Tafel, die die Schauspieler und andere Mitglieder des Ensembles präsentierte. So erfuhr ich, dass unser Kunde der Direktor dieses Theaters war und Rainer Werner Fassbinder hieß. Der Name war mir schon geläufig, denn dieser Regisseur und Schauspieler war verantwortlich für viele engagierte Filme, die im Verlag der Autoren entstanden sind. Unter dem Bild dieses großen Gurus des deutschen Films und Theaters fand ich auch das Foto des Mannes, der bei uns die *Süddeutsche Zeitung* gekauft und das Stichwort für die *FAZ* geliefert hatte. Er war ein bekannter Schauspieler, dessen Name mir bedauerlicherweise entfallen ist.

Als Herr Fassbinder uns wieder mit seinem Besuch beehrte, sprach ich ihn direkt auf seine Tätigkeit im Theater am Turm (TaT) an. Zu meiner Überraschung zeigte sich unser »schwierigster Kunde« ganz jovial und gesprächsfreudig. Er freue sich, dass wir uns für den Kulturbetrieb in Deutschland interessierten, und bat um Verständnis, dass er ein kleines Experiment mit uns gemacht hatte.

Er wollte uns selbst die Lösung des Rätsels der drei Buchstaben herausfinden lassen. Als er merkte, dass eine längere Geschichte daraus werden könnte, schickte er »seinen besten Mann«, um der Sache auf die Sprünge zu helfen, was ja auch erfolgreich war. Der junge Mann hatte seine Rolle sehr gut gespielt, das konnten wir bestätigen.

Der Direktor Fassbinder freute sich sichtlich über unser Interesse am politischen und kulturellen Leben in diesem Land. Er lud uns zu einem Theaterbesuch ein, wo wir seine Regiekunst bewundern könnten, eine Freikarte bot er uns aber nicht an. Er war schon ein Unikum, im wahrsten Sinne des Wortes. Mir versprach er eine Statistenrolle in einem seiner Filme, was er selbstverständlich nicht einhielt. Bald darauf gab er den Direktorenposten am Theater ab und ging nach München. Unser Kultregisseur drehte später noch viele bekannte Filme und hielt nicht nur das Publikum mit seinen Visionen in Atem. Mein Vater wollte nicht glauben, dass dieser Kauz solch eine Filmkarriere machte.

Auch ich konnte lange diesen Autor von »Angst essen Seele auf«, »Die Sehnsucht der Veronika Voss«, »Berlin Alexanderplatz«, »Deutschland im Herbst« und vielen anderen Filmen nicht mit unserem Zeitungskäufer in Einklang bringen. Ich habe mir alle seine Filme angeschaut. Er kämpfte in seinem Leben gegen alles, aber insbesondere gegen sich selbst. Bis er eines Tages aufgab. Aber seine Legende lebt weiter!

Manfred

Jeder Mensch hat einen Freund oder eine Freundin, fast jede Familie hat einen Hausfreund. Auch in unserem Kiosk war es nicht anders. Unser »Hausfreund« hieß Manfred und arbeitete zwei Straßen weiter in einer Großhandelsfirma. Diese vertrieb Presseerzeugnisse aller Art. Am frühen Morgen um sieben Uhr war Manfred schon zur Stelle. Zu dieser Zeit war ich mit dem Auspacken der gelieferten Zeitungen und Zeitschriften beschäftigt. Manfred half mir dabei und die Arbeit ging schnell voran. Bevor er mir aber zur Hand ging, trank er zunächst einige kleine Fläschchen eines bekannten Kräuterlikörs leer. Damit er nicht so schnell betrunken wurde, verdünnte er die unangenehm riechende Flüssigkeit mit Mineralwasser. Nach getaner Arbeit genehmigte sich Manfred dann noch weitere Fläschchen des norddeutschen Elixiers. So gestärkt begann er Neuigkeiten aus seinem Leben zu erzählen, während ich die alten Zeitschriften aussortierte. Manfreds Erzählungen drehten sich fast immer um sein Haus, seinen Garten, die Mutter, die bettlägerig war, und um seine Frau, die er als die größte Nervensäge Hessens bezeichnete. Im gleichen Atemzug aber pries er seine Anvertraute als das Beste, was ihm in seinem Leben passieren konnte. Er erzählte mit seinem unverwechselbaren südhessischen Dialekt von den Schwierigkeiten, die Dame seines Herzen zu ehelichen.

Ich erfuhr von fast unüberbrückbaren Hindernissen, welche die verschiedenen Konfessionen der beiden Liebenden mit sich brachten. Bisher war ich davon ausgegangen, dass es Schwierigkeiten gäbe, wenn z. B. Moslems oder Juden einem christlichen Partner das Ja-Wort geben wollten. Aber dass es auch unter den Christen solche religiösen Animositäten gab, war mir neu. Protestanten, Katholiken, Orthodoxe – sie alle hatten doch eigentlich einen Glauben. Woher kam diese hartnäckige Ablehnung der etwas anderen Fraktion? Das Christentum hat jedoch außerhalb dieser drei Hauptrichtungen noch sektenähnliche Sondergruppen, die fast schon Abspaltungen sind. Die protestantische Kirche hat die Lutheraner, die Baptisten und andere weniger oder mehr mit der Hauptkirche assoziierte Richtungen. Auch die katholische Seite kann mit vielen Glaubensrichtungen aufwarten. Manfred und seine Angebetete setzten sich schließlich über alle Hürden hinweg und heirateten trotzdem. Damals waren die beiden neunzehn und am Anfang ihres Erwachsenenlebens.

Manfred gehörte mit der Zeit zum Kiosk-»Inventar«. Allen Stammkunden und Bekannten fiel es auf, wenn er mal nicht da war. »Ist Ihr Bekannter krank?«, war die häufigste Frage, die seiner Abwesenheit galt. Denn nicht nur in der Hauptpause, sondern auch in den Zwischenpausen, die er sich selbst einräumte, war Manfred in unserem Verkaufspavillon. Sein Kräuterlikörkonsum belief sich tagein, tagaus auf vierundzwanzig 20-ml-Fläschchen dieses Zaubertranks. Dazu kamen etwa zwei Liter Wasser täglich. Bis zum Abend merkte man ihm von seinem Hobby, das eine Sucht war, nichts an. Wenn er jedoch nach der Arbeit seine letzten vier »Kurzen« schluckte, begann er zu lallen, da erkannte man die Grenzen dieser einmaligen Aufnahmefähigkeit. Sein Gesicht lief rot an und seine Zunge weigerte sich beharrlich, einwandfreie Arbeit zu verrichten.

Manfred hatte fast immer gute Laune, er war hilfsbereit und konnte ohne Schwierigkeiten zwischenmenschliche Kontakte herstellen. In der Nähe des Verkaufspavillons, den wir nach wie vor Kiosk nannten, befand sich eine besondere Einrichtung, die von einem anderen Stammkunden geleitet wurde. Die Mitarbeiterinnen dieses Betriebes gehörten ebenfalls zu unserer Stammkundschaft. Manfred machte den hier einkaufenden Damen Komplimente, lehnte aber ihre Einladungen dankend ab. Er erklärte mir den Standpunkt, den er in dieser Angelegenheit vertrat, mit dem Satz: »Draußen holt man sich den Appetit, zu Hause wird dann gegessen.« Manfred und seine Frau waren kinderlos, obwohl Manfred Kinder liebte und auch die Kinder mochten ihn sehr. Er hatte eine Abneigung gegen Fremdsprachen, deswegen machte er immer in Deutschland Urlaub, denn hier fühlte er sich am wohlsten.

Er betrachtete auch Sächsisch als Fremdsprache. Nach der Öffnung der innerdeutschen Grenze kamen die ersten DDR-Bürger zu uns. Man konnte sie an ihrem Auftreten und an ihren blassblauen Jeansuniformen, dem Markenzeichen des ehemaligen Ostblocks, erkennen. Einige dieser »Touristen« besuchten auch unseren Kiosk, und da kam ich zum ersten Mal in Berührung mit intensivem Sächsisch. Die freiheitstrunkenen »Invasoren« konnten meistens nur unzulänglich Hochdeutsch. Zu meinem Erstaunen verstand auch Manfred die »sächselnden« Neubundesbürger kaum. Seinen Urlaub verbrachte Manfred stets in Berchtesgaden, wo er vom Bürgermeister eine Treuemedaille für fünfundzwanzig Jahre stetiger Urlaubsaufenthalte entgegennehmen durfte. Er gab zu, doch einmal im Ausland gewesen zu sein, und zwar in Salzburg im schönen Österreich. Zwei Mal im Jahr fuhr Manfred nach Berlin, wo sein Onkel einer Kosmetikfirma vorstand und ihm das Gästehaus der Firma zur Verfügung stellte. Nach dessen Tod endete diese einmalige Gelegenheit abrupt, denn des Onkels Sohn regierte ab jetzt mit eiserner Hand und nahm auf seine Verwandten keine Rücksicht.

Manfred war befreundet mit dem Außendienstmitarbeiter des Grossohandels, der außerdem ein entfernter Verwandter seiner Gattin war. Dieser Stefan Smarra war ein sehr netter Mensch, aber er hatte eine Schwäche: Er trank während der Arbeit. Zugegeben, sein Alkoholkonsum war gegenüber dem von Manfred fast schon unbedeutend, nur musste Stefan den Firmenwagen lenken, was alkoholisiert viele Gefahren mit sich brachte. Prompt kollidierte er eines Tages mit einem Taxi. Der Fahrgast seines Unfallgegners wurde verletzt und es entstand ein erheblicher Sachschaden. Man entzog Herrn Smarra die Fahrerlaubnis und der Arbeitgeber entzog ihm die Arbeitsstelle. Durch seine Dummheit hatte er einen krisensicheren Job verloren. Er hatte eine Frau und zwei Töchter in der Ausbildung, die finanzielle Unterstützung benötigten, und bewohnte mit seiner Familie ein Haus, das noch nicht abbezahlt war. Da in dieser Zeit der Arbeitsmarkt deutlich übersättigt war und die Stellensuche einem Lotteriespiel ähnelte, war seine wirtschaftliche Lage plötzlich äußerst schwierig. Schnell wuchsen ihm die hausgemachten Probleme und die Existenzsorgen über den Kopf und eine Woche nach seinem Rauswurf nahm er sich das Leben. Immerhin verschaffte er sich einen starken Abgang, indem er sich am Eingang zu seiner ehemaligen Firma erhängte.

Manfred kritisierte den Alkoholkonsum seines Freundes und nannte ihn eine Krankheit – auf sich selbst bezog er diese Diagnose jedoch nicht. Er sah sich nicht als alkoholsüchtig an und belog sich selbst mit der Feststellung, er trinke sehr wenig Alkohol und nur bei mir im Kiosk. Abgesehen von seinem Alkoholproblem war Manfred ein pflegeleichter, sympathischer, hilfsbereiter Zeitgenosse, der mir unzählige Male in allen Notsituationen, die ich im Kiosk erlebte, zu Hilfe kam und auf den ich immer zählen konnte. In seinem Sozialverhalten war er ein Mensch ohne eigene Meinung, ein Jasager, der mit niemandem auf Kriegsfuß stehen wollte. Er wollte beliebt sein und war es auch, aber wirklich respektiert wurde er von den wenigsten. Mit dem Erreichen seines dreiundsechzigsten Lebensjahres wurde er sofort in Rente geschickt. Diese Maßnahme kam einer fristlosen Kündigung zuvor, denn die neuen, energischen Manager tolerierten im Gegensatz zu der alten Firmenleitung keine Eskapaden nach Manfreds Art. Noch einige Zeit besuchte er mich, dann wurden seine Besuche immer seltener, bis sie eines Tages ganz aufhörten. Vor Jahren kam er mit seiner Gattin noch einmal vorbei. Er litt an Prostatakrebs. Die nötige Operation musste jedoch immer wieder verschoben werden. Den Grund dafür lieferte er selbst mit dem Produkt aus dem Norden der Republik.

Hausmeister Chomik

Der Hausmeister Karl Chomik war in der Schillerstraße und am Börsenplatz eine Institution. Die ganze Frankfurter City kannte den temperamentvollen Mann, eine Frohnatur, die tief in ihrem Inneren ein kleines Kind geblieben war. Er sammelte Aufkleber, später auch Sticker genannt, Tierbilder, Bilder von der Wildnis und der Natur. Auch Fotos von Oldtimern und nur spärlich angezogenen jungen Damen verschönerten die Wände seines Hobbykellers. Er hieß eigentlich Karl, aber alle nannten ihn Charles oder Charlie. Nur seine bessere Hälfte sagte Karl oder auch Karlik zu ihm, was auf Tschechisch Karlchen bedeutet.

Die Lebensgeschichten mancher Menschen scheinen so unglaublich, dass sie einfach wahr sein müssen. Sie sind so abstrus und sonderbar, wie nur das Leben sein kann. Käme eine solche Geschichte aus der Feder eines Dichters, würde man sie als Kitsch, als vollkommen unglaubwürdig bezeichnen. Die Story des Karl Chomik ist jedoch wahr. Er wurde in Dortmund geboren, war eigentlich ein Kind des Ruhrpotts. Gleich nach dem Krieg war die Lage dort ziemlich hoffnungslos. Karls Vater beschloss daher, dem Ruhrgebiet den Rücken zu kehren und in der weiten Welt nach Glück und Sicherheit für seine Familie zu suchen. Einer seiner Verwandten lebte in Prag. Auf der Seite der siegreichen Russen erhoffte sich Charles' Vater bessere Lebensbedingungen und Überlebenschancen. Entgegen dem Strom der ins Innere von Deutschland flüchtenden Menschen gelangte er mit seiner Familie hinter den Eisernen Vorhang. Die erste Unterkunft bezog die Familie bei den entfernten Verwandten in Prag, die die deutsche Sprache schon fast vergessen hatten. Die Familie Chomik lernte fleißig Tschechisch und bekam nach einer gewissen Zeit eine Wohnung zugewiesen. Dann eröffnete der Vater, des Tschechischen schon einigermaßen mächtig, eine Gastwirtschaft in einem Prager Außenbezirk. Der junge Charlie lernte schnell die neue Sprache und integrierte sich bald in die tschechische Gesellschaft. Mit dem Betrieb der Gastwirtschaft gelang dem Vater die finanzielle Unabhängigkeit. Die Deutschen waren fleißig und arbeiteten ohne zu jammern, damit erzeugten sie Missgunst und Neid bei ihren tschechischen Nachbarn. Und schon begann die Staatsmacht mit ihren Maßnahmen, um die Familie an den sozialistischen Alltag zu gewöhnen. Man schickte ständig Finanzinspektoren, Hygienekontrolleure, Angestellte aller möglichen Ämter, die den Betrieb überprüften, Strafen verhängten und dem Gastwirt das Leben schwer machten. Schließlich wies man Herrn Chomik finanzielle Unregelmäßigkeiten nach, das Lokal wurde geschlossen und dessen Inhaber in den Knast geschickt. Als er wieder freikam, war seine Kneipe verstaatlicht und er selbst arbeitslos. Er betrank sich jetzt öfter, denn als »subversives Element« bekam er keinen Job. Man warf ihn wegen Trunkenheit und Widerstand gegen die Staatsgewalt ins Gefängnis. Nach Ansicht der Parteibonzen und folgerichtig auch der Richter gab es in einer sozialistischen Gesellschaft keine Arbeitslosigkeit und daher auch keine Arbeitslosen. Wer trotzdem nicht arbeitete, war ein Parasit, ein Herumtreiber, ein Staatsfeind. Und wenn dieses Individuum auch noch ein Ausländer, gar ein Deutscher war, dann war er besonders gefährlich. So einer konnte auch ein Spion sein.

Aber alle Schikanen und alle Maßnahmen seitens der abgewirtschafteten »Volksdemokraten« konnten weder die Familie Chomik noch das tschechische Volk in die Knie zwingen. Als Alexander Dubcek den »Sozialismus mit menschlichem Gesicht« einführen wollte und in der Tschechoslowakei für einige Zeit eine Art Halbdemokratie praktizierte, beschloss die Familie, in den Ruhrpott zurückzukehren. Es waren vierundzwanzig Jahre vergangen, seitdem sie in Prag angekommen war. Aus dem kleinen Karl war ein junger Mann geworden, dem die Mädchen verstohlene Blicke zuwarfen. Solche Blicke wurden auch von einer Zdenka abgeschickt und sie landeten direkt im Herzen des jungen Mannes. Nach einer Zeit des Kennenlernens beschloss Charles, dem Mädchen einen Heiratsantrag zu machen. Sowohl dessen Eltern als auch die von Zdenka widersetzten sich diesem Vorhaben, aber gegen die Macht der Liebe standen sie auf verlorenem Posten. So heiratete Charles also seine Zdenka in dieser bewegten Zeit, in der sich das tschechoslowakische Volk an der neuen, minimalen Freiheit berauschte. Der Prager Frühling erzeugte ungekannte Gefühle in der tschechoslowakischen Gesellschaft, Träume von einem menschlichen osteuropäischen Sozialismus. Nun weiß man, dass »Träume Schäume sind«, auf die meist bald die harte und schmerzhafte Gegenwart folgt. So war es auch beim Prager Frühling, dem schon im Sommer ein schnelles, gewaltsames Ende bereitet wurde.

Als die Warschauer-Pakt-Staaten mit ihren Panzern die neue Freiheit niederwalzten, war die Familie Chomik schon in Westfalen. Die frisch angetraute Ehefrau machte die Reise selbstverständlich mit. Karl besuchte eine Berufsschule und wurde als Dachdecker ausgebildet. Zdenka paukte deutsche Präpositionen und Pronomen, erweiterte beständig ihren Wortschatz und wagte bald, mit der Nachbarin einige Worte zu wechseln. Die Arbeit gefiel Karl sehr und der Meister war mit dem Gesellen mehr als zufrieden. Schon damals entwickelte Charles seine hausmeisterlichen Fähigkeiten. Er konnte Schlösser reparieren, Zelte aufstellen und kleine Ausbesserungsarbeiten am Haus verrichten.

Eines Tages traf er auf einem Fest eine Frau im besten Alter und ging das Wagnis eines Verhältnisses mit ihr ein. Diese Dame aus der feinen Gesellschaft gab ihm das, was Zdenka ihm nicht geben konnte. Nach ihr kam die aktuelle Weinkönigin, danach folgten noch weitere Damen. Aber immer war Charlie seiner Zdenka treu, wie er eisern behauptete, denn das, was er für sie empfand, fühlte er für die anderen Frauen nicht. Nur, was empfand er für sie? Das konnte nie geklärt werden.

Einige Monate nach der Rückkehr starb Karls Mutter, nach drei Wochen folgte der Vater. Nach dessen Beerdigung eröffnete ihm seine Frau, dass sie schwanger sei, und neun Monate später begrüßte die Weltgemeinschaft Jimmy Chomik als neuen Erdenbürger. Nach zehn Jahren Schwerstarbeit auf dem Bau ergatterte Karl eine gut dotierte Hausmeisterstelle bei der Dortmunder Westfälischen Berggewerkschaftskasse. Ein paar Jahre später verlor Charles diesen Job, aber einer seiner Vorgesetzten meinte es gut mit Karl und bot ihm eine adäquate Tätigkeit in der Frankfurter Filiale an. Hier besaß die Gewerkschaftskasse drei Häuser in der Schillerstraße, die er zu betreuen hatte. Die Familie bekam eine Penthousewohnung, für die nur eine geringe Miete zu entrichten war. Sie lebte sich schnell in Frankfurt ein und hinterließ ihre Duftmarken an allen möglichen Stellen der Innenstadt.

Karl betreute die Häuser, seine Gattin putzte Treppen und hatte die Aufsicht über alle wichtigen Dinge. Mit der Zeit kümmerte sich Charles um mehrere Häuser in der Schillerstraße und war auch zuständig für Objekte in der Fressgasse und der Großen Eschenheimer Straße sowie das Gebäude eines renommierten Frankfurter Privatbankhauses, wo Clemens, ein anderer Freund des Kioskes, seine Verwaltungsarbeit verrichtete. Zdenka putzte auch dort die Räume. Ihre Schönheit begeisterte viele Mieter dieser Häuser, viele von ihnen versuchten sie zu erobern. Aber sie blieb standhaft und ihrem Gatten treu.

Karl hatte mehrere Hobbys, diesen ging er im Keller eines der von ihm betreuten Häuser nach. Da er schöne Bilder mit weiblichen Motiven liebte, beklebte er damit die Wände seines Hobbyraums. Eines Tages stellte ich entsetzt fest, dass in mehreren Zeitschriften, die zum Verkauf standen, ganze Seiten fehlten. Auch einige Kunden brachten mir die von ihnen gekauften Presseerzeugnisse zurück wegen fehlender Bilder oder herausgerissener Seiten. Schnell assoziierte ich das Fehlen der Seiten mit der Ausleihtätigkeit des Hausmeisters. An dieser Stelle muss ich erklären, dass ich den Chomiks erlaubte, einige Zeitschriften zum Lesen mitzunehmen, wenn sie diese noch am gleichen Tag zurückbrachten. Die Zeitschriften, die mir Frau Chomik zurückbrachte, waren in einwandfreiem Zustand, die ihres Mannes leider nicht. Ich stellte ihn zur Rede und erklärte ihm so, wie man einem Kind eine Sache erklärt, dass er keine Bilder herausschneiden und keine Seiten herausreißen dürfe. Ich müsse diese Zeitschriften verkaufen und in diesem Zustand sei das nicht möglich. Da entgegnete mir dieser Narr, ich möge sie doch einfach zurückgeben und die Angelegenheit wäre »gegessen«. Nun musste ich ihm erklären, dass auch die an die Grossofirma remittierten, also zurückgegebenen Exemplare in einwandfreiem Zustand sein mussten. Sonst würden sie nicht gutgeschrieben und ich verlöre mein Geld. Charles wurde sehr traurig und offenbarte mir, dass er viel Spaß am Ausschneiden der Bilder habe. Ich glaubte ihm das und schlug daher vor, die Hefte einfach zu kaufen. Doch dieses Ansinnen lehnte er erschrocken ab, denn dafür wollte er keine müde Mark ausgeben.

Ich bat Manfred, der im Pressemetier zu Hause war, dem lieben Charles die Sache mit seinen Worten zu erklären. Aber auch seine Aufklärungsarbeit fruchtete nicht. Daher wandte ich mich an Frau Chomik und erklärte ihr den Sachverhalt. Zuerst wollte sie mir nicht glauben, dann versprach sie, mit ihrem Gatten zu reden. Sie führte mit ihrem Anvertrauten wohl ein ernstes Gespräch, denn danach schien Karl zur Vernunft gekommen zu sein. Er borgte die Magazine aus und brachte sie heil zurück, ohne seine Schere eingesetzt zu haben. In manchen Dingen war er immer noch wie ein kleiner Junge, der seine Kindheit nachholte. Seine Gattin hatte eine Doppelrolle als geliebte Ehefrau und geliebte Mutter. Und auf Mami hörte er immer. Dafür war sein Sohn Jimmy ein ernster Junge, ein ganz anderer Mensch als der Vater. Die beiden verstanden sich von Anfang an nicht und dieser Zustand blieb erhalten. Jimmy vergötterte die Mutter und nahm die Existenz des Vaters nur zur Kenntnis. Viel Gemeinsames hatten die beiden nicht.

Mir wurde die besondere Ehre zuteil, Karl in seinem schon legendären Keller einen Besuch abstatten zu dürfen. Dieser war sehr schwer zu betreten, sieben Schlösser versperrten den Eingang in Karlchens Paradies. Nach dem Akt ihrer Öffnung wartete die nächste Barriere auf den Besucher. Es war ein Codeschloss, das den Weg noch blockierte. Nach Beseitigung auch dieses Hindernisses durfte der schon völlig eingeschüchterte Gast den »Garten Eden« betreten. Plötzlich fühlte man sich wie beim Besuch in einem Museum. An allen vier Wänden hingen Bilder von unbeschreiblicher Grazie und Schönheit. Die hier ausgestellten Damen waren nur spärlich bekleidet, einige verzichteten ganz auf Kleidungsstücke, was ihnen einen Ehrenplatz in der Bildergalerie einbrachte. Ich entdeckte Bilder aus meinen Illustrierten, die schön symmetrisch aufgehängt eine einmalige Atmosphäre in dem Keller schufen. Ich hatte volles Verständnis, dass Charles seiner Gattin den Zutritt zu dieser Kunststätte verweigerte, auf diese Weise wurde ein Schock mit unkalkulierbaren Folgen vermieden. Mich führte er im Keller herum wie ein Museumsdirektor durch seine einmalige Dauerausstellung. In einer Ecke standen ein Tonbandgerät und ein Plattenspieler. Karl sorgte in grauen Augenblicken des Lebens für das nötige Entertainment und hörte tschechische und deutsche Volksmusik, was die Schallplattensammlung eindrucksvoll bestätigte.

Die Familie Chomik mochte Tiere, den Sohn Jimmy einmal ausgeklammert, der alle Vierbeiner hasste und als kleines Kind Ameisen verspeiste. Man hatte besonders Hunde gern, aber nicht die großen, kräftigen, sondern die kleinen. Und an einen der Kleinsten unter den Kleinen verloren Zdenka und Karl ihr Herz. Sie schafften sich eines Tages einen Chihuahua an, den sie Ricky nannten. Der mexikanische Azteke mit Geburtsurkunde wurde schnell zum Markenzeichen der beiden und insbesondere von Karl Chomik, der dauernd mit seinem winzigen Freund spazieren ging und damit die völlige Symbiose zwischen Mensch und Hund vorantrieb. Ricky hatte einen nicht besonders angenehmen Charakter, er war eine sonderbare Erscheinung, die Gutmütigkeit vermissen ließ und häufig genervt wirkte. Wenn er seine Ruhe haben wollte, musste der Mensch das umgehend akzeptieren. Einmal wollte Heini sich nicht an Rickys Verhaltensregeln halten und wurde durch einen Biss in sein linkes Bein sofort eines Besseren belehrt. Er zog keine Erkenntnisse aus dieser Lehre, einige Tage später kam er Ricky wieder zu nahe. Diesmal musste sein rechtes Bein dran glauben. Nachdem er die Botschaft endlich verstanden hatte, vermied Heini weitere Begegnungen mit dem unleidlichen Tier.

Das Glück mit Ricky hielt jedoch nicht lange an. Der kleine Hund erkrankte plötzlich. Ein Besuch beim Tierarzt brachte eine schockierende Nachricht: Ricky hatte Krebs. Man gab ihm drei Wochen, er lebte eine Woche länger. Die Familie machte mit dem Tod ihres Lieblings schwere Zeiten durch, sogar Jimmy sah traurig aus, obwohl er alle Hunde dieser Welt und insbesondere Ricky hasste. Der Kummer war echt und so tief gefühlt wie die Trauer um einen Menschen.

Karl und Zdenka begegneten der Trauer um Ricky mit dem Kauf eines Nachfolgers. Dieser war ein heller Chihuahua namens Khan. Er sollte so tapfer und furchtlos sein wie Dschingis Khan – eine ironische Anspielung. Mit Eroberungen musste sich Khani, wie er von seinen Besitzern genannt wurde, zurückhalten. Er war im Gegensatz zu Ricky ein gutmütiger Hund, der jedem, ob Mensch, Hund oder Katze, mit Freude und Herzlichkeit begegnete und dafür öfter Lehrgeld zahlen musste, so wie nette und naive Menschen auch. Manchmal wurde er von einem Hund gebissen, von einer Katze gekratzt oder von Menschen getreten. Er sah wohl nur das Gute im Leben, war zu naiv für diese Hundewelt. Anders Ricky: In seiner ganzen Winzigkeit hatte dieser doch etwas von einem Wachhund. Als Frau Chomik einmal die Treppe putzte und ein Mieter aufdringlich wurde, entpuppte sich Ricky als unerschrockener Beschützer seines Frauchens und biss den vermeintlichen Angreifer in den Fuß. Seitdem konnte Frau Chomik ungefährdet reinemachen, ihr Wachhund verschreckte potenzielle Störer. Karl Chomik mit Chihuahua beim Spazierengehen: Dieses Bild kannten alle Anwohner der City.

Eines der größten Hobbys des lustigen Hausmeisters waren seine Wanderfahrten in die nähere Umgebung von Frankfurt. Um seine Unabhängigkeit zu zeigen, kaufte er sich ein gebrauchtes Peugeot-Wohnmobil, mit dem er diese Reisen unternahm. Seine Gattin verspürte wenig Lust, mit ihrem Angetrauten auf Wohnwagenplätzen zu campieren, irgendwo im Wald Pilze zu sammeln und auf Lichtungen Feuer zu entfachen. Auch das Fleisch und die Kartoffeln schmeckten ihr zu Hause besser als draußen in der Prärie des Spessarts. Charles dagegen war ein Fan des Lebens im Freien, ein Naturmensch, der nichts mehr liebte als frühmorgens im Wald aufzustehen, die Vögel singen zu hören und einen ausgedehnten Spaziergang zu unternehmen. Da spürte er die Natur, konnte ungestört dem Treiben der Ameisen zuschauen, sich am Lauf eines Hasen erfreuen oder ein scheues Reh beobachten. Jedes Wochenende besuchte er den Taunus, den Spessart, die Wetterau, den Odenwald oder die Rhön.

Unser Charlie hatte diverse gesundheitliche Probleme, das größte war sein Körpergewicht. Das Volumen seines Bauches nahm mit der Zeit beängstigende Ausmaße an. Das Treppensteigen bereitete ihm immense Probleme. Vom Arzt bekam er schließlich eine strikte Diät verschrieben. Er durfte nur einmal pro Woche Fleisch essen, Süßigkeiten, Eis und Knabberzeug wurden ihm ganz verboten. Wenn er sich nur an die Vorgaben gehalten hätte! Mir erzählte er stolz, er esse nun nur noch Fisch und Salat und verschmähe Schnitzel, Würste und insbesondere Kuchen. Seine Gattin lobte ihn und bestätigte, wie gesund sich ihr Mann jetzt ernähre, wie streng er auf sein Gewicht achte, wie hervorragend die Diät sich auf seine Psyche auswirke und mit welch großer Willensstärke er die Fleischabstinenz durchhalte.

Immer freitags hat die Frankfurter Bevölkerung Gelegenheit, in der Schillerstraße und auf dem Börsenplatz frische landwirtschaftliche Produkte direkt vom Erzeuger zu erwerben. Das Angebotene ist nicht billig, aber die Qualität der Ware rechtfertigt die Preise. Da gibt es Fisch aus eigener Zucht, Fleisch und Wurstwaren aus eigener Schlachtung, Käse aus der Region, erlesene Weine und Sekt sowie viele weitere Köstlichkeiten aus der näheren und weiteren Umgebung. Bei den Menschen im Herzen Frankfurts ist dieser Markt eine sehr beliebte Einrichtung. Hier können die gestressten Angestellten in der Mittagspause ihre Einkäufe tätigen, ein Glas Sekt trinken oder eine Bratwurst verspeisen. Die Börsenmakler bevölkern die Weinstände, vertilgen schnell ein Fischbrötchen und kehren an ihre Arbeitsplätze zurück. Den ganzen Tag über geht es zu wie in den Stoßzeiten auf der Zeil. Vor den Ständen bilden sich lange Schlangen hungriger Menschen. Ein schnelles Durchkommen ist kaum möglich, für den Einkauf braucht man viel Geduld und ein dickes Nervenkostüm.

Auch ich unternahm einen Erkundungsgang durch die vielen Verkaufsplätze. An einem Stand servierte man Schnitzel mit Brötchen und Zwiebeln. Da erspähte ich inmitten der Kundschaft einen Mann, der gleich zwei Portionen mit viel Zwiebeln verlangte. Nach der Entrichtung der fälligen Summe verzog sich der Liebhaber eines guten Schnitzels hinter den Imbisswagen und begann, seine Beute zu vertilgen. In wenigen Minuten war die Mahlzeit verschlungen und der einsame Gourmet lehnte sich zufrieden an den Verkaufswagen. Er atmete schwer, in seinem Gesicht entdeckte ich Zeichen der Glückseligkeit. Es ist nicht schwer zu erraten, dass es sich bei dem Genießer um unseren Freund Karl Chomik handelte. Jetzt wusste ich, warum die Diät bei ihm nichts bewirkte. Mit schwerem Herzen stellte ich ihn zur Rede. Er bat mich inständig um Verschwiegenheit. Die strenge Diät bereite ihm schlaflose Nächte, er sei nervös und reizbar, sein psychisches Befinden sei besorgniserregend. Vor dem Zorn seiner Gattin habe er besonders viel Respekt. Ich versprach ihm, das Gesehene zu vergessen.

Einmal schaffte es unser Freund Karl auf die Titelseiten der lokalen Presse. Man feierte ihn als Helden, er wurde am Jahresende sogar von Frankfurts Oberbürgermeister zusammen mit anderen Helden empfangen und durfte dem Stadtoberen zuprosten. Ganz früh am Morgen, als ich die angelieferten Presseobjekte auspackte, erschnupperte ich einen merkwürdigen Geruch. Ich schaute hinaus auf die Straße, sah aber nichts Ungewöhnliches. Nur dieser Gasgeruch wurde nach meiner Wahrnehmung immer penetranter. Als ich gerade begann, mir Sorgen zu machen, kamen auch schon mehrere Feuerwehrwagen und Autos der Stadtwerke für Gasnotfälle angerast. Auch Polizei und Rettungswagen fuhren vor, im Schlepptau das Auto eines Nachrichtenblattes, das sich von solchen Vorkommnissen glänzend ernährte. Man sperrte die ganze Umgebung ab und begann die wenigen hier wohnenden Menschen zu evakuieren. Ich musste den Kiosk schließen und in einem Feuerwehrbus auf ein hoffentlich glückliches Ende des Einsatzes warten. In einem Haus in der Schillerstraße war ein Leck in der Gasleitung entstanden, die ihren Anfang am Frankfurter Hauptbahnhof hatte. Derjenige, der das entdeckte, vorsorglich das Haus räumen ließ und die Feuerwehr, die Stadtwerke und die Polizei informierte, war unser Freund Chomik. Durch sein beherztes Eingreifen und seine Kaltblütigkeit rettete er viele Menschenleben. Es hätte zu einer verheerenden Gasexplosion kommen können, mit unübersehbaren Folgen. Der Frankfurter Innenstadt hätte eine Katastrophe gedroht. Ich war Charles besonders dankbar, denn er hatte damit auch meinen Kiosk gerettet. Nicht auszudenken, was passiert wäre, wenn er nicht rechtzeitig gehandelt hätte! Laut dem Polizeibericht bestand eine latente Explosionsgefahr, denn es hätte nur eines kleinen Funkens bedurft, um ein Unglück herbeizuführen. Nach langem Suchen wurde die undichte Stelle gefunden und wieder abgedichtet. Die Menschen in der Stadt atmeten auf. Der Spuk war vorbei und der tapfere Hausmeister in aller Munde. Tags darauf veröffentlichten die Frankfurter Zeitungen Berichte über die Vorkommnisse in der City, teilweise mit Bildern von Hausmeister Chomik. Unter der Überschrift: »Der Mann, der Frankfurts City rettete« wurde Karls Heldentat gerühmt und seine Lebensgeschichte nacherzählt. Einige Zeit defilierte Charles durch die City wie ein stolzer Pfau, er hatte aber auch jedes Recht dazu. Unser Held bekam von allen Seiten Lob und Anerkennung, im Kiosk wurde er zum VIP erklärt.

Gesundheitlich ging es unserem Retter nicht besonders gut. Seine Fresssucht erzeugte bei ihm verschiedene Krankheiten.

Sein Blutdruck stieg in fast schon unmessbare Höhen, die Leber begann zu streiken, sein Cholesterinspiegel offenbarte den Beginn einer Katastrophe, er wurde immer fetter und fetter. Und eines Tages gesellte sich auch noch die Parkinsonkrankheit dazu. Er hatte immer Angst vor einer fortschreitenden Vergesslichkeit, einer Demenz, gehabt, aber davon blieb er verschont. Nachdem sich zudem eine Leberzirrhose und Herz-Rhythmus-Störungen manifestierten, erklärte ihn der Medizinische Dienst für arbeitsunfähig. Um die Wohnung zu behalten, übernahm Frau Chomik die Aufgaben ihres Mannes und wurde als Hausmeisterin geführt. Das war auch legitim, denn sie war ihm in handwerklichen Fähigkeiten sogar überlegen. Nach ungefähr zwei Jahren ihrer hausmeisterlichen Tätigkeit wurde den beiden seitens der Gewerkschaftskasse gekündigt. Diese hatte beschlossen, im Zuge der eingeleiteten Sparmaßnahmen die Hausmeisterstelle zu streichen. Eine mobile Firma sollte das Haus betreuen. Die Penthousewohnung sollte renoviert und teuer wieder vermietet werden. Auch die Besitzer der anderen Häuser vertrauten lieber der mobilen Hausmeisterfirma, die Dumpingpreise anbot, um die Aufträge zu bekommen. Die Privatbank, deren Gebäude das Ehepaar Chomik ebenfalls betreut hatte, wurde an eine deutsche Großbank verkauft und zog in deren Räumlichkeiten. Zdenka Chomik war eine Frau mit Weitblick und sah voraus, dass die Zeiten sich ändern und die Anstellung bei der Gewerkschaftskasse eines Tages enden würde. Sie sorgte vor und kaufte in der Umgebung von Frankfurt eine Dreizimmerwohnung. Nach der Aufkündigung des Arbeitsverhältnisses zog die Familie in das neue Domizil. Ihr Weggang hinterließ eine Lücke in der Frankfurter City, die uns zeigte, wie sehr die Chomiks uns ans Herz gewachsen waren, die schöne Zdenka ebenso wie ihr einmaliger Gatte und sogar ihr kleines Hündchen.

Ich besuchte meine Freunde mehrmals in ihrer neuen Bleibe. Sie hatten eine gut geschnittene Wohnung, die direkt am Main lag und von wo man die Lichter Offenbachs sehen konnte. In dieser Zeit erkrankte Karl ernsthaft. Er konnte nicht mehr gehen, sein Bauch war stark angeschwollen, er atmete schwer und das Sprechen bereitete ihm ziemliche Schwierigkeiten. Auch Khani ging es nicht gut, der Alterungsprozess machte auch vor dem Hund nicht halt. Er fraß fast nicht mehr, trank nur wenig und starb an Altersschwäche. Sein Herrchen kämpfte nur unzulänglich gegen seine eigene Krankheit. Karl befolgte nur unwillig ärztliche Maßnahmen und Empfehlungen, mir schien es, als hätte er in seinem Leben eine Bestandsaufnahme gemacht und wartete fast schon ungeduldig auf das Ende. Die Parkinsonkrankheit war nicht mehr zu übersehen. Eines Tages wurde er in ein Frankfurter Krankenhaus eingeliefert. Ich besuchte ihn dort, so oft ich konnte. Karl wurde so gut es ging ärztlich versorgt und dann wieder nach Hause geschickt. Nach dem Krankenhausaufenthalt fuhr er mit seiner Gattin nach Prag. Beiden war klar, dass es die letzte Reise war. Drei Monate nach der Rückkehr ist Karl Chomik gestorben.

Freya und Heini

Genauso wie Manfred, Herr Berger oder Hausmeister Chomik gehörten Freya und Heini zum »Kioskinventar«. Die beiden arbeiteten in einer Privatbank in der Nähe der Fressgasse, in der auch Hausmeister Chomik nebst seiner besseren Hälfte seinen Dienst verrichtete. Heini kümmerte sich um Verwaltungsangelegenheiten, so zum Beispiel auch um die Betreuung und gegebenenfalls Instandsetzung des unbeweglichen Kapitals seiner Bank. Dazu gehörte ein ständiger Kontakt zum Hausmeister und zu Handwerkern. Er war zudem für Büromaterialeinkäufe und für das Inventar zuständig. Freya führte das Archiv und erledigte wichtige Angelegenheiten, die man nicht einer Fremdfirma anvertrauen wollte. Für delikate Vorgänge wandte man sich an sie als die rechte Hand des Bankdirektors. So wie Freya die rechte Hand des Chefs war, konnte Heini quasi als das linke Gegenstück gelten. Er machte persönliche Botengänge für ihn und brachte seinen Garten in Ordnung. Auch in seiner Villa verrichtete Heini verschiedene Arbeiten zur vollsten Zufriedenheit seines Chefs. Der Bankdirektor und sein Vertrauter wohnten im selben Ort am Rande des Spessarts, ihre Domizile lagen nur 400 Meter voneinander entfernt. Heinis »Villa« war eine Eigentumswohnung, die er mit seiner Gattin bewohnte. Diese war seit einiger Zeit bettlägerig, die Ärzte hatten Krebs festgestellt. Heini ging mit ihr zu allen möglichen Spezialisten, kein Professor war ihm zu teuer, aber ihr Gesundheitszustand besserte sich nicht. Einer der drei Kurierdienstfahrer, die auch zum Freundeskreis des Kioskes zählten, fuhr mit dem Ehepaar sogar nach Schleswig-Holstein zu einer Spezialklinik mit innovativen Heilmethoden. Doch keine Behandlung half, die Frau starb und Heini blieb alleine auf dieser Welt.

Als die Mauer in Deutschland fiel und ein Strom von Reisenden vom Osten in den Westen einsetzte, bekam das beschauliche Städtchen am Fuße Spessarts einen Besuch aus der Gegend von

Leipzig. Bärbel ließ im schönen Sachsen ihren Sohn bei der Mama und wagte einen Ausflug zum ehemaligen Klassenfeind. Warum sie nach Hessen kam und ausgerechnet unweit der bayerischen Grenze haltmachte, konnte keiner erklären. Sie besuchte eine Kneipe, in der Heini jeden dritten Abend Darts spielte, und eroberte im Husarenstil das Herz des Witwers, der sein neues Glück gar nicht fassen konnte. Bärbel wollte dableiben und suchte einen Job. Aber in diesem Städtchen und seiner Umgebung waren Arbeitsstellen schwer zu finden. Also blieb sie bei Heini zu Hause, machte den Haushalt und er verdiente für die beiden das Geld. Jeden Donnerstag schickte sie per Banküberweisung Geld nach Hause für ihr Kind. Eines Tages kündigte sie Heini den Besuch ihres Sohnes an. Als dieser das »Kind« begrüßte, bekam er große Augen: Das »Kind« war ein groß gewachsener, athletischer junger Mann mit einer flachen Boxernase, dem man besonders in der Dunkelheit am liebsten aus dem Weg gehen wollte. Er kam für ein Wochenende und blieb dann so lange, bis Heinis Geduldsfaden riss und er seiner Angebeteten den Auszug ihres Goldstücks ans Herz legte. Sie hatte etwas dagegen und zog bei einem anderen Bürger des Städtchens ein. Auch ihr Sohn bekam eine Herberge im Haus des neuen Freundes. Dieser musste dann öfter den Sprössling seiner Herzensdame vom Polizeirevier abholen, wo er wegen verschiedener Delikte in Gewahrsam genommen wurde.

Heini war wieder frei, aber auch allein, seine Gefährtin fehlte ihm. Da traf es sich gut, dass sie mit ihrem neuen Lover in Streit geriet und dieser sie samt »Kind« auf die Straße setzte. Heini machte ihr ein verlockendes Angebot, aber der Leiter der Postfiliale, dem vor Kurzem die Frau weggelaufen war, machte ein noch besseres. Sie entschied sich für ein neues Abenteuer. Ihr Sohn bekam ein eigenes Zimmer samt Videorekorder und Stereoanlage. Jeden Tag erzählte Heini im Kiosk die Fortsetzung dieses Dreigroschenromans. Er begann dabei sogar zu sächseln, was bei allen Anwesenden Lachsalven produzierte. Man sagte ihm, er solle sich doch freuen, dass die Dame ein anderes Opfer gefunden hatte, aber Heini wartete sehnsüchtig auf sie. Ich versuchte ihn mit einem netten marokkanischen Mädchen bekanntzumachen, doch er zeigte kein Interesse. Bei Freya weinte er sich aus, sie jedoch nannte seine Geliebte eine »sächsische Nutte« und riet ihm, sich nicht von »solchen Elementen« ausnutzen zu lassen. Freya fand immer direkte und eindeutige Worte, die weh taten und mitten ins Herz stachen. Aber sogar Freyas Tiraden vermochten bei Heini kein Umdenken einzuleiten. Er hing weiter an der sächsischen Schönheit, die er eines Tages mit zum Kiosk brachte. Sie war eine hübsche Frau mit langen blonden Haaren und dunkelblauen Augen, die aber ein wenig kalt wirkten. Sie hinterließ bei mir den Eindruck einer Person, die weiß, was sie will und was sie vom Leben erwartet. Heini war ihr in allen Bereichen hoffnungslos unterlegen. Sie wusste das und nutzte es erbarmungslos aus.

Die gemeinsame Geschichte dieses ungleichen Paares endete drei Jahre später. In der Zwischenzeit hatte der Sohn zusammen mit zwei Kumpanen einen Supermarkt ausgeraubt. Dank seiner Dummheit wurde er nach nur wenigen Stunden von der Polizei gefasst. Er bekam eine Haftstrafe und wurde aus dem Verkehr gezogen. Heini atmete auf. Es folgte ein Jahr des ungetrübten Glücks. Heini blühte auf, er war viel umgänglicher als früher, sein angeborener spezieller Witz kam jetzt erst richtig zur Geltung.

Ich bin immer wieder erstaunt über die Kraft der Liebe und über die Stärke der menschlichen Gefühle. Das Leben unterliegt verschiedenen Zyklen, einem ständigen Auf und Ab. Die Fröhlichkeit und Heiterkeit des Lebensrhythmus unseres Helden wurde durch eine Nachricht aus den Räumen der Bankdirektion gestört. Der Direktor persönlich teilte ihm mit, dass die Bank demnächst von einer Großbank übernommen würde und nur wenige Angestellte bleiben könnten. Der Direktor blieb selbstverständlich Geschäftsführer, aber Freya und Heini mussten sich als entbehrliche Mitarbeiter einen neuen Job suchen. Der Bankdirektor hatte schon mit einem Börsenmakler über Heini gesprochen und dieser hatte sich bereit erklärt, unseren Freund zum Broker auszubilden und ihm eine Beschäftigung anzubieten. Da bekam Heini Angst vor der eigenen Courage und lehnte erschrocken ab. Der Direktor gab ihm eine Woche Zeit zum Nachdenken. Heini hatte in der Zwischenzeit eine mündliche Zusage von einer großen Gärtnerei in Offenbach bekommen, er sagte also dem Bankdirektor ab und die Gärtnerei sagte anschließend Heini ab. So blieb er beschäftigungslos und suchte weiter nach einem Job. Er hatte noch ein halbes Jahr Zeit, denn die Kündigung griff erst nach ein paar Monaten. Seine

Angebetete wollte so lange nicht warten und zog weiter, wie ein Wanderpokal von Haus zu Haus. Diesmal fühlte sich ein pensionierter Bundesbahnbeamter geehrt, der Dame mit der eigenartigen Lebensweisheit ein Logis zur Verfügung stellen zu dürfen. Das Intermezzo dauerte aber nicht lange, denn Heini bekam einen Job bei der örtlichen Friedhofsgärtnerei und seine Liebste kehrte zu ihm zurück.

Als die Fahrten nach Frankfurt zu der Privatbank aufhörten und auch der Job in der Friedhofsgärtnerei mit dem Wind verwehte, zeigte die Gute ihre wahren Qualitäten. Wie sie es schaffte, dass Heini eine Hälfte der Eigentumswohnung auf sie überschrieb, weiß keiner, Heini eingeschlossen. Freya behauptete später, dieser Deal könne nur im Suff getätigt worden sein, denn ein normal denkender Mensch würde so etwas niemals unterschreiben. Nach einem Jahr fand sich Heini auf der Straße wieder. Die Wohnung musste verkauft werden, um die Schulden der beiden zu begleichen. Aber da war der blonde Engel schon nicht mehr mit Heini liiert. Ein Immobilienmakler kaufte bei einer Versteigerung das ehemalige Domizil – mit seiner neuen Begleiterin an seiner Seite. Zu erraten, wer das war, wird dem aufmerksamen Leser keine Probleme bereiten …

Heini verließ den Ort und zog zu einem Cousin nach Baden-Württemberg. Er kam noch einige Male nach Frankfurt und besuchte mich im Kiosk. Dort traf er auch auf Freya, die das Rentnerleben genoss.

Freya war ein Kind des Krieges, geboren während der Erstürmung des Reichstages durch die Rote Armee. Sie wuchs in Berlin auf, später führte sie das Schicksal nach Frankfurt, wo sie als Krankenschwester zuerst in einem amerikanischen Hospital, dann in einer deutschen Klinik arbeitete. Danach war sie als Sekretärin in einer Immobilienfirma tätig. Abends ging sie gerne zum Tanzen und dort traf sie Herrn Berger und seine Freunde. Weder Freya und ihre Freundinnen noch Ken Berger und seine Kameraden waren prüde Menschen, sie waren weltoffen und zum Sex sehr liberal eingestellt. Nach dem Tanzen ging man oft noch etwas trinken und danach zu jemandem von der Gruppe nach Hause. Ken und Freya wurden für einige Zeit ein Paar. Sie waren die Schönsten und Attraktivsten, sie waren *das* Paar. Dann war die Sache zu Ende und Freya heiratete mehr aus Wut und Trauer einen Freund von Berger. Sie bekamen eine Tochter, aber die Ehe wurde nach fünf Jahren geschieden. Zu Ken pflegte sie eine freundschaftliche Beziehung, aber manchmal schauten sich die beiden an, als würde ein unsichtbarer Magnet sie zueinander ziehen. Sie tauschten Nettigkeiten aus, sprachen im Kiosk aber nie über vergangene Zeiten. Freya trank hier gerne ein Fläschchen, zusammen mit Heini und Manfred. Sie war bei ihrer Bank beliebt und bei der Leitung gut angesehen. Heini zog sie auf, indem er behauptete, sie sei sicher mit dem Direktor im Bett gewesen. Doch ihre Antwort lautete kurz und bündig: »Mit ihm nicht!«

Einmal besuchte mich Freya in der Mittagspause, um Zigaretten zu kaufen und neue Gerüchte in Umlauf zu setzen. Sie erzählte mir immer, wer in der Bank was machte, wem der Direktor besonders viel Aufmerksamkeit widmete, was man über Heini alles erzählte, dass die Frau des Hausmeisters viele Verehrer in der Bank hatte und dass Hausmeister Chomik erst mit Heinis Hilfe eine Birne in der Damentoilette auswechseln konnte. Freya wusste alles und durch sie wusste ich alles. Bei so viel Erzählkunst vergaß sie einen dunkelroten Koffer aus echtem, feinem Leder im Kiosk. Ich stellte ihn hinter den Ladentisch, damit niemand das gute Stück aus Versehen mitnahm. Nach etwa zwanzig Minuten kam Freya völlig abgehetzt und mit hochrotem Gesicht angelaufen, auf dem sich ihr großer Schrecken abzeichnete. Atemlos fragte sie, ob ich zufällig ihren Koffer gesehen hätte. Ich wollte sie nicht auf die Folter spannen, also übergab ich ihr das verloren Geglaubte. Erleichtert warf sie mir die Arme um den Hals und bedankte sich überschwänglich. Dann erklärte sie mir, was sich in dem Koffer befand: Es waren Wertpapiere im Wert von 200 Millionen DM. Ich musste diese Summe erst mal verarbeiten, um wirklich verstehen zu können, was ich unter dem Ladentisch deponiert hatte. Natürlich hätte man die Papiere nicht einfach so verkaufen können, aber immerhin, ihr Wert bereitete mir schon Kopfschmerzen.

Als die Privatbank von dem großen Geldinstitut geschluckt wurde, hat man auch Freya entlassen. Da war sie aber schon im Vorrentenalter und sie erkämpfte sich zu guter Letzt ein angemessenes Ruhegeld. Freya blieb noch einige Zeit in Frankfurt, dann zog sie zu ihrer Tochter und dem Enkelkind nach Berlin. Sie verabschiedete sich von ihren Kioskfreunden und von mir und ich wünschte ihr alles Gute und dankte ihr für die vielen Gerüchte und die gute Laune, die sie fast immer hatte und mit der sie auch uns ansteckte. Seitdem habe ich nichts mehr von ihr gehört und sie auch nicht mehr gesehen. Auch Manfred gelang es nicht, sie in Berlin ausfindig zu machen.

Heini verschwand eines Tages ebenfalls auf Nimmerwiedersehen. Es blieben nur die Erinnerungen an die kleine, aber feine Privatbank, an Freya und Heini, die Chomiks, an Manfred und Herrn Berger. Sie leben in meinen Erinnerungen und haben dort einen Platz in der ersten Reihe.

Die Promis

Ein Kiosk im Herzen einer Großstadt muss für den Besuch von prominenten Kunden gerüstet sein. Ein Geschäft, das neben der Börse, der Hauptwache und der Fressgasse liegt, kann keine zentralere Lage haben. Im Zentrum einer Stadt versammeln sich viele Menschen. Ihre Beweggründe sind so verschieden, wie die Menschen verschieden sind. Eine Vielzahl von Anliegen führt sie in die Stadtmitte. Hier können sie einkaufen, Amtsgeschäfte erledigen, sich in einem Café treffen oder im städtischen Trubel spazieren gehen. In unmittelbarer Nähe des Verkaufspavillons befindet sich eine wichtige Einkaufsmeile von Frankfurt, die Zeil. Sie gilt seit dem Ende des 19. Jahrhunderts als eine der bekanntesten und umsatzstärksten Einkaufsstraßen in Deutschland. Zuvor war sie vor allem für ihre prächtigen Gasthöfe und Palais aus der Zeit des Barock und Klassizismus berühmt. Mit Erlaubnis des Kaisers Ludwig IV. kam es im Jahre 1333 zu einer Stadterweiterung. Im Zuge dieser Erweiterung entstand zwischen den beiden Stadttoren Katharinenpforte und Bornheimer Pforte ein Straßenzug, der vom Volksmund Häuserzeile (die Zeil) genannt wurde. Der westliche, rund 500 Meter lange Teil der Straße ist seit den 1970er Jahren eine Fußgängerzone. Tausende Menschen wandern jeden Tag von der Zeil über die Hauptwache und die Fressgasse bis zur Alten Oper am Opernplatz. Und fast alle defilieren an meinem Kiosk vorbei, der mit seinem ihm eigenen Charme die Passanten zu einem Besuch animiert.

Früher, als unser erster Kiosk noch direkt vor der Börse stand und wir unsere Kundschaft mit den neuesten Presseerzeugnissen, Getränken und anderen unverzichtbaren Accessoires bedienten, hatten wir viele Berühmtheiten aus Politik, Kunst und Sport als Kunden. Als erste prominente Person erschien Anfang der 1970er Jahre der Regisseur und damalige Theaterintendant Rainer Werner Fassbinder, dem ich ein ganzes Kapitel gewidmet habe. Zu den weiteren Persönlichkeiten, die damals schon bekannt waren, gehörten Daniel Cohn-Bendit und Joschka Fischer, die über mich ihr Hausblatt, den *Pflasterstrand*, vertrieben. So kam es, dass ich zu einem Treffen im Café Schmendrik eingeladen wurde, wo Professor Wolfgang Abendroth einen Vortrag hielt. Unser Kiosk wurde unter anderem besucht von Jutta Ditfurth, Otto Schily und Rupert von Plotnitz. Der erste prominente Politiker, der nicht der linken Bewegung angehörte, war der damalige hessische Ministerpräsident Alfred Dregger, der eine Schachtel *Lord Extra* mitnahm, die einer seiner vielen Sicherheitsleute bezahlte. Ihm folgte der damalige Frankfurter Oberbürgermeister Rudi Arndt, der im Rahmen einer Wahlkampfveranstaltung den Kiosk aufsuchte. PLO-Vertreter Abdullah Frangi kaufte die *Neue Zürcher Zeitung*. Walter Wallmann, Petra Roth, Wolfram Brück und Andreas von Schöller gehörten zu den Stadtoberhäuptern, die dem Kiosk einen Besuch abstatteten. Herr von Schöller war sogar Stammkunde, jeden Samstag kaufte er eine Stange *Krone*. Mit Petra Roth habe ich im Kiosk unter laufenden TV-Kameras Bücher ausgetauscht. Ich schenkte ihr mein Buch »Der Ostpark-Blues«, sie mir ihr Werk »Aufstand der Städte«, wobei wir die Exemplare jeweils für den anderen signierten.

Als erster Sportler gab sich eine Frau die Ehre. Rosi Mittermeier, damals noch ohne Christian Neureuther, besuchte unseren Kiosk. Ihr folgte der letzte deutsche Kaiser, also Franz Beckenbauer. Schon damals hatte ich die Idee, eine Tafel oder etwas Ähnliches aufzustellen, wo sich prominente Kundschaft verewigen sollte. Ich hatte vor, diese Tafel später mal für einen guten Zweck zu versteigern. Also organisierte ich ein riesiges Plakat, auf dem die Prominenz ihre Unterschriften leistete. Leider hatten wir aber eines Nachts einen Einbruch im Kiosk. Damals war das eine Bude aus Holz, Baujahr 1948. Die Diebe stahlen neben Zigaretten und Pornoheften bedauerlicherweise auch dieses Plakat mit den Autogrammen.

Neben Prinzessin Rosi und Kaiser Franz besuchten unseren Kiosk auch weitere Sportasse wie Michael Groß, Michael Stich, Günter Netzer, Anthony Yeboah, Uwe Bein, Andreas Möller, Dieter Müller, Bernd Schneider, Alex Meier, Bernd Hölzenbein, Jürgen Grabowski und noch einige mehr, deren Namen mir aber nicht mehr einfallen. Uli Stein war hier öfters auf der Suche nach irgendeinem Lokal in der Fressgasse, Bruno Pezzey kaufte den *Wiener Kurier*. Auch die Trainergilde war reichlich vertreten. Neben dem Handballer Heiner Brand und dem Kultwirt Dragoslav Stepanovic erhielten wir Besuche von Dietrich Weise, Udo Klug, Lothar Buchmann und Friedhelm Funkel. Ein besonderes Kapitel ist Otto Rehhagel, der während seiner Aufenthalte in Frankfurt immer den Kiosk aufsucht, wo er sich mit Presseprodukten eindeckt. Während seine Gemahlin Brigitte ihre Shoppingtour absolviert, fachsimpelt Otto mit mir über Fußball und fragt mich immer wieder, ob ich Grieche sei. Beim Endspiel um den Federation-Cup vor der Fußball-WM in Deutschland, das im Frankfurter Waldstadion – oder in der Commerzbank-Arena, wie es jetzt heißt – stattfand, suchten in zwanzigminütigem Abstand die Nationalmannschaften Argentiniens und Brasiliens den Kiosk auf. Ronaldinho, Kaka, Adriano, Sorin, Samuel, Milito, Tevez und der Trainer José Pekerman waren alle zugegen. Nur Lionel Messi war leider nicht dabei. Der *Heute*-Sprecher Claus Seibel war genauso unser Kunde wie *Tagesthemen*-Moderator Ulrich Wickert und die *Tagesschau*-Sprecher Dagmar Berghoff und Jan Hofer.

Meinen ersten Kontakt mit dem Fernsehen erlebte ich im Jahr 1974, als ein umfassender und langwieriger Druckerstreik die Republik in Atem hielt. Eines frühen Morgens, draußen war es noch dunkel, bekam ich Besuch von einem Fernsehteam des Hessischen Rundfunks, das mich interviewte. Der damalige Interviewer, ein noch junger Mann, sollte später beim HR Karriere machen und ein bekannter Journalist werden. Holger Weinert moderierte später die Hessenschau und noch andere regionale Sendungen.

Ein Stammgast war der Leiter des Wirtschaftsresorts beim ZDF und Börsenberichterstatter Dieter Balkhausen. Eigentlich suchten alle Wirtschaftsjournalisten, die am Finanzplatz Frankfurt akkreditiert waren, den Kiosk auf. Frank Lehmann, Dieter Möller, Valerie Haller und viele andere fachsimpelten hier vor, zwischen und nach dem Gang zum Börsengebäude. Die Herren von Roosen, Seifert und Francioni kamen öfter. Einem von ihnen lieh ich Geld, um ein Taxi bezahlen zu können.

Es gab auch steinreiche Besucher. Eine ältere weißhaarige Dame kaufte eine Fernsehzeitschrift, die von einem jungen, groß gewachsenen Mann in ihrer Begleitung bezahlt wurde. Ein gerade anwesender Makler schaute die Dame unverwandt an, und als sie den Kiosk verließ, raunte er mir vor Aufregung stotternd zu, dies sei Frau Quandt gewesen. »Verstehen Sie? Die Quandt! BMW, IWKA, Altana, Varta und viele Beteiligungen. Das sind die Superreichen!« Dem Mann konnte nicht geholfen werden, er verließ den Kiosk mit rotem Kopf und heißem Herzen.

Auch Künstler scheuten einen Besuch im Kiosk nicht. Pavarotti deckte sich mit italienischer Presse ein, Hannelore Elsner und Til Schweiger drehten um die Ecke »Die Kommissarin« und kauften Kleinigkeiten. Elmar Gunsch verlangte jeden Montag den *Spiegel*, Bata Illic kaufte Zeitschriften für seine Gattin, Costa Cordalis besorgte sich Kaugummis und Roberto Blanco spielte Lotto. Marianne Rosenberg kaufte Ansichtskarten und Karl-Heinz von Hassel, der kühle Norddeutsche, der den Kommissar Brinkmann im ARD-Tatort spielte, kam zum Plaudern vorbei, am liebsten mit einem anderen meiner Stammkunden, Herrn Berger, dem ich ein gesondertes Kapitel widme. Viele Vorstandsvorsitzende börsennotierter Unternehmen sind in all den Jahren bei mir erschienen, meistens um Zigaretten oder eine Zeitung zu kaufen. Ob der ehemalige Chef von Mannesmann, Klaus Esser, der Gründer von Mobilcom, Gerhard Schmidt, und viele andere, an deren Namen ich mich nicht erinnern kann – sie alle waren oder sind noch immer Kunden des Kioskes, der auch in der Geschichte der Stadt Frankfurt einen Platz innehat.

Die tollen Broker von der Börse

Der Beruf des Börsenmaklers hat etwas Imaginäres und Elitäres. Bei nur etwas Glück kann man eine stattliche Summe zusammenspekulieren. Ein Traum für jeden Adepten der Finanzkunst. Aber wie im normalen Leben fahren auch hier nur die Allerbesten, Gewieften und vom Glück Geküssten ihren Gewinn ein. Im Gegensatz zum Immobilienmakler ist der Finanzjongleur Herr über manchmal astronomische Geldvolumen, er jongliert mit sagenhaften Summen für sich und insbesondere für seine Auftraggeber. Er bekommt Order von Anlegern, die ihr Geld schnell und mit hohen Gewinnerwartungen einsetzen wollen. Je toller die Gewinne, desto praller die Geldbeutel der Vermittler. Der Börsenmakler spielt Schicksal im wahrsten Sinne des Wortes. Sein Wirken hinterlässt Spuren, im Positiven wie im Negativen, sein Werdegang kann märchenhaft, der Absturz grauenvoll sein. Es gibt freie Makler und diejenigen, die für eine Bank oder Finanzfirma arbeiten. Die freien Makler kassieren satte Provisionen, haften aber mit ihrer Existenzgrundlage, die für eine Investmentbank arbeitenden Broker bekommen neben ihrem Gehalt Boni und Prämien und haften nur bedingt. Die schlimmste Bestrafung durch den Arbeitgeber ist hier die Kündigung. Da immer sehr viel Geld im Spiel ist und man täglich mit Summen zu tun hat, von denen ein Normalsterblicher nur träumen kann, bekommen die Mitglieder dieses glorreichen Zirkels ein spezielles, ambivalentes Verhältnis zum Wert des Geldes. Der Umgang mit den hier angelegten Summen macht die Adepten der Börsenkunst selbstsicherer, kälter, unsozialer und zu guter Letzt auch arroganter. Sie glauben, das große Los in der Lotterie des Lebens gemacht zu haben, werden immun für menschliche, soziale Angelegenheiten und entfernen sich vom normalen Alltag. Ihre Anspannung, der Nervenkitzel, der tägliche Stress und die Ungewissheit über den Ausgang der Transaktionen machen sie anfällig für Dinge, die diese Aufregung und die hohe Beanspruchung kompensieren sollen. Sie greifen zu Mitteln, die allesamt ihrer Gesundheit schaden. Alkohol, Zigaretten, Aufputschmittel, Medikamente und andere Drogen sollen den Stress beseitigen. In meinem Kiosk verkehrten die verschiedensten Makler und ihre Stressbewältigung brachte meiner Kasse satte Umsätze.

Ein spezielles Kapitel sind die jungen Vermittler, die antreten, um die Börsenwelt zu erobern. Dass das Geld den Charakter verdirbt, ist allseits bekannt. Die jungen Menschen, die sich an die Börsengeschäfte trauen, bringen zwar Talent, ein gesundes Selbstbewusstsein und eine gewisse Coolness mit, werden aber mit der Zeit Opfer des unerträglichen Nervenkitzels. Manche schotten sich dann ab und leben in ihrer eigenen Welt, manche verstecken ihre Unsicherheit hinter Arroganz und steigern sich immer weiter hinein in ein Spiel mit unsicherem Ausgang. So ein Spiel kann aber auch für den Hauptdarsteller fatale Folgen haben.

Eines schönen Freitagmorgens im Wonnemonat Mai suchte ein junger Mann meinen Kiosk auf, gekleidet in einen schicken Anzug mit passender Krawatte, also eine Makler-Uniform. Sein »Guten Morgen« muss mir entgangen sein. Er verlangte eine Zeitung, schaute mich herablassend an und warf aus größerer Entfernung eine Münze auf den Ladentisch. Ich muss ihm für diesen Wurf sogar ein Lob aussprechen, denn aus diesem Abstand würde nicht jeder so gut treffen. Mit dieser Aktion überraschte er mich völlig, sodass ich für einen Augenblick ganz perplex war und ihn verwirrt anschaute. »Ich will die Bildzeitung, wird's bald!«, herrschte er mich an.

Nur langsam errang ich die Fassung zurück, nahm ein Exemplar der Meinung machenden Zeitung mit den vier Buchstaben und warf sie dem Burschen ins Gesicht. »Bitte, Ihre Zeitung!«

Er lief rot an und sagte mit bösem Blick: »Pass auf, Freundchen! Ich bin Börsenmakler, wenn ich will, dann fliegst du hier raus, dann bist du arbeitslos und kannst schauen, wo du bleibst.«

Ich beschloss, dieses Schauspiel mitzumachen und bat ihn ergreifend, meinem Chef nichts von diesem Vorfall zu sagen.

»Du hast schon verloren«, trumpfte er auf, »ich melde das deinem Boss, da gibt's kein Erbarmen.« Sprach's und verschwand aus dem Kiosk.

Einige Tage nach diesem Vorfall sah ich einen von mir sehr geschätzten Makler, Inhaber einer großen Brokerfirma mit Sitz in der Schillerstraße, samt seinen Kollegen zur Börse gehen. In ihrer Mitte entdeckte ich zu meiner Überraschung den jungen Mann, der sich im Kiosk so unmöglich aufgeführt hatte. Bei der nächsten Gelegenheit machte ich den Makler auf das Verhalten seines neuen Mitarbeiters aufmerksam. Dabei erfuhr ich, dass der junge Mann nur ein Praktikum machte und noch nicht fest übernommen war. Bei einem späteren Besuch des Maklers erkundigte ich mich nach dem Praktikanten, denn ich hatte ihn nicht mehr gesehen. »Er ist nicht mehr bei uns«, sagte mein Kunde trocken. Er habe seine Tauglichkeit für diesen Beruf nicht unter Beweis stellen können. Ich hoffte, dass dieser Vorfall und die Reaktion seines Arbeitgebers darauf dem arroganten Jüngling eine Lehre sein würde.

Manche Broker, die verbotenen Börsengeschäften nachgingen, wurden ertappt und auch bestraft. Ich erinnere mich an einen Makler, der später für negative Schlagzeilen sorgte. Dieser Herr, der zwar sehr korrekt, aber abweisend und kalt auftrat und dessen Augen eine innere Leere vermittelten, kaufte eine Tageszeitung und eine Frauenzeitschrift, die wöchentlich erschien. Häufig hatte er einen Begleiter an seiner Seite, mit dem er sich über Börsengeschäfte unterhielt. Sie handelten mit Wertpapieren, kauften billig »Luft« und verkauften sie teuer. Damals wusste ich noch nicht viel über sogenannte »Luftgeschäfte«, deshalb irritierten mich ihre Worte, manches verstand ich auch gar nicht. Eines Tages parkte ein silberfarbener Bentley auf der Börsenstraße. Viele Fußgänger blieben stehen, um sich dieses automobile Prachtstück genauer anzusehen. Schließlich erschien dieser Börsianer in Begleitung einer attraktiven Blondine und sperrte die Tür des Wagens auf. Da wurde mir klar, dass man durch solche »Luftgeschäfte« zu einem Bentley kommen kann. Nach einiger Zeit erschien der smarte Broker nicht mehr im Kiosk. Zuerst machte ich mir Gedanken, ob ich ihn vielleicht nicht höflich genug bedient haben könnte. Aber eines Tages blätterte ich in einer lokalen Zeitung und entdeckte im Wirtschaftsteil plötzlich ein bekanntes Gesicht. Dessen kalte Augen schienen mich prüfend anzuschauen. Aber der Schein trog. In der Bildunterschrift wurde erläutert, dass der Börsenmakler Jochen T. wegen des Verdachts, betrügerische Börsengeschäfte getätigt zu haben, festgenommen und dem Haftrichter vorgeführt worden sei. Außerdem war noch zu lesen, dass seine Freundin, das Model Tatjana N., nach Bekanntwerden dieser Tatsache zu ihrem früheren Lebensgefährten, dem amerikanischen Manager Brad O., zurückgekehrt sei. Da behaupte noch einer, dass Geld in einer Beziehung nicht wichtig sei. Die schöne Tatjana hatte da eine andere Meinung.

Jahre vergingen, da kreuzte der smarte Ex-Börsianer plötzlich wieder an unserem Kiosk auf. Um Jahre gealtert, vom Schicksal gezeichnet, stand er vor mir mit der Absicht, Lotto zu spielen. Der Zocker in ihm war noch da, so schnell lässt dieser sich nicht exorzieren. Er spielte für viel Geld, sein abweisendes, unnahbares Verhalten hatte sich allerdings nicht geändert. Der Mann kam noch einige Male, um Lotto zu spielen, doch wahrscheinlich hatte er dabei kein Glück, er wirkte weiterhin verschnupft und zugeknöpft.

Sehr oft, fast zyklisch, gab und gibt es Misserfolge an der Börse. Sie manifestieren sich durch abrupte, kaum vorhersehbare Kursabstürze, die bei den Brokern und den Anlegern Panik auslösen. Diese panikartigen Verkäufe, häufig begleitet von Tränen oder Wutausbrüchen, führen zum Börsencrash. Die Aktien gehen in den Keller, alle sind von dem Ereignis überrascht, insbesondere die Makler. Während des Crashs im Jahr 1987 befanden sich die Börsenvermittler in einer sehr misslichen Lage. Viele von ihnen investierten selbst in fragwürdige, aber viel Gewinn versprechende Anlagen, machten verbotene Aktiengeschäfte und hatten sich am Ende total verspekuliert. Ihren Auftraggebern erging es noch schlimmer, mancher private Investor verlor fast alles, was er hatte. Manche schlauen Kapitalanleger ließen sich von noch schlaueren Bankern zur Aufnahme von Krediten für Börsenspekulationen überreden und standen nun fast nackt da. Persönliche Tragödien waren an der Tagesordnung, Selbstmorde nahmen in dieser Zeit rapide zu. Viele, die der Spekulationshysterie nicht hatten widerstehen können und die dafür nicht nur ihr ganzes Vermögen eingesetzt, sondern auch noch Kredite aufgenommen hatten, waren Kleinunternehmer, Handwerker und Angestellte.

Die Börsenmakler reagierten unterschiedlich auf diese Hiobsbotschaften. Bei mir im Kiosk versammelte sich die ganze Maklerzunft. In dieser Gruppe waren auch hochkarätige Namen, viele von ihnen bekleiden heute in der Finanzwirtschaft verantwortungsvolle und exponierte Posten. Ich kann manchmal selbst nicht fassen, welches hohe Tier damals bei mir im Kiosk anwesend war. Man führte Dispute und Konversationen, gepfeffert mit schlimmstem Straßenjargon, sprach sich untereinander Mut zu oder wehklagte wie bei einer Beerdigung. Sie begossen ihre Wut und Trauer mit Cognac, Whisky, Schnaps und anderen harten Sachen. Der Konsum an Doppelkorn und Wodka verfünffachte sich an diesen Tagen und auch der norddeutsche Kräuterlikör verschwand in den durstigen Kehlen der Börsenspekulanten. Sie boten ein trauriges Bild: ein Häufchen Elend, zerstörte Träume, angeschlagene Existenzen. Aber dahinter versteckten sich Herzen von nicht zu bändigenden, gierigen Raubkatzen, die nur eines wollten: mehr, mehr, mehr. In dieser Situation wurde den kühlen, nichtssagenden Augen vom Schicksal etwas Leben eingeimpft, die sonst meist unbewegten Gesichter bekamen ein wenig menschlichere Züge. Sie standen im Kreis, manche weinten, manche verharrten regungslos, als würden sie sich dem Schicksal ergeben. Einige von ihnen verloren ihren Job oder mussten ihre Firmen schließen, doch das Gros überstand diese düstere Phase fast unbeschadet und spann sofort neue Pläne. Nach der Beruhigung der Märkte fingen sie gleich wieder an, neue, noch famosere Strategien zu entwickeln, noch grandiosere Pläne zu schmieden. Man vergisst Unangenehmes sehr schnell, insbesondere die Börsenmakler. Die Gier, das unkalkulierbare Risiko, den Nervenkitzel, die Jagd nach den Millionen, die fabelhaften Boni und Prämien, den Triumph des eigenen Egos über das Unfassbare – das brauchen sie wie Fische das Wasser. Sie sind unverbesserlich in ihrer Sucht nach dem Erfolg und konservativ in ihrem Weltbild. Sie lieben die Freiheit der Spekulanten und die Kasernierung in ihren engen Büros. Sie werden sich auch in hundert Jahren nicht ändern, vorausgesetzt, es gibt dann immer noch Unternehmen, die in Aktien zerstückelt werden, und Währungen, gegen die sich zu spekulieren lohnt.

Die Schweigsame

Es gibt Menschen, die reden viel, dazu noch ungebeten. Und es gibt Menschen, die den Mund nur ungern aufmachen und denen man alles aus der Nase ziehen muss. Es gibt redselige und schweigsame Menschen. Unter den Letzteren gibt es noch eine radikale Fraktion, die, den Mund zusammengepresst und den Blick nach unten gerichtet, konsequent in eisernem Schweigen verharrt. Als ich wieder einmal eine Aushilfe für den Kiosk benötigte, wandte ich mich an das Studentenwerk, das für die Studierenden Arbeit vermittelte. Sehr oft nahm ich die Leistungen dieser Organisation in Anspruch, denn die Vermittelten waren nicht teuer, arbeiteten gut und auf dem Feld der Kundenbeziehungen waren sie unschlagbar. In all den Jahren beschäftigte ich spätere Ingenieure, Informatiker, Maschinenbauer, Ärzte, Touristikmanager und Rechtsanwälte. Auch ein Literaturwissenschaftler und ein Germanist waren unter den Mitarbeitern. Das Studentenwerk schickte mir diesmal eine dürre, eher klein gewachsene junge Dame, die mit meiner Hilfe ihr weiteres Studium finanzieren wollte. Sie habe schon als Kellnerin in einem Café gearbeitet, auch als Messehostess habe sie Erfahrungen gesammelt. Bereits beim ersten Gespräch, in dem wir die Konditionen unserer eventuellen Zusammenarbeit erörterten, erkannte ich, dass ich es hier mit einer besonders harten Nuss der schweigsamen Sorte zu tun bekam. Meine neue Mitarbeiterin schwieg beharrlich. Ich entdeckte nach mühsamer, fast kriminalistischer Kleinarbeit, dass sie doch in ihrem Inneren Buchstaben zu Worten zusammenfügen und daraus Sätze bilden konnte, die jedoch nur sporadisch den Weg nach außen fanden. Sie sprach, ohne den Mund zu bewegen, eine Kunst, die ich so noch nicht kannte. Ich entwickelte ein besonderes Gespür für ihre »unausgesprochenen« Worte und wurde so zu ihrem besten Dolmetscher. Neben der Tatsache, dass sie selten und mit großem Bedacht sprach, war ihr Tonfall auch noch sehr leise und selbst Menschen mit gutem Gehör hatten Schwierigkeiten, sie zu verstehen.

Warum ich ihr trotzdem eine Chance gab, vermag ich heute nicht mehr zu sagen. Welchen Kriterien ich sie unterzog und welche Punkte ausschlaggebend waren, habe ich vergessen. Jedenfalls wurde die Königin des Schweigens als Verkäuferin bei mir tätig. Manche Kunden störten sich nicht an ihrer Wortkargheit, manche jedoch waren verwirrt und bezichtigten sie der Unfreundlichkeit, was selbstverständlich nicht den Tatsachen entsprach. Einige männliche Kunden waren von ihrem Charme entzückt und versuchten mit ihr ins Gespräch zu kommen. Dieses Unterfangen war allerdings von Anfang an zum Scheitern verurteilt, denn ihre Komplimente und Annäherungsversuche blieben ohne Antwort. Die Lippen des Objektes ihrer Begierde blieben fest verschlossen. Einer der hoffnungslosen Verehrer behauptete später, dieses fast stumme Geschöpf arbeite in einem Nachtlokal in der Bahnhofsgegend. Das konnte ich mir nun jedoch überhaupt nicht vorstellen, obwohl man für Darbietungen dieser Art das Stimmorgan nicht einsetzen muss. Aber meine Aushilfe war scheu wie ein Reh und hätte zwischenmenschliche Kontakte am liebsten auf ein Minimum beschränkt.

Im Kiosk werden viele Kontakte hergestellt, weiterentwickelt und gepflegt. Die schweigsame Dame musste schon über ihren Schatten springen, um nicht gleich von Anfang an einen schlechten Eindruck zu machen. Sie schwieg würdevoll wie eine Prinzessin, als sei sie nicht von dieser Welt. Sie interessierte sich weder für Politik, Sport oder Mode noch für spezifische Themen wie Kochen und Essen. Auch für Kultur hatte sie nicht viel übrig. Einzig und allein die Bereiche Finanzen und Wirtschaft konnten in ihren Augen kleine Funken entzünden. Auch Wirtschaftsmathematik gehörte zu ihren Favoriten, während sie mit dem Begriff »Literatur« nicht viel anfangen konnte. Im Nu begriff sie, wie die Lotto-Systeme funktionieren und wie sie entschlüsselt werden. Praktisch gesehen wusste ich nichts über sie. Das, was ich wusste, war in ihrem polizeilichen Führungszeugnis festgehalten. Sie wohnte im Studentenwohnhaus der Goethe-Universität in der Ginnheimer Landstraße. Die Freunde des Kioskes konnten sich nicht vorstellen, dass meine Angestellte wirklich so war, wie sie auftrat. Man malte sich verschiedene Szenarien aus, eines fantastischer als das andere. Es wurde ihr unterstellt, in irgendeinem Nachtklub auf Kundenfang zu gehen, eine Domina in einem exklusiven Zirkel zu sein oder für einen bekannten Wirtschaftsboss zu arbeiten. Alle waren der Meinung, sie sei eine Schauspielerin und verstecke irgendetwas vor der Allgemeinheit. Was für ein Geheimnis sie hatte, war die meist gestellte Frage.

Diese Frage wurde zu unserem Leidwesen nie beantwortet. Die schweigsame Dame beendete erfolgreich alle Prüfungen und verabschiedete sich vom Kiosk und seinem Umfeld. Sie fuhr zurück nach Polen, um eine Stellung in der polnischen Nationalbank anzutreten. Seitdem habe ich nichts mehr von ihr gehört. Es ist aber nicht ausgeschlossen, dass ich eines Tages der Presse entnehmen werde, dass an der Spitze der Nationalbank ein Wechsel stattgefunden und unsere schweigsame Verkäuferin die Geschäftsführung übernommen habe. Was lernen wir aus dieser Geschichte? Auch schweigend kann man Karriere machen. Denn Reden ist Silber und Schweigen ist Gold.

Das Etablissement in der Seitengasse

In der Nähe der Frankfurter Devisen- und Wertpapierbörse befinden sich drei winzige Seitengassen. Eine von ihnen, die parallel zum Hof der Pressevertriebsgesellschaft liegt, beherbergt ein thailändisches Restaurant. Neben dessen Eingang befand sich ein Tor in eine andere, bizarre Welt. Diese Welt näher brachte uns ein großer Mann mit schwarzem Schnauzer und schwarzem Haar und einem entwaffnenden Lächeln, mit dem er alle in seinen Bann zog. Er hieß Marc und konnte trotz seiner meist gespielten Freundlichkeit auch ziemlich böse sein. Dieser Marc war nach seinem Studium im früheren Jugoslawien nach Südafrika ausgewandert, wo er heiratete und eine große Farm übernahm. Das Geschäft ging so lange gut, wie seine Frau mit ihm zusammenlebte und nach dem Rechten schaute. Aber eines Tages hatte sie seine Eskapaden und Frauengeschichten satt und verschwand auf Nimmerwiedersehen. Marc blieb alleine mit drei Kindern und der Farm. Bevor alles zugrunde ging, waren die Kinder zum Glück erwachsen und er konnte die Farm verkaufen. Als das Internet auch in Südafrika zugänglich wurde und man damit Geld verdienen konnte, begann Marc über das Netz Boote zu verkaufen. Besonders mit Europa machte er gute Geschäfte. Und schließlich packte ihn das Heimweh nach dem alten Kontinent. Er kaufte sich ein One-Way-Ticket und flog nicht nach Belgrad oder Zagreb, sondern nach Hamburg, wo sein Bootsverkaufspartner residierte. Dort traf er auf dem Kiez von St. Pauli eine große, schlanke schwarzhaarige Frau, die eine Marktlücke im käuflichen Gewerbe entdeckt hatte: den Part der Domina. Sie staunte selbst über die vielen Männer, die sich in die Obhut einer dominanten »Mama« begeben wollten, um sich von ihr den Hintern versohlen zu lassen. Das Geschäft ging gut, die Domina namens Annie verstand ihr Business.

Annie und Marc wurden ein Paar und so erfuhr dieser von einem Kunden von Annie, dass in Frankfurt ein Haus billig zu erwerben sei, denn der Verkäufer stecke bis zum Hals in Schwierigkeiten und wäre sehr erfreut, wenn jemand ihn gegen Barzahlung von der Immobilie befreien würde. Marc träumte von einem Haus, in dem er ein Bordell eröffnen konnte, und kurz entschlossen kauften die beiden dem Unglücklichen das Gebäude ab und zogen nach Frankfurt. Sie besaßen nun ein Haus, das allerdings eine gründliche Renovierung nötig hatte. Als diese abgeschlossen war, ging man zum Magistrat der Stadt Frankfurt, um eine Betreibergenehmigung einzuholen. Annie und Marc wussten, dass diese Genehmigung nicht ad hoc zu bekommen war, aber sie unterschätzten völlig die städtischen Beamten, deren Mühlen besonders langsam mahlten. Sie mussten unzählige Dokumente, Belege, Abschriften, Kopien, Bestätigungen und Bescheinigungen einreichen. Sie wurden Stammkunden in allen wichtigen Ämtern wie dem Liegenschaftsamt, Planungsamt, Gewerbeamt, Gesundheitsamt, Ordnungsamt, der Bauaufsichtsbehörde und dem Rechtsamt. Bis man die Genehmigung in der Hand hielt, benötigten sie fast ein halbes Jahr und die Hilfe von drei Anwälten.

Dann war das Haus bestellt, das Personal von einer Agentur nach allerstrengsten Kriterien ausgewählt und man erwartete die ersten Kunden. Und diese kamen, zwar nicht in Scharen, aber ausreichend. Sie empfing eine häusliche, warmherzige Atmosphäre und verständnisvolle Bedienung. Die Dame des Hauses verprügelte persönlich ihre Kundschaft, die dafür noch gutes Geld zahlte. Insbesondere Börsenmakler nutzten die Nähe zu ihrem Arbeitsplatz und befriedigten in den Pausen zwischen einem Tief von BMW und einem Hoch von Thyssen ihre Bedürfnisse. Marc freundete sich mit mir und den Freunden des Kioskes an und erzählte gerne Interna aus seiner neuen Firma. Ab und zu kam auch Annie auf einen Kaffee vorbei, und gar nicht hanseatisch zugeknöpft erzählte sie von ihren Kunden, ohne jedoch einen einzigen Hinweis auf den jeweiligen Bedürftigen zu geben. Marc machte alle Einkäufe für seine Firma höchstpersönlich, er wusste, wo der Schuh drückte. Ich nahm ihn eines Tages mit zu Metro, damit er nicht immer überteuert im Kaufhof einkaufen musste. Zu meiner Überraschung war das Erste, was er in seinen Wagen legte, eine große Menge Kondome, die an diesem Tag im Sonderangebot waren. Ich war ein wenig skeptisch und riet ihm ab, diese Ware aus zweiter

Wahl zu erstehen. Ich erinnerte an die möglichen Folgen, aber er setzte sich durch.

Durch seine Vermittlung wurde mein Kiosk auch von seinen Mitarbeiterinnen aufgesucht, die allerlei Süßigkeiten, Kaugummis für den frischen Atem und Zigaretten kauften. Für Presse hatten sie keine Zeit, denn das Geschäft blühte. Die Mädchen wunderten sich, dass sie mich und die Freunde des Kioskes noch nicht in ihrem Garten Eden begrüßen konnten. Wir erklärten unsere Abwesenheit mit Zeitmangel, versicherten aber, dass wir sie eines Tages besuchen würden.

Eines schönen Tages erfuhr ich, dass Marc und Annie auch Amateuren eine Beschäftigungschance gaben. Das war eine gute Idee, es ermöglichte das sparsame Wirtschaften und das Ausschöpfen noch vorhandener Ressourcen. Seit einiger Zeit erhielt ich nämlich Besuch von einer schönen Frau, die bei mir Zigaretten erstand. Nach einigen Tagen wagte ich sie anzusprechen. Es stellte sich heraus, dass sie in der Nähe in einem Dienstleistungsbetrieb arbeitete. Sie hieß Tola und stammte aus Polen. Sie sei alleinerziehende Mutter und suche dringend eine Betreuung für ihren kleinen Sohn. Der Ehemann habe sie vor einem Jahr verlassen, jetzt sei sie alleine mit dem Kind und deshalb sehr froh, einen gut bezahlten Job bekommen zu haben. Die Dame war sehr nett, wirkte aber etwas bieder und naiv – und das gab bei mir den Ausschlag, ihre Aussagen mit Vorsicht zu genießen. Denn ihre ganze Körpersprache passte nicht zu ihrem Benehmen, mit dem sie mir wohl etwas vorspielen wollte. Das Geheimnis lüftete sich schnell, als Marc mich fragte, ob ich seine neue Aushilfe, eine Polin namens Tola, schon kennengelernt hätte.

Tola kam öfter zum Kiosk um einzukaufen oder nur für ein kleines Schwätzchen. Bevor sie eintrat, schaute sie vorsichtig, ob sich eine Kollegin oder ein Kunde drinnen aufhielt. Einmal fragte ich sie, ob sie wieder einen neuen Freund habe. Sie antwortete, dass sie jetzt keine Zeit für Männer habe, sie müsse Geld für sich und das Kind verdienen. Und dann lächelte sie mich an und meinte, wenn sie mehr Zeit hätte, würde sie gerne mit mir ausgehen, denn sie liebe Romantik und ich sei ihrer Meinung nach ein romantischer Typ. Ich war für einige Augenblicke sprachlos, was mir nur selten passiert, und bedankte mich für so viel Vertrauen und so gute

Menschenkenntnis. Ich bescheinigte ihr, eine wunderschöne und anständige Dame zu sein, die die Sonne im Herzen trage und mich sehr verwirre, denn ihre Ausführungen würden bei mir einen höheren Pulsschlag bewirken. Das arme Mädchen glaubte meinem Gequatsche, denn sie kam zu mir und gab mir einen Kuss. Dabei wurde sie wirklich rot. Schnell verschwand sie über das überschaubare Gelände des Börsenplatzes. Aber ich dachte die ganze Zeit nur an die anderen Männer, die sie täglich küssen mochte.

Später wunderte ich mich, dass Tola nicht mehr kam. Die Antwort lieferte wie immer Marc, der mir erklärte, er habe Tola von mir erzählt und dass ich im Bilde sei über die Art ihrer Tätigkeit. Ich muss ziemlich entgeistert ausgesehen haben, denn Marc fragte, ob mit mir alles in Ordnung sei. Ich hatte einfach Gewissensbisse, Tola nicht die Wahrheit gesagt zu haben. Und Marc erwies sich wieder einmal als ein unverbesserlicher Schwätzer. Tola erschien selbstverständlich nie wieder im Kiosk und nach einiger Zeit beendete sie auch das Arbeitsverhältnis bei Annie und Marc.

Immer wieder wurden wir von Annie, Marc und ihren Mitarbeiterinnen zu einem Besuch ihres Etablissements eingeladen, ganz unverbindlich. Eines Tages sagten wir endlich ja. Manfred, Herr Berger, Klemens, Hausmeister Chomik und ich verabredeten uns zu einer gemeinsamen »Besichtigung«. Chomik wehrte sich noch etwas dagegen, obwohl er immer wieder damit angegeben hatte, er werde »das Inventar einmal einem Test unterziehen«. Jetzt stand er unschlüssig vor dem Eingang und fragte wenig intelligent: »Und wenn meine Frau mich dort trifft? Dann ist Ärger angesagt.«

Mit großer Verwunderung schauten wir ihn an, bis Manfred ihn fragte, ob er davon ausgehe, dass seine Frau in diesem Haus anwesend sei. Chomik schwieg konsterniert. Marc empfing uns und entschuldigte Annie. Sie habe zu tun. Im Eingangsbereich, einer Art Rezeption, trafen wir auf Babsi und Vera, die im Kiosk ihre Zigaretten kauften. Die schwarzhaarige Jelena saß auf einem dunkelroten Sofa und las eine der Illustrierten, die ihr Chef regelmäßig bei mir erwarb. Wir durften uns die Zimmer anschauen, wobei Svetlana, eine Russin aus Jekaterinburg, uns die verschiedenen Folterapparate erläuterte. »Interessant«, sagte Herr Berger mehr zu sich als zu uns, »die Technik wird immer fortschrittlicher.«

Am Ende unserer Führung gab es Kaffee und Kuchen und ein

ungezwungenes Plaudern mit den Mitarbeiterinnen. Chomik fragte nach der Preisliste, was Marc etwas in Verlegenheit brachte. »Für dich mache ich einen Sonderpreis, wir werden uns schon einigen«, bot er an.

Unser Casanova machte sofort einen Rückzieher und erklärte, er habe es nicht so gemeint, es sei ein Missverständnis. Er sei glücklich verheiratet und habe keinen Bedarf. Danach stellte er fest, dass es bei ihm im Keller auch gemütlich sei. Diese Aussage wurde von niemandem kommentiert.

Irgendwann erklärte mir Marc, dass die Geschäfte immer schlechter gehen würden und er schon zwei Mitarbeiterinnen habe entlassen müssen. Es klang wie die Ankündigung eines Abschieds auf Raten. Und so war es auch. Ich erfuhr von Marc, dass er sich mit dem Freudenhaus übernommen und Schwierigkeiten hatte, seine Schulden termingerecht zurückzuzahlen. Den Booteverkauf könne er auch übers Internet in Südafrika tätigen. Die Geschäftsaufgabe und die Auswanderungsvorbereitungen nahmen noch einige Zeit in Anspruch, aber dann kam die Zeit des Abschieds. Ich wünschte Marc und seiner Annie alles Gute in Südafrika und mehr Geschäftsglück als in Deutschland. Auch die Verabschiedung der beiden durch Herrn Berger, Manfred, Klemens und Charlie Chomik erfolgte voller Rührung und mit vielen guten Wünschen. Zwar versicherte Marc, uns von Südafrika eine Nachricht zu senden, es blieb aber nur bei der guten Absicht. Es sind inzwischen über zwanzig Jahre vergangen, seit der abenteuerlustige Freund verschwunden ist, eine Nachricht erhielt ich leider nie.

Dafür erhielt ich einige Wochen nach seiner Abreise einen höchst merkwürdigen Besuch. Drei Herren aus dem sonnigen Jugoslawien (Kroaten? Serben?), Männer wie Schränke mit Gesichtern wie King Kong nach dem Zahnarztbesuch, fragten so nett wie möglich nach dem Verbleib von Marc und seiner Freundin. Wahrheitsgemäß erklärte ich ihnen, dass die beiden mit One-Way-Tickets nach Südafrika geflogen seien. Die netten Herren aus dem Süden Europas fluchten in ihrer bezaubernden Sprache und entfernten sich unverrichteter Dinge. Noch einmal hatte ich einen Besucher, der mich über Marc auszufragen versuchte. Der Mann wirkte auf mich wie ein Beamter. Vielleicht war es jemand von der Steuerfahndung oder der Polizei oder ein Gerichtsvollzieher. Er hörte von mir genau das, was ich zuvor den drei anderen Wissbegierigen erzählt hatte. Danach fragte niemand mehr nach den Flüchtlingen. Nur ab und zu sprachen wir über unseren Besuch in dessen Etablissement. Einiges geriet in Vergessenheit, einiges wurde von uns neu erfunden und als wahre Geschehnisse akzeptiert. Wir alle erinnerten uns gerne an die Zeit, als Marc, Annie und die Mädchen für mehr Leben und spannende Erlebnisse am Börsenplatz gesorgt hatten.

Der polnische Besucher

Eines Tages bekam ich einen Telefonanruf im Kiosk. Am anderen Ende der Leitung bat ein Mann in polnischer Sprache um Verzeihung für die Störung, er habe meinen Namen und meine Telefonnummer von einem Bekannten erhalten, der in Mönchengladbach in einem Versandhaus für Büroartikel arbeite. Bei diesem Versandgeschäft bestellte ich manchmal Büromaterial, man hatte dort also meine Adresse samt der zugehörigen Telefonnummer. Damals, es war das Jahr 1980, war der Datenschutz noch nicht so ausgeprägt wie heute. Nur so kann ich mir die Preisgabe meiner Daten an einen Fremden erklären. Während des Telefonats stellte sich heraus, dass der Anrufer aus Polen kam und auf der Suche nach einer Arbeitsstelle alles versuchte, was zum Erfolg führen könnte. Da mein Name polnisch klingt, war dies für ihn ein Anlass, meine Hilfe zu suchen. Er komme aus der Hafenstadt Stettin, sei Elektrotechniker von Beruf, Vater eines zwei Monate alten Babys. Die wirtschaftliche und soziale Lage in Polen sei kritisch, mit dem dort verdienten Geld sei sogar eine einfache Existenz kaum möglich. Ich erfuhr, dass der Mann eine Tante hatte, die als Briefträgerin gerne Adressen aus dem Ausland sammelte. So war er an die Firma in Mönchengladbach geraten, wo ihm ein ehemaliger polnischer Staatsangehöriger für drei Wochen einen Job im Lager verschafft hatte. Nun war die Zeit um und er suchte nach einer neuen Verdienstmöglichkeit. Marek Strzelecki, so hieß dieser polnische Arbeitssuchende, bat mich inständig, ihm dabei zu helfen, wegen der misslichen Lage in seiner Heimat und wegen des Babys.

Normalerweise würde ich Worte des Bedauerns in den Hörer sprechen, alles Gute bei der Jobsuche wünschen und auflegen. Diesmal aber hatte das Schicksal etwas dagegen, dass ich diesen Menschen einfach so abspeiste. Also versprach ich, ohne mich festzulegen, mich nach einem Job umzuhören. Er könne mich in zwei Tagen wieder anrufen.

Schräg gegenüber vom Kiosk befand sich das Textilgeschäft »Regina«. In diesem Laden arbeitete eine ältere Dame, die von den in Frankfurt und Umgebung lebenden Polen sehr verehrt wurde. Ihre Aufgabe bestand im Wesentlichen in der Überwachung der Auslage auf der Straße vor dem Laden. Ob es kalt oder heiß war, sie war immer da und bewachte die ausgestellte Ware. Frau Anja kannte viele Leute und viele Leute kannten Frau Anja. Sie hatte ein großes Herz, ein offenes Ohr für alle und viel Wärme für die Benachteiligten in dieser schnelllebigen Zeit. Die Arbeit und Unterkunft suchenden Polen schwärmten zu ihr wie Küken zur Henne. Sie wies keinen ab. Sie kaufte ihnen Kleinigkeiten zum Essen, besorgte Schlafstellen und suchte für sie nach Arbeit. Ihre Bemühungen waren nicht immer von Erfolg gekrönt, manchmal erlitt sie unerwartete Rückschläge, aber sie half jedem Bedürftigen, wie sie nur konnte. Ich wandte mich also an Frau Anja mit der Bitte, sich für diesen unglücklichen Marek Strzelecki einzusetzen. Sie sagte zu und machte sich auf die Suche nach Kontaktleuten, die ihr helfen könnten. Einen Tag später schon suchte sie mich im Kiosk auf und berichtete von einer positiven Entwicklung. Bei einer Elektrofirma habe ein Elektriker einen Autounfall gehabt und fehle auf unbestimmte Zeit. Herr Marek könne gleich bei dieser Firma anfangen. Auch für eine Unterkunft würde gesorgt.

Als der Mann aus Mönchengladbach wieder anrief, konnte ich ihm die frohe Botschaft verkünden. Ich erklärte mich bereit, ihn am Frankfurter Hauptbahnhof abzuholen und zu der Firma zu bringen. Doch am gleichen Tag, an dem Marek Strzelecki ankommen sollte, kam Frau Anja zutiefst aufgeregt angelaufen und berichtete, dass der Chef der Elektrofirma nicht so lange hatte warten wollen und einen ungarischen Staatsangehörigen verpflichtet hatte. Für meinen Schützling gab es nun weder Arbeit noch eine Schlafgelegenheit. Geschockt und mit schlimmen Vorahnungen fuhr ich zum Hauptbahnhof. Der Zug aus Köln war pünktlich, aber inmitten der vielen Reisenden konnte ich den Ankömmling nicht erkennen. Erst als schon alle Passagiere den Bahnsteig verlassen hatten und der Zugführer seine Fahrerkabine hinter sich abschloss, fand ich Polens verlorenen Sohn auf einer Bank sitzend vor. Marek Strzelecki war ein noch junger, großer Mann im karierten Hemd und mit einem großen Koffer, der mit einem Gürtel gesichert war. Er schaute mich an und lächelte etwas verlegen.

»Marek Strzelecki?«, fragte ich höflich.

Er lächelte wieder, dann sagte er leise, viel zu leise für einen so großen Mann: »Ja, das bin ich.«

Ich begrüßte ihn und gestand, dass ich leider schlechte Nachrichten hatte. Er nahm meine Ausführungen gelassen zur Kenntnis und fragte, was jetzt zu tun wäre. Ich schlug vor, ihn zu meinen Eltern mitzunehmen, bei denen ich noch wohnte. Bei ihnen musste ich dann meine ganzen Überredungskünste aufwenden, bis sie sich bereit erklärten, den Unglücksraben für eine kurze Zeit bei uns aufzunehmen. Wie ich vermutet hatte, wurde meine Bitte zunächst mit dem Hinweis auf die kleine Wohnung abgelehnt, aber nachdem ich erklärte, dass der junge Mann nach zwei, drei Tagen irgendetwas finden und uns nicht mehr zur Last fallen würde, gaben sie nach. Mein neuer Gast bekam eine Matratze zum Schlafen und ein Fünf-Gänge-Menü, um Kraft zu tanken.

Die Nachrichten von Frau Anja waren nicht erbaulich. Zurzeit war an eine Mareks Fähigkeiten entsprechende Arbeitsstelle nicht zu denken. Auch die Suche nach irgendeinem anderen Job brachte kein Ergebnis. In unserer Zweizimmerwohnung wurde es richtig eng. Meine Eltern machten gute Miene zum bösen Spiel und unser Gast versuchte so rücksichtsvoll wie möglich zu sein. Ich hatte mir da ein Problem aufgehalst, dessen Lösung in so weiter Ferne lag wie der Nordpol. Marek wollte mir gerne im Kiosk helfen, aber die Installationen waren intakt, alles war unlängst generalüberholt worden. Er fuhr trotzdem jeden Morgen mit mir zur Arbeit, setzte sich auf die neben dem Geschäft stehende Bank und träumte von einer Anstellung. Manchmal ging er zu Frau Anja, um nach einer Arbeit zu fragen, aber er hatte Pech, in dieser Zeit brauchte kaum jemand eine Arbeitskraft.

Von einem Landsmann, der ebenfalls wegen verschiedener Angelegenheiten bei Frau Anja vorstellig war, erfuhr Marek, dass sich in der Savignystraße eine katholische Kirche befand, in der sonntags ein polnischer Gottesdienst abgehalten wurde. Nach der Andacht könne man viele polnische Waren billig erstehen oder einfach mit polnischen Landsleuten aus der ganzen Umgebung ins Gespräch kommen. Ich war noch nie dort gewesen und hatte keine Vorstellung von dem ganzen Geschehen. Am nächsten Sonntag gingen wir also zu diesem ominösen Ort, um alles mit eigenen Augen zu sehen. Schon von fern erblickte man die Spitze des Gotteshauses. Auf beiden Straßenseiten parkten Autos und Kleintransporter mit polnischen Kennzeichen. Mit dem »Parken« nahm man es nicht so genau, die Fahrzeuge waren so abgestellt, dass manche die Zufahrten versperrten und die Straße für größere Vehikel unpassierbar machten. Nahe der Kirche wurde es lauter und man fühlte sich auf einen osteuropäischen Markt versetzt, wo man alles nur Erdenkliche kaufen konnte. Aus den abgestellten Autos heraus wurde allerhand Ware feilgeboten. Man konnte billig polnische Lebensmittel, Hausschuhe, Zigaretten und Alkoholprodukte erstehen. Sogar russischer Kaviar wurde von einer älteren Dame zum Kauf angeboten. Die Kirche selbst war von den Gläubigen und Ungläubigen so umstellt, dass man den Eingang nur mit Mühe fand. Vor dem Portal stand ein gedrungener Mann mit einer Boxernase und unstetem Blick und verkaufte eine Exil-Zeitschrift. Sie hieß »Wochenblick« und erschien laut dem Verkäufer einmal im Monat, was in Bezug zum Titel des Blattes nicht sehr sinnvoll wirkte. Neben ihm stand ein anderer Mann und verkaufte an die sich illegal hier aufhaltenden Polen Versicherungen. Er fragte mich, ob ich schon versichert sei, worauf ich mich nach seinen Policen erkundigte. Er verkaufte alles, aber zu so hohen Preisen, dass es schon unanständig war, insbesondere da seine Kunden nicht besonders bemittelt waren. Mein Freund Marek war zugleich erfreut und schockiert, so viele Landsleute auf diesem kleinen Platz anzutreffen. Jeder von ihnen kaufte, verkaufte, vermittelte und begutachtete Waren oder Dienstleistungen.

In einer Seitengasse gleich hinter der Kirche ließen fünf gestandene Männer und eine nicht minder gestandene Frau eine Wodkaflasche kreisen. Die Frau verteilte saure Gurken und man sah in den Gesichtern Zeichen einer unvermuteten Glückseligkeit. Einige Meter weiter stand ein Lkw, der Pakete direkt nach Polen brachte. Man verteilte sie dort an die Adressaten. Das war billiger und sicherer, als die Sachen per Post zu schicken. Die Postzustellung war auch viel langsamer und manchmal kamen die Sendungen nicht an. Neben dem Lastwagen fand eine wahre Tauschbörse statt. Man tauschte Adressen von Putzstellen, man verkaufte lohnende Arbeitsplätze an den Meistbietenden. Begehrt waren außer guten Putzstellen insbesondere Angebote zum Babysitten, Arbeiten bei alten und gebrechlichen Menschen oder verschiedene Gartenarbeiten. Handwerklich Beschlagene konnten Jobs bei der Renovierung von Häusern und Wohnungen finden. Nachfragen und Angebote regelten diesen grauen Markt, der für die Menschen aus dem Osten Europas überaus hilfreich war. Das verdiente Geld wurde in die Heimat gebracht, damit die von wirtschaftlichen Nöten geplagten Angehörigen nicht verarmten. Es gab verschiedene Wege, das Geld den Familienmitgliedern auszuhändigen. Einer davon war die Benutzung der polnischen Staatsbahn PKP. Bevor sich kurz vor Mitternacht der Zug nach Warschau auf die Reise machte, herrschte am Frankfurter Hauptbahnhof immer ein großes Kommen und Gehen, ein riesiges Tohuwabohu. Viele Passagiere, die zurück nach Polen fuhren, nahmen Geld von wildfremden Menschen an, das sie später am Zielbahnhof deren Familienangehörigen aushändigten. Diese wurden vor der Zugabfahrt telefonisch darüber informiert. Man nannte ihnen die Namen der Überbringer, die Nummer des Waggons und noch viele andere Details. Diese Art von Geldtransfer klappte fast immer. Auch die Schaffner verdienten sich ein fettes Zubrot mit ihren Zubringerdiensten. Lkw-Fahrer und Personen auf Dienstreisen waren ebenfalls gern gesehene Geldüberbringer. Die hier lebenden Polen entwickelten sich zu Überlebenskünstlern, die den Spagat schafften, unter manchmal unwürdigen Verhältnissen Geld zu verdienen und selbst so sparsam zu leben, dass sie ihre Familien in der nahen und doch so fernen Heimat unterstützen konnten. Sie entwickelten ungeahnte Händlerqualitäten. Die kleinen Geschäftchen, das Kaufen und Verkaufen, das Handeln und Verhandeln beherrschten sie ausgezeichnet.

Marek kaufte sich einige Sachen, die er zu brauchen glaubte. Noch Tage nach dem Besuch in dieser frappierenden anderen Welt dachte ich an diese Parallelgesellschaft mitten in der Stadt. Die Zeit verrann, eine Arbeitsstelle für Marek war immer noch nicht in Sicht. Meine Eltern sendeten mir unmissverständliche Signale. Marek Strzelecki genoss das Leben: Morgens üppiges Frühstück, dann Plaudern mit meinen Eltern, Telefonat nach Polen, ein Spaziergang zum nahen Ostpark, zu Mittag speisen, ein wenig die handwerklichen Fähigkeiten einsetzen, um Kleinigkeiten im Haushalt in Ordnung zu bringen, sich mit mir über Gott und die Welt unterhalten, das Abendessen zu sich nehmen und vor dem Fernseher sitzen. Das Leben kann so schön sein! Fairerweise muss ich sagen, dass Marek unbedingt arbeiten wollte und überall nach Beschäftigung suchte. Nur fand er keine.

Eines Tages wurde es meinen Eltern zu bunt und sie stellten mir ein Ultimatum. Sie gaben mir drei Tage Zeit, um diese unangenehme Angelegenheit zum Wohle aller zu erledigen. Plötzlich hatte ich eine Idee. Aus Erzählungen verschiedener Bürger dieser Stadt wusste ich, dass die katholische Kirche eine Art Hotel in Frankfurt unterhielt. Diese Einrichtung hieß »Kolpinghaus« und dort sollten sich angeblich viele Polen aufhalten, die in Frankfurt keine eigene Bleibe hatten. Wir suchten also diese Institution auf und ich war angenehm überrascht über die Qualität dieser Einrichtung. Es handelte sich um eine Herberge für Arbeiter mit annehmbaren Zimmern, auch die Sauberkeit und Hygiene schienen in Ordnung zu sein und zudem gab es ein großes Restaurant. An der Rezeption wurde mir jedoch beschieden, dass es nur Tagesplätze gebe. Ich wollte aber meinen Untermieter für mindestens zwei Wochen hier unterbringen. Die Dame war nett, blieb aber hart.

Doch an diesem Tag war das Glück mir mal hold. An der Rezeption kam ein Mann vorbei, der zu den Stammkunden des Kioskes gehörte. Er grüßte in unsere Richtung und ging weiter zum Aufzug. »Den Mann kenne ich, er ist mein Kunde«, sagte ich zu der Empfangsdame.

»Den kenne ich auch«, antwortete sie trocken, »er ist nämlich mein Chef, er ist der Leiter des Hauses.« Als ich das hörte, fühlte ich mich schon auf der Gewinnerseite. Ich fuhr mit meinem Freund Marek in den sechsten Stock, wo Herr Wagner, wie er hieß, sein Büro hatte. Unangemeldet gingen wir hinein und erst dann wieder hinaus, als Marek von Herrn Wagner die Zusicherung für seine Aufnahme bekommen hatte. Ich verpflichtete mich, für zwei Wochen im Voraus die Gebühr für ihn zu entrichten. In zwei Tagen sollte Marek seine Zelte im Kolpinghaus aufschlagen.

Der Abschied war kurz, aber herzlich. Meine Eltern wünschten Marek alles Gute für die Zukunft und Vater steckte ihm noch einen Hundertmarkschein für den Neuanfang zu. Später erfuhr ich, dass auch meine Mutter, unabhängig von ihrem Gatten, Marek hundert Mark hatte zukommen lassen. So ausgestattet konnte für unseren Dauergast eine neue Zukunft beginnen. Er teilte das Zimmer mit einem Bulgaren und einem Jugoslawen. Es war ein mittelgroßes, helles Zimmer mit einem kleinen Balkon, Kochnische, Bad und Toilette. Ich brachte Mareks ganze Habe in sein neues Quartier und hoffte inständig, dieses Kapitel für immer abgeschlossen zu haben. Aber weil Irren menschlich ist, war ich wenig überrascht, als ich Marek schon zwei Tage später im Kiosk begrüßen durfte. Mit dem Hotel als solchem war er zufrieden, doch die Zimmernachbarn machten ihm zu schaffen. Der eine schnarche nachts, der zweite spiele den Boss und gebe den anderen Anweisungen, was sie zu tun hätten. Marek wollte zurück zu mir nach Hause, was ich sofort rundheraus ablehnte. Ich erklärte, dass ich immer noch eine Beschäftigung für ihn suchte. Sollte ich aber in den nächsten Tagen nicht fündig werden, müsste er wohl zurück in seine polnische Heimat reisen. Das wollte er unter allen Umständen vermeiden, ohne Geld wollte er nicht zurück zu Frau und Kind.

Am selben Tag besuchte mich ein alter Bekannter aus schon fast vergessenen Zeiten. Früher hatte er mehrere Gyros- und Kebab-Läden besessen, jetzt genoss er das Rentnerdasein und erholte sich vom Stress der vergangenen Jahrzehnte. Am Ende unserer Begegnung erinnerte ich mich, dass er ein Mann mit sehr vielen Beziehungen war, und wenn man etwas brauchte oder suchte, fragte man ihn. Fast immer konnte er helfen. Also erzählte ich ihm von meinem ungebetenen Gast und fragte nach Lösungen. Und siehe da, es gab eine Lösung. Diese hieß Zlatko, der eine Elektrofirma hatte und viele Baustellen im Rhein-Main-Gebiet bediente. Ich rief Zlatko auf der Stelle an und er bat mich und Marek zu einem Gespräch in den Taunus. Um zehn Uhr am nächsten Tag waren wir vor Ort. Die Firma befand sich im Hof eines Zweifamilienhauses, das Zlatko mit seiner Familie bewohnte. Nach ersten Sondierungen stellte sich heraus, dass dieser schon einen qualifizierten Monteur hatte, aber sein Kollege Branko einen Fachmann wie Marek suchte. Also fuhren wir zu dritt in einen anderen Taunusort, wo Branko sein Domizil hatte. Sein Haus stand in der Nähe eines Waldes. Es roch nach Frische und gesunder Luft, die Sonne lieferte die nötige Wärme, am liebsten wäre ich hier geblieben.

Bleiben sollte aber Marek, denn Branko brauchte einen Elektriker. Nach einem Fachgespräch, bei dem neben dem Serbokroatischen und Polnischen auch Russisch bemüht wurde, konnte sich mein Schützling glücklich preisen: Endlich hatte er den begehrten Job bekommen. Branko fuhr mit Marek nach Frankfurt, um dessen Habseligkeiten vom Kolpinghaus in das Taunusstädtchen zu holen. Im Keller seines Hauses wurde für Marek geschwind eine Wohngelegenheit eingerichtet. Branko hatte eine Elektrofirma, die als Subunternehmen auf verschiedenen Baustellen ihre Dienste anbot und wegen der sehr engen Preiskalkulation meistens auch Aufträge bekam.

Ab und zu kam Marek zu mir in den Kiosk und erzählte von seinem Leben als Elektromonteur auf deutschen Baustellen. Durch seine Arbeit kam er nach Mainz, Wiesbaden, Rüsselsheim, Bingen und sogar Wetzlar. Sonntags hatte er frei, da fuhr er nach Frankfurt, ging in die Kirche, schickte Pakete nach Polen und begann neue Freundschaften zu pflegen. Manchmal arbeitete er auch in Frankfurt, dann kam er mich besuchen. Eines Tages erzählte er, dass sein Boss einen Riesenauftrag an Land gezogen habe. Das Frankfurter Polizeipräsidium, das sich damals in der Nähe des Hauptbahnhofes gegenüber dem Goethe-Gymnasium befand, war erneuerungsbedürftig. Man verlegte neue Elektroleitungen und Marek war mit dabei. Eines Tages begegnete er einem Polizisten, der zu der Leitung der Behörde gehörte. Dieser fragte Marek, woher er stamme. Als er die Worte Polen und Stettin hörte, wurde er fast sentimental. Er erzählte Marek in schlechtem Polnisch, dass er als Kind mit seinen Eltern von den Kommunisten aus Stettin vertrieben worden sei. Er organisierte für Marek einen Gästeausweis, der es dem Elektroinstallateur ermöglichte, in der Offizierskantine gemeinsam mit den Polizeichefs zu speisen. Nach einigen Tagen kannten ihn dort alle. Keiner von ihnen kam auf die Idee, der beliebte polnische Elektriker könnte ein Illegaler sein. Als ich Branko mit dieser Tatsache konfrontierte, meinte dieser, in der Höhle des Löwen sei es am sichersten, die Polizeiführung würde nie vermuten, dass im Herzen der Behörde ein Schwarzarbeiter die Verantwortung für die Elektrik tragen könnte.

Nachdem im Jahr 1981 der Kriegszustand in Polen verhängt, die Gewerkschaft »Solidarność« verboten und viele Regimegegner interniert wurden, entstand in der bundesdeutschen Bevölkerung eine einmalige Welle der Solidarität mit Polen. Auch die Mitarbeiter des Polizeipräsidiums unterstützten Marek und seine Familie. Man brachte ihm Kaffee, Kakaopulver, Rosinen, Nutella und viele andere Lebensmittel, die er an den Wochenenden mithilfe der Transportunternehmen, die an der Kirche standen, nach Stettin schickte.

In dieser Zeit kamen viele polnische Flüchtlinge nach Frankfurt. Ihre Ausreise erfolgte aus politischen Gründen, sie waren nicht gewillt, sich mit dem Militärregime von General Jaruzelski zu arrangieren. Vielen Oppositionellen drohten auch langjährige Haftstrafen oder Internierungslager. In Frankfurt bildete sich ein Kreis dieser Exil-Polen, die sich fern der Heimat politisch und kulturell betätigen wollten. Sie gründeten eine Zeitschrift, in der jede Woche über die Geschehnisse in Polen berichtet werden sollte. Auch eine Kultursparte sollte später hinzukommen. Die ersten Ausgaben wurden gedruckt und an der Kirche verkauft. Marek kam während seiner Kirchenbesuche mit diesem Kreis zusammen. Er wollte an der Gestaltung der Zeitschrift mitarbeiten. Bevor er sich aber der redaktionellen Arbeit zuwenden konnte, erreichte ihn der Hilferuf seiner Gattin, die ihn dringend bat, nach Polen zurückzukehren. Sie schilderte ihm die politische und insbesondere die wirtschaftliche Lage als dramatisch und dass eine Besserung nicht in Sicht sei. Sie brauche aber den psychischen Beistand ihres Mannes in dieser schlimmen Zeit. Nach einigen Wochen des Nachdenkens beschloss Marek, nach Stettin zurückzukehren. Meinen Rat befolgend schickte er mehrere Pakete in die Heimat. Er kündigte sein Arbeitsverhältnis bei Branko und bedankte sich für alles. Er verabschiedete sich auch von meinen Eltern und ich brachte ihn persönlich zum Hauptbahnhof. Auf dem Bahnsteig, von dem der Zug nach Polen fuhr, gab es nicht viele Reisende. Kaum jemand kehrte freiwillig in das von der Militärdiktatur terrorisierte Land zurück. Marek hatte sieben Koffer und zwei große Aldi-Tüten dabei, die er alle im Waggon unterbrachte. Die Verabschiedung war herzlich und ich spürte in diesem Augenblick, dass mir Marek Strzelecki ans Herz gewachsen war. Fast ein Jahr hatte er in der Bundesrepublik Deutschland verbracht, die meiste Zeit als Elektromonteur im Rhein-Main-Gebiet. Der Zug fuhr langsam ab und ich wusste, dass da ein Kapitel auch meines Lebens zu Ende ging.

Dass sich dieses Kapitel doch verlängern würde, erfuhr ich schon bald. Ein Lebenszeichen von Marek bekam ich etwa zwei Monate nach seiner Abreise, als mir ein fremder Mann, ein Pole, einen Brief in die Hand drückte. Er war von Marek, der sich nochmals für alles, was ich für ihn getan hatte, bedankte. Er dankte auch meinen Eltern für das aufgebrachte Verständnis, ließ einen Gruß seiner Frau ausrichten und berichtete von seinem Kind, das unheimlich gewachsen sei. In der zweiten Briefhälfte erzählte er von einem Missgeschick, das ihm auf dem Bahnhof von Breslau passiert war. Dort wurden ihm drei Koffer gestohlen. Er bemerkte, wie ein Dieb ihm zwei Koffer entwendete. Also ließ er die anderen Koffer stehen und lief dem Halunken hinterher. Dieser konnte aber entkommen. Als er zurückkehrte, stellte er erschrocken fest, dass wieder ein Koffer fehlte. Die Diebe bedienten sich mit Freude an dieser fetten Beute. Mit vier Koffern und dem Schrecken noch in den Gliedern kam er in Stettin an. Er beschrieb die gespenstische Ruhe, die in der Stadt herrschte, und die Einheiten von Polizei und Armee, die das Leben in der Stadt kontrollierten. Er erinnere sich mit einer Träne im Auge an das Leben in Frankfurt, dies würde ihm für immer unvergessen bleiben. Am Ende grüßte er noch die Mitglieder des Zeitschriftenkreises und alle, die ihn kannten.

Ich partizipierte an der Beziehung von Marek zu diesem Kreis von Intellektuellen, denn eines Tages erschien ein Mann bei mir, der sich Futuro nannte, und bat mich um die Mitarbeit an dieser Zeitschrift. Zuerst zögerte ich noch, dann aber besuchte ich die Redaktion und blieb dort hängen. Ich verfasste politische Essays, redigierte die Sportkolumne und schrieb Erzählungen. Ich begegnete vielen interessanten Menschen, die aus ganz Polen nach Frankfurt und Umgebung kamen, vertrieben vom Machterhaltungstrieb der abgewirtschafteten Kommunisten in Armeeuniformen. Dort lernte ich auch meine künftige Gattin kennen, die in der Redaktion für Korrektur und Lektorat zuständig war.

Im September erreichte mich dann ein Einschreiben vom Arbeitsamt. Ich wurde beschuldigt, den polnischen Staatsangehörigen Marek Strzelecki aus Stettin fast ein ganzes Jahr bei mir im Betrieb illegal beschäftigt zu haben. Weiter las ich, dass Herr Strzelecki an der Grenze zur Deutschen Demokratischen Republik vom Bundesgrenzschutz kontrolliert worden sei. Dabei habe sich herausgestellt, dass Herr Strzeleckis Visum für die Bundesrepublik Deutschland längst abgelaufen war. Im Laufe der anschließend durchgeführten Vernehmung habe er zugegeben, während seines Aufenthaltes in der BRD illegal einer Beschäftigung nachgegangen zu sein. Gefragt nach dem Arbeitgeber, habe er meinen Namen genannt. Ich solle mich dazu äußern. Sollten diese Vorwürfe zutreffen, erwarte mich eine Geldstrafe in Höhe von 50.000 DM.

Zuerst musste ich diesen Schock verdauen, dann schrieb ich an den zuständigen Bearbeiter im Arbeitsamt und erläuterte die Sachlage aus meiner Sicht. Nach einigen Wochen bekam ich ein Antwortschreiben. Man schenkte meinen Ausführungen keinen Glauben und wollte mich wegen illegaler Beschäftigung eines Arbeitnehmers aus einem Nicht-EG-Land anzeigen. Ob ich wollte oder nicht, ich musste einen Anwalt nehmen, der sich mit dem Arbeitsamt in Verbindung setzte. Nach langem Hin und Her ließen die Behörden die Anklage gegen mich fallen. Der Anwalt war mit seiner Arbeit zufrieden und stellte mir eine satte Rechnung aus. Für seine Bemühungen in dieser unseligen Sache verlangte er ein Honorar von fast 1000 Mark.

Der Auftritt von Marek Strzelecki in Frankfurt kostete mich eine nette Summe an Geld. Aber ich war um eine Erfahrung reicher, auch wenn diese nicht billig war. Ich habe auf seinen Brief nicht geantwortet und auch nicht auf den nächsten, der mich nach etwa sieben Jahren erreichte. Darin teilte Marek mit, er würde gerne mit Frau und Kind nach Frankfurt kommen und mich wiedersehen. Vielleicht könnten sie alle in Frankfurt bleiben, denn hier habe es ihm sehr gut gefallen. Auch dieses Schreiben blieb ohne Antwort. Ich habe Marek Strzelecki nie wieder zu Gesicht bekommen.

Frau Geifer

Frau Geifer erschien eines Tages im Kiosk und verursachte ein kleines Erdbeben. Sie sprengte den normalen Tagesablauf sowohl des Kioskes als auch der männlichen Kunden. Frau Geifer wurde mir vom Arbeitsamt geschickt. Sie kam, sah sich um … und blieb. Sie freute sich über so viele potente Kunden, was man auch wortwörtlich nehmen konnte. In erster Linie ging es ihr um die finanzielle Potenz der hier Einkaufenden. So viele, ihrer Meinung nach reiche Männer auf so kleinem Raum hatte sie nicht erwartet. Es musste ihr vorkommen, als hätte sie rein zufällig ein Eldorado betreten, als würden ihre geheimsten Träume plötzlich wahr. Man sah ihr die Begeisterung förmlich an. Meine Frage, ob sie die Stelle annehmen würde, war nur noch rhetorisch.

Frau Geifer war mittelgroß, schlank und hatte schwarzes Haar, das ihr kokett auf die Schulter fiel. Sie hatte ein hübsches Gesicht, eine einwandfreie Figur und das gewisse Etwas, das, wie die Bayern zu sagen pflegen, die Männer »narrisch« macht. Ein Freund von mir würde es ganz anders formulieren, nämlich dass die Dame einfach »Sex in den Augen« hatte, was nicht von der Hand zu weisen war. Aufwendige Schönheitspflege gehörte zu den wichtigsten Eigenheiten dieses weiblichen Wesens. Ihr Gesicht war mit umfangreichen Schminkprodukten belegt, die Finger ihrer gepflegten Hände, die wohl selten einer schweren körperlichen Arbeit ausgesetzt waren, schmückten lange Nägel, die zu ihrem imposanten Markenzeichen wurden. Außerdem hatte jeder Finger einen Ring zu tragen, alle waren echte Schmuckstücke wie aus der Auslage eines Juwelierladens. Ihre dunkelbraunen Augen hatten einen frivol-unschuldigen Ausdruck, was bei dem anderen Geschlecht auf großes Interesse traf. Sie benutzte ein raffiniertes Parfum, das verdammt gut duftete und so manchen Kunden aus der Bahn warf. Frau Geifer trug Kleider, die wohl in einem Modesalon entworfen worden waren, ihr Schuhwerk hatte durchweg rekordhohe Absätze und im Winter wärmte sie ein blauer Pelzmantel, den alle Kunden bewunderten.

Frau Geifer präsentierte mir ein polizeiliches Führungszeugnis, welches sie von jeglichen Verfehlungen freisprach. Aber so ganz unschuldig war sie nicht. Mit ihren dreiundzwanzig Jahren hatte sie schon ein bewegtes Leben hinter sich. Sie war bereits zweimal verheiratet. Vor Jahren war sie aus der Ukraine nach Ostberlin gekommen und hatte sich dort an der Humboldt-Universität eingeschrieben. Als Ostberlin zu Berlin-Mitte wurde, heiratete sie einen Otto Geifer, der an der Universität arbeitete. Ihr Mädchenname war Tamara Petrowa, sie stammte aus dem Dorf Tomaschewo in der Nähe von Lwow, das man in Deutschland noch unter dem Namen Lemberg kennt. Sie hatte eine Schwester, die irgendwo in Europa weilte und an »vielen Partys teilnehmen durfte«. Um welche Art von Partys es sich dabei handelte, konnte mir meine reizende Mitarbeiterin nicht verraten. Sie verriet mir aber, dass ihr zweiter Gatte Hanspeter hieß und in Frankfurt-Sossenheim ansässig war. Vor Kurzem habe sie sich von ihm scheiden lassen und sei aus der gemeinsamen Wohnung ausgezogen. Sie bewohne jetzt ein Zimmerchen in Zeilsheim und sei sehr glücklich, mit diesem »Grobian und schlechten Menschen« nichts mehr zu tun zu haben. Sie sei von den Männern insgesamt enttäuscht und wolle sich auf andere Dinge konzentrieren. Die »anderen Dinge« waren zum Beispiel eine gesicherte Arbeitsstelle im Kiosk und der Wunsch, einmal als Hotelfachfrau in den besten Hotels der Welt zu arbeiten. Sie erzählte, dass sie gerne reise und schon vielen Staaten und Städten einen Besuch abgestattet habe. Nach ihren Hobbys gefragt, nannte sie Reisen und an schönen Partys teilnehmen, worunter ich mir nicht viel vorstellen konnte.

Obwohl sie aus dem Osten Europas kam, wo die Winter streng ausfallen, konnte sie Kälte schwer aushalten. Bereits bei Temperaturen um die fünfzehn Grad trug sie Winterkleidung und heizte im Kiosk. Dabei machte sie die Eingangstür zu, was dem hereinkommenden Publikum Schweißausbrüche wegen der Überhitzung bescherte. Doch das Publikum kam in Scharen. Die männliche Kundschaft war überproportional vertreten, es bildeten sich Schlangen vor der Kasse. Dabei waren die Börsenmakler wie auch die Bankenvertreter in der absoluten Mehrheit. Manchmal bekam ich bizarre Visionen, in denen meine Verkäuferin wie ein exotisches Ausstellungsstück hinter einem unsichtbaren Glas von den Besuchern begafft wurde. Eigentlich hätte ich dafür Eintritt verlangen können, aber ich bin ein sozial eingestellter Mensch, der der Allgemeinheit gerne zu Diensten steht.

Die Umsätze schossen mit der Einstellung meiner ukrainisch-deutschen Aushilfe in die Höhe, das Geschäftsmodell Frau Geifer begann Früchte zu tragen. Einige Vertreter des männlichen Geschlechts verloren ihr Herz an die Wärme liebende Prinzessin. Ein Mitarbeiter eines bekannten Geldinstitutes hegte sogar Selbstmordgedanken, als sie seiner Bitte um ein Treffen nach Feierabend eine eisige Absage erteilte. Fast alle Männer waren verzaubert und von ihrem Charme überwältigt. Sie spielte die Unschuld vom Lande und hatte es zugleich faustdick hinter den Ohren. Frau Geifer lächelte vornehm und wies alle Avancen der aufgeputschten Herren entschieden zurück. Sie machte das mit so geschickter Pietät, als hätte sie darin viel Erfahrung.

Meine neue Angestellte hatte viele Freundinnen, die sie im Kiosk auch manchmal besuchten. Eine hieß Olga, kam aus der Stadt Novosibirsk in Sibirien und wohnte mit ihrem Mann in Frankfurt-Höchst. Im Stadtteil Ginnheim hatte sie dazu noch einen Freund, mit dem sie unzählige Frankfurter Partys besuchte. Natascha war sehr hübsch, eine adrette Frau, die dem versammelten Publikum jede Woche eine neue Haarfarbe präsentierte. Dann war da noch die kleine, aber feine Oksana, die nur etwa einen Meter fünfzig an Größe aufwies, aber an Charme und Eloquenz den anderen Freundinnen weit voraus war. Sie war ausgesprochen schlagfertig, hatte auf alle möglichen und unmöglichen Fragen eine Antwort parat. Heini versuchte einmal, sie zu einer Verabredung zu animieren, holte sich aber einen Korb.

Frau Geifer hatte ihre Sympathisanten auch unter den Freunden des Kioskes. Manfred nannte sie »mein Mädchen«, dem Tamara aus taktischen Gründen nicht widersprach, denn Manfred brachte ihr Schreibblöcke, Hefte und Kugelschreiber, die die resolute Frau zu ihrem Bruder in die Ukraine schickte. Dieser arbeitete angeblich in einer Schule, wo es an allen Schreibutensilien fehlte. Heini glaubte, dass er die Sachen in der Heimat verscherbelte und dabei gutes Geld machte, aber Manfred wollte nicht auf ihn hören und versorgte Frau Geifer weiterhin damit. Auch Hausmeister Karl Chomik wurde ein Fan von meiner Mitarbeiterin, was von seiner Gattin missbilligend verfolgt wurde. Sie begleitete ihn fast immer zum Kiosk und sendete der gefährlichen Dame warnende Blicke. Da Frau Geifer sehr tierlieb war und insbesondere kleine Hunde gern hatte, kam Herr Chomik jetzt oft mit seinem Khani. Sie spielte mit Khani, und Charles hoffte, sie würde das vielleicht eines Tages auch mit ihm tun. Als die Tage vergingen und das Interesse von Frau Geifer immer noch nur Khani galt, während sein Herrchen kaum beachtet wurde, ergriff er die Initiative, um diesen Sachverhalt zu ändern. Er lud die charmante, aber unnahbare Tamara in seinen Keller ein, um ihr seine verschiedenen Sammlungen zu zeigen. Sie könne dort auch mit Khani spielen. Nachdem er sie erfolgreich dorthin gelockt hatte, ging Chomik sogleich zur Ausführung seines Planes über, was jedoch wortwörtlich in die Hose ging. Enttäuscht und verärgert schloss er Tamara im Keller ein. Erst nach einer Stunde in quälender Angst befreite er sie wieder aus ihrem Karzer. Der Schock saß noch tief, als sie umgehend den Kiosk aufsuchte und sofort Meldung von Karls Missetat machte. Ich vermittelte eine Unterredung mit dem Übeltäter. Als Wiedergutmachung brachte ihr Chomik ein Bouquet weißer Rosen und reparierte ihre kaputte Kaffeemaschine. Danach wurde diese Angelegenheit ad acta gelegt.

Auch unsere Lieferanten wurden in Tamaras Bann gezogen. Eckland brachte ihr Blumen und frische Brötchen, Daimler ließ ihr Armband reparieren und Hardengel transportierte ihren neu gekauften Schrank nach Hause. Tamara Geifer war nach ihren eigenen Worten Vollwaise, was alle zutiefst bedauerten. Die Mutter war an Krebs gestorben, der Vater erlag einem Herzinfarkt. Sie, die Schwester und der Bruder wurden von einer Großtante großgezogen, bis sie ihre Volljährigkeit erreichten. Sie hatte es gerne, wenn man sie bemitleidete und Anteilnahme an ihrem Schicksal bekundete, da blühte sie richtig auf. Vermutlich hatten ihr in der Kindheit Zuneigung, Verständnis und Anerkennung gefehlt. Viel menschliche Wärme schien sie nicht bekommen zu haben. Sie liebte es, im Mittelpunkt zu stehen. Je mehr Menschen sie um sich hatte, desto glücklicher war sie. Dann war eine gewisse Leichtigkeit in ihrer ganzen Persönlichkeit festzustellen.

Einmal bat sie mich um eine Woche Urlaub, sie wollte ihre Schwester in Paris besuchen. Als sie zurückkam, war sie müde, aber auch glücklich. Sie habe mit der Schwester viel Schönes erlebt. Sie hätten einige verrückte Partys gefeiert, seien mit einem Freund der Schwester im Cabrio durch ganz Paris gefahren und hätten den Nachtclub »Maxims« besucht. Sie habe viel Champagner getrunken und wenig gegessen. Ich gab ihr zwei Tage Urlaub, um sich vom Urlaub zu erholen.

Eines Tages fiel der Nimbus der Unnahbarkeit, der reinen Schönheit. An diesem Tag wurde aus Tamara Geifer wieder Tamara Petrowa, ein unscheinbares Mädchen aus der Nähe von Lwow. Meine charmante Verkäuferin sollte mich morgens um sieben im Kiosk ablösen. Um sieben Uhr machte ich mir noch keine Sorgen, auch fünfzehn Minuten später noch nicht. Um halb acht rief ich sie zu Hause an. Nach längerem Läuten nahm sie endlich den Hörer ab. Die gute Frau hatte leider verschlafen. Sie hatte den Abend in feuchtfröhlicher Gesellschaft verbracht und den Geburtstag eines Bekannten gefeiert. Es wurde spät und immer später, die Notwendigkeit des frühmorgendlichen Aufstehens wurde verdrängt. So kam es, wie es kommen musste. Die folgerichtigen Auswirkungen waren grausam, nicht nur für die Urheberin. Ich hatte einen wichtigen Termin, den ich nun nicht wahrnehmen konnte. Ich war stocksauer und übergoss meine Mitarbeiterin mit einer Schimpfkanonade. Als sie dann endlich im Kiosk eintraf, musste ich meine Augen reiben: Vor mir stand ein unausgeschlafenes, mattes Mädchen ganz ohne die Attribute, die aus dem hässlichen Entlein einen prächtigen Schwan machten. Die Augen ohne Kriegsbemalung, das Gesicht fahl, die Lippen ungeschminkt, war Frau Geifer fast nicht wiederzuerkennen. Ihr sonst immer pedantisch frisiertes Haar wirkte verwildert, die Fingernägel schrien nach frischem Nagellack. Sie trug ein einfaches weißes Hemd, Jeans und statt ihrer schon legendären Stöckelschuhe weiße Turnschuhe. Sie hatte eine große Reisetasche bei sich, ich dachte schon, sie wolle wieder verreisen. Sie sah aus wie eine der Tausenden jungen Frauen, die ihrer Schönheit nicht auf die Sprünge helfen. Ein durchschnittliches, unscheinbares Mädchen, das in einer Menschenmenge garantiert übersehen würde. Kein Charisma, kein Charme, keiner der Reize, die die uns bekannte und von vielen Männern begehrte Frau Geifer auszeichneten. Vor mir stand die einfache, blasse und fast schon langweilige Tamara Petrowa und hatte nicht viel zu ihrer Verteidigung zu sagen.

Sie entschuldigte sich tausend Mal und gelobte Besserung, an der ich aber meine Zweifel hatte. Dem Ruf des Feierns, der tollen Partys würde sie immer folgen, da halfen hundert Entschuldigungen nichts. So war ihr Naturell. Die mir bekannte Frau Geifer war eine mich um fast einen Kopf überragende Person, die hier vor mir stehende Tamara Petrowa hatte ohne ihre hohen Schuhe meine Größe. Das war eine neue Erfahrung und ich genoss sie. Die junge Dame, die einer öffentlichen Blamage sehr nahe war, fragte mich, ob ich freundlicherweise noch zehn Minuten Zeit hätte, sie müsse sich noch zurechtmachen. Da mein Termin ohnehin geplatzt war, willigte ich ein, widerwillig zwar, aber ich verstand, dass sie so nicht arbeiten konnte. Sie nahm ihre Tasche mit und verschwand in dem kleinsten Badezimmer der Welt, das einen einzigen Quadratmeter maß. Dort war an der Holzwand ein Spiegel angebracht, darunter befand sich ein kleines Waschbecken mit fließendem Wasser. Die große Reisetasche füllte neben ihrer Besitzerin den ganzen Raum aus. Aus den zehn ihr gewährten Minuten wurden schnell fünfzehn, aber dann war sie fertig.

Die Tür ging auf ... und ich erstarrte fast zur Säule. Vor mir stand nicht mehr Tamara Petrowa, sondern Frau Geifer. Das Haar war frisiert und hatte seine frühere Form, das Gesicht war mit einem raffinierten Make-up versehen, die Augen strahlten im alten Glanz. Sie trug ein schönes, modernes Kleid, das ein dezentes Dekolleté zeigte. Die Fingernägel waren gereinigt und mit neuem Lack beschichtet. Auch überragte sie mich wieder um einiges, was an ihren neuen Stöckelschuhen lag, die wohl noch höhere Absätze als die bisherigen hatten. Die Reisetasche entpuppte sich als Zauberkoffer einer Märchenfee. Alle benötigten Utensilien waren darin untergebracht. Auch ein Haartrockner und Haarlack fanden dort Platz, ganz zu schweigen von ihrer Bekleidung. In nur einer Viertelstunde hatte ich die fantastische Verwandlung eines Menschen vom unscheinbaren Entlein zum bezaubernden Schwan erlebt. Das erinnerte mich an das Sprichwort »Kleider machen Leute« ... und die richtige Kosmetik auch, fügte ich im Stillen hinzu. Frau Geifer war zu ihrer alten Form aufgelaufen und sah noch interessanter aus als gestern.

Durch ihr Erscheinungsbild und ihren Lebenswandel mit Partys und Unterhaltung entfloh sie dem grauen Alltag, der Erinnerung an ihre ukrainische Heimat, wo sie ohne Hoffnung auf eine Besserung des Daseins gelebt hatte. Wie sie nach Berlin gekommen war, wollte sie mir nicht erzählen, alle Überlegungen und Mutmaßungen waren hier fehl am Platz. Sie hatte ihren heimatlichen Ort sicher nicht ohne einen wichtigen Anlass verlassen. Leider war es mir nicht gegeben, die ganze Wahrheit aus ihr herauszubekommen. Jahre später besuchte mich einmal die kleine Oksana, die etwas Licht in diese Geschichte brachte. Denn es war auch Oksanas Geschichte, die beiden kannten sich aus der Ukraine, sie hatten sozusagen zusammen im Sandkasten gespielt. Tamara Geifer war erpicht darauf, einen reichen Mann zu finden und mit ihm im Luxus zu leben. Das war ihr festes Ziel, dem sie alles unterordnete. Laut Oksana waren die drei Geschwister nach dem Tod ihrer Eltern zur Großmutter gegeben worden, die aber mit deren Erziehung überfordert war. Also entzogen die Behörden der alten Dame das Sorgerecht und brachten die Kinder in einem Kinderheim unter. In dieser Einrichtung lebte auch Oksana seit ihrer frühen Kindheit. Wie Tamara und ihre Schwester in den Westen gelangten, wusste Oksana nicht. Sie wusste nur, dass Tamaras Schwester von Berlin weiter nach Westeuropa zog und nach einer kleinen Odyssee in Paris heimisch wurde. Tamara suchte eine Möglichkeit, in Berlin bleiben zu können und nicht abgeschoben zu werden und heiratete deshalb ihren ersten Mann. Danach schickte sie eine Einladung an Oksana, die so ebenfalls nach Berlin kam. Mehr Information war aus der kleinen Dame nicht herauszuholen. Diese übrigens heiratete einen Landsmann, sie kam zum Kiosk, um mir diese freudige Nachricht zu überbringen.

Aber auch Frau Geifer war nicht untätig geblieben. Nach Abenteuern mit verschiedenen Kandidaten, die ständig den Kiosk bevölkerten, sah es so aus, als habe sie ihr Herz an einen jungen Adepten der Börsenmaklerkunst verloren. Dieser hatte früher bei einem der vier Bankiers aus Nordrhein-Westfalen, die Frankfurt erobern wollten und mit fast leeren Taschen und vielen Schulden in ihre Heimat zurückkehrten, gearbeitet. Er machte sich selbstständig und übernahm das Büro seines früheren Arbeitgebers. Der junge Mann war ein aufmerksamer und fleißiger Makler mit dem Mut zum überschaubaren Risiko. Er war auch ein sparsamer Mensch mit einem Blick für die Realität des Lebens, und das in seinem zarten Alter. Er mietete bei dem Hauseigentümer, einem ehemaligen Minister der hessischen Landesregierung, eine Wohnung, die er mit dem Büro verband. So setzte er ein Zeichen für mehr Wohnraum in der Stadtmitte.

Diese Informationen erhielt ich aus erster Hand von Hausmeister Chomik, der die Betreuung dieses Hauses innehatte. Frau Geifer und der junge, dynamische Vertreter der neuen Maklergeneration wurden ein Paar, das sich gesucht und gefunden hatte. Sie sah sehr verliebt aus und ab sofort interessierten sie die anderen Männer nicht mehr. Ihr Naturell verbat ihr allerdings das völlige Desinteresse am anderen Geschlecht, dazu war sie einfach nicht geschaffen. Fast täglich holte ihr Freund sie nach der Arbeit mit einem zärtlichen Kuss ab. Tamara Geifer war glücklich, das sah man ihr sofort an. Schon bald zog sie zu ihm in die Bürowohnung. Hausmeister Chomik, der in seinem Innersten noch eine kleine, nicht verheilte Wunde trug, entpuppte sich als Gegenspieler des verliebten Paares. Er monierte den Lebenswandel der beiden, bezichtigte sie wilder Partys in ihrer Wohnung. Einmal rief er sogar die Polizei, weil die Feten die Nachtruhe störten und die wenigen Bewohner der Schillerstraße sich bei ihm beschwert hätten. Da arbeitete Frau Geifer schon nicht mehr bei mir. Mit dem Umzug in die Schillerstraße hatte sie das Arbeitsverhältnis bei mir beendet, was mir einleuchtete. Noch einige Zeit bewohnte das Paar die Wohnung gegenüber dem Kiosk, dann kam ein Umzugswagen und die beiden zogen von dannen, selbst Chomik wusste nicht wohin. Frau Geifer erklärte mir beim Abschied, dass sie Hotelfachfrau werden wolle und schon die notwendigen Schritte dazu unternommen habe.

Das letzte Mal sah ich sie etwa drei Jahre später. Sie besuchte mich in meinem neuen Verkaufspavillon auf dem Rathenauplatz. Sie sah elegant aus, eine richtig feine Dame. Sie habe inzwischen ihren Freund, den Makler, geheiratet und soeben ihre Ausbildung zur Hotelfachfrau abgeschlossen. Ihr Ehemann verdiene zwar genug, aber sie habe unbedingt den Abschluss machen wollen, schon aus persönlichen Gründen. Das schien ihr sehr wichtig, sie wollte eine Qualifikation haben, das Wissen, etwas im Leben geleistet zu haben. Ihr Selbstwertgefühl wurde entscheidend gestärkt, sie war theoretisch unabhängig und das war für sie von Bedeutung. Sie hatte ihre Träume wahr gemacht und dafür gebührt ihr große Anerkennung.

Seither habe ich Frau Geifer, oder wie immer sie jetzt heißen mag, nicht mehr gesehen. Manchmal erinnere ich mich mit Respekt an das Mädchen, das seine Herzenswünsche zu verwirklichen suchte und dies auch schaffte.

Der rumänische Frauenhändler

Die Frankfurter City zieht wie ein Magnet die Menschen an. Verschiedene Gäste aus fast allen Ländern der Welt besuchen die Stadt und auch den Kiosk. Sie kaufen Zigaretten, spielen Lotto, kaufen Presseerzeugnisse, decken sich mit Kaugummi und Erfrischungsgetränken ein. Manche verlangen härtere Sachen wie Schnaps, Whisky oder den berühmten norddeutschen Kräuterlikör. Manche Besucher wollen sich nur umschauen, in den Zeitschriften blättern oder das Systemspiel im Lotto erklärt bekommen.

Die Welt beherbergt gute und böse Menschen, nette und weniger nette. Eines Morgens, als die Sonne gerade begann, sich am blauen Himmelsfirmament zu zeigen, besuchte mich ein junger Mann mit einem freundlichen Lächeln im Gesicht. Mein erster Gedanke war, dass dieser Mann wie der Traum von einem Schwiegersohn für alle Mütter von Töchtern wirkte. Er entschuldigte sich für sein schlechtes Deutsch, denn er sei erst seit einigen Wochen in Frankfurt. Er wolle gerne Lotto spielen, kenne aber das System in Deutschland zu wenig, um erfolgreich seinen Schein ausfüllen zu können. Ich erklärte ihm gerne die Spielregeln und weihte ihn in Begriffe wie Quick Tipp, Vollsystem oder Lotto Card ein. Er bestellte sogleich eine Lottokarte bei mir und spielte ein Systemspiel für 66 Euro. Da zum Ausfüllen des Formulars für die Lotto Card ein Personalausweis oder Reisepass vonnöten war, sah ich, dass dieser gut erzogene junge Mann aus Rumänien stammte. Er hieß Jon Matulescu und kam aus der Universitätsstadt Craiova. Er sprach ein passables Englisch und Italienisch und hatte Manieren, wie sie hier in Frankfurt leider selten sind.

Nach diesem ersten Besuch kam er fast jeden Tag. Er spielte Lotto, kaufte Zigaretten und einige Tageszeitungen. Nach einiger Zeit erschien er in Begleitung einer jungen Dame, die er als seine Freundin vorstellte. Sie sei erst vor ein paar Tagen aus Rumänien angekommen und der deutschen Sprache noch nicht mächtig. Die junge Frau hatte langes blondes Haar, lange Beine und ein schönes Gesicht. Aber sie lächelte nicht und machte den Eindruck, als wäre sie in dieser Welt ein wenig verloren. Die beiden erschienen täglich und er kaufte Kaugummis, Getränke und Illustrierte für sie. Bald begann sie ein wenig Deutsch zu reden, wir sprachen über Belanglosigkeiten und es schien mir fast, als fordere ihr Freund sie auf, ihre Deutschkenntnisse an mir auszuprobieren.

Drei Wochen sah ich das rumänische Traumpaar nicht, dann kam der junge Mann plötzlich mit einem neuen Mädchen wieder, das er als die Schwester seiner Freundin bezeichnete. Dieses Mädchen hatte kurzes dunkelblondes Haar, braune Augen und war ebenfalls sehr hübsch. Sie schien äußerst schüchtern zu sein, was ich mir aber mit der neuen Umgebung erklärte. Selbstverständlich konnte auch sie kein Deutsch, unsicher schaute sie immer wieder zu ihrem Begleiter. Dieser lächelte freundlich, spielte wie immer Lotto, kaufte Zigaretten und eine Tageszeitung mit Gesellschaftsanzeigen. Er kam jetzt wieder fast jeden Tag, immer mit einem bezaubernden Lächeln auf dem Gesicht und sehr oft mit einer neuen Freundin. Alle waren sie schön, unsicher und sprachen kein Deutsch.

Mit der Zeit begann Jon, sich modisch anzuziehen. Er kaufte Männerzeitschriften wie *Der Mann* und *GQ*. Man sah ihm förmlich an, dass er zu Geld kam und sich plötzlich Kleidung der gehobenen Kategorie leisten konnte. Einmal bat er mich, ihm 50 Euro zu leihen, er habe seinen Geldbeutel zu Hause vergessen. Nur für einen Augenblick zögerte ich, dann gab ich ihm das Geld. Nach zwei Tagen war er wieder da und gab mir siebzig Euro zurück. Als ich die zusätzlichen zwanzig Euro nicht haben wollte, zwang er mich mit einer solchen Entschiedenheit, die Scheine doch entgegenzunehmen, dass ich aufgab mich dagegen zu wehren. Seine Stimme wurde aggressiv, seine ganze Körperhaltung signalisierte, dass eine Gegenwehr hier nicht am Platz war. Das war sehr deutlich und ich verstand endlich, dass sein Auftreten im Kiosk eine gespielte, eine eingeübte Pose war. Mehrere Male kam er in Begleitung junger Männer, die ich sofort als dem Bahnhofsmilieu zugehörig qualifizieren konnte. Es war diese Sorte von Männern, die humorlos ihren Job verrichten und zum Lachen in den Keller gehen. Deren Mienen nichts Gutes verhießen, die sich aber in der Öffentlichkeit neutral verhielten und die unter den Menschen herrschenden Benimmregeln vorläufig akzeptierten.

Wieder verschwand der elegante Jon für vier lange Wochen. Als er erneut im Kiosk auftauchte, hatte er an seiner Seite eine wunderschöne Frau, eher noch ein Mädchen, geschmackvoll gekleidet, Handtasche von Prada, exklusives Parfum. Das Mädchen roch super und sah super aus. Auch Jon war sehr modisch angezogen, und wohl auch sehr teuer. Es war ein Fest für das Auge, diese zwei Menschen zu betrachten. Diesmal sprach Jon in Bezug auf das Mädchen von seiner Frau, er vermied in diesem Zusammenhang das Wort »Freundin«. Selbstverständlich sprach auch Frau Matulescu kein Deutsch, aber sie hatte noch mehr Klasse als die anderen »Freundinnen«. Noch einige Male kam er mit ihr zum Kiosk, dann verschwand auch sie im schwarzen Loch des Frankfurter Bahnhofsviertels. Weiterhin erschien Herr Matulescu in Begleitung immer wieder neuer Frauen. Man musste bewundern, wie er es schaffte, sich ständig solche Schönheiten anzulächeln. Vermutlich spielte seine sprachliche Gewandtheit dabei eine Rolle. Diese spiegelte sich auch in einer sehr guten Beherrschung der deutschen Sprache. Er hatte einen großen Wortschatz, bildete stilistisch gelungene Sätze und seine Grammatik hätte wohl jeder Mittelstufenprüfung standgehalten. Aber er hatte eine Schwäche, die übrigens auch ich mit ihm teile: die deutschen Artikel. Die beherrschte er nur mangelhaft. Auch ich hatte und habe immer noch Schwierigkeiten, deutsche Artikel grammatisch richtig einzusetzen, zum großen Missfallen meiner Tochter, die diese Schwäche der hier Zugereisten nicht verstehen kann.

Als der smarte Jon den Verkaufspavillon unvermittelt für längere Zeit nicht mehr aufsuchte, begann ich mir Gedanken zu machen. Monate folgten auf Monate, aber von dem sympathischen Rumänen fehlte jede Spur. Erst als ich ihn fast schon vergessen hatte, tauchte er plötzlich wieder auf. Er betrat den Kiosk als ein Mann von Welt, mit Vollbart, Schirm und Melone. Er sei geschäftlich im Ausland gewesen, in Großbritannien und Italien, erzählte er. Das nächste Mal kam er übrigens wieder gemeinsam mit Frau Matulescu, die sehr apart aussah. Teure Garderobe und Accessoires, mit Geschmack getragen, machten aus ihr eine echte Dame der High

Society. Sie begrüßte mich mit einem zurückhaltenden »Hello«, was ihre Position aufzeigen sollte, ein Zeichen ihres gestiegenen Selbstwertgefühls und des gesellschaftlichen Aufstiegs. Die Erinnerung an das arme Rumänien musste ihr wie ein Albtraum aus uralten Zeiten vorkommen, ihre neue Welt war jetzt die Glitzerwelt des Jetsets.

Eines Tages bekam ich einen Besuch der besonderen Art, eine Begegnung, wie man sie nur in einem schlechten Film erwarten würde. Nun ist das Leben ein eigenwilliger Regisseur, der einen immer wieder überraschen kann. Ein Bürger, gekleidet in einen Jogginganzug mit weißen Längsstreifen, fand sich in Begleitung einer jungen Frau im Kiosk ein. Er kaufte eine Schachtel Zigaretten und fragte seine Begleiterin auf Rumänisch, ob sie etwas zu trinken wünschte. Da ich dieser Sprache nicht mächtig bin, erahnte ich seine Frage nur. Die Dame, die eine weiße Bluse mit vielen offenen Knöpfen trug, wodurch man das Versteckte zu sehen bekommen drohte, verlangte nach Wasser. Ihrem Wunsch wurde umgehend entsprochen. Je länger ich sie anschaute, desto sicherer war ich, sie in Jons Begleitung schon einmal hier gesehen zu haben. Auch sie wusste genau, dass ich sie kannte, und lächelte verlegen. Der Mann mit dem Aussehen eines Zuhälters beobachtete uns und witterte die Chance, ein Geschäft zu machen. Er kam ein paar Schritte auf mich zu, näherte seinen nach Zigaretten und *Sechsämtertropfen* riechenden Mund meinem Ohr und fragte mit einschmeichelnder Stimme, ob mir die »schöne Frau« gefalle. Noch bevor ich auf diese intime Frage antworten konnte, erklärte er, dass ich sie haben könnte. Als ich ihn nicht ganz verstand und um Wiederholung bat, meinte er fast schon feierlich: »Wenn du willst, kannst du sie haben.« Und als er mein fragendes Gesicht sah, erläuterte er etwas genauer: »Du kannst sie kaufen.«

»Wie denn kaufen?«, fragte ich etwas ratlos.

»Du gibst mir Bargeld, ich gebe dir diese Frau, für immer.«

»Was soll sie denn kosten?«, wollte ich nun aus reiner Neugier wissen.

»Du hast Interesse? Das hier ist ein Supermodel. Tolle Frau, tolle Figur, schönes Gesicht, alle Zähne noch da.« Er deutete auf ihren Mund und sie zeigte folgsam ihre Zähne. Er lächelte zufrieden, in der Hoffnung, der potenzielle Kunde hätte angebissen. Dann flüsterte er verschwörerisch: »Für dich nur zehntausend Euro. Super Preis, extra für dich.« Er sah meinen unschlüssigen Blick und fügte hinzu: »Vielleicht auch etwas weniger. Aber sie ist ein Superweib.« Er zeigte auf ihr Dekolleté und sagte mit einem Augenzwinkern: »Alles echt.« Um mich zu überzeugen, drückte er seine Hand auf ihren Busen und forderte mich auf, es ebenso zu machen.

Aus dieser interessanten Szene befreite mich eine ältere Dame, die den *Spiegel* verlangte. Der nächste Kunde machte dann das Geschäftsvorhaben endgültig hinfällig, denn es handelte sich um Jon persönlich. Als das trickreiche Pärchen ihn sah, wirkte es konsterniert und etwas unbeholfen. Er fragte die beiden auf Deutsch, was sie hier machten, daraufhin erklärte ich ihm den Sachverhalt. Er staunte nicht schlecht und sein Blick wurde im Laufe meiner Schilderung immer kälter. Er sagte etwas auf Rumänisch, sie wagten nicht zu antworten. Dann stolperten sie ohne ein weiteres Wort aus dem Geschäft. Jon gab mir zu verstehen, dass manche seiner Landsleute ohne Kultur, ohne Benehmen und einfach dumm seien. Dieser Ausführung konnte ich nur zustimmen. Laut Herrn Matulescu waren diese Leute primitive Gauner, die mit Betrügereien Geld machen wollten. Dieser primitive Frauenhändler würde mich um das geforderte Geld erleichtern. Die Frau würde mit mir die Nacht verbringen und danach wäre sie weg auf Nimmerwiedersehen. Das sei eine alte Masche, von der er gedacht habe, dass auch der dümmste Gauner sie nicht mehr anwenden würde. Er gab nicht zu, die beiden zu kennen, musste aber davon ausgehen, dass ich mich an die »Dame« erinnerte. Nach diesen Darlegungen spielte er wie immer Lotto und kaufte Zigaretten. Danach habe ich ihn nie mehr gesehen. Es ist inzwischen schon viel Zeit vergangen, seit der flotte Jon den Kiosk zum letzten Mal betreten hat.

Aber auch diese Geschichte hat einen Schlussakt. Eines Tages las ich in der Zeitung mit den vier Buchstaben, dass es der Polizei in Zusammenarbeit mit Interpol gelungen sei, einen umfangreichen rumänischen Frauenhändlerring zu sprengen. Die meisten Beteiligten wurden verhaftet, nur der Drahtzieher und Chef der Bande J. M. sei auf der Flucht. Vermutlich befinde er sich im Ausland.

Über das weitere Schicksal unseres J. M. ist mir nichts bekannt. Seine ehemalige oder noch Ehefrau besucht mein Geschäft in unregelmäßigen Zeitabständen. Sie ist immer schick und geschmackvoll angezogen, trägt ein diskretes Make-up und duftet nach teurem Parfum. Ab und zu flirtet sie mit mir, aber das ist vermutlich berufsbedingt. Über ihren kriminellen Partner verlor sie nie ein Wort. Er scheint für sie nicht mehr zu existieren. Wenn sie vorbeigeht, drehen sich die Männer nach ihr um. Als ich ihr einmal sagte, sie hätte die schönsten Augen, die ich gesehen habe, antwortete sie trocken, dass diese Art von Schmeicheleien bei ihr nicht mehr ziehe. »Bleib so, wie du bist, natürlich, das mögen Frauen am liebsten«, meinte sie und ging ihrer Wege. Sie musste es ja wissen, die schöne Frau Matulescu.

Die Frau mit dem silbernen Stern

Zu meinen Stammkunden, die keinen Besuch scheuen, egal wie schlecht das Wetter ist, gehören auch Menschen, die aus sozialen Gründen zu mir kommen. Ältere Mitbürger wollen neben der unverzichtbaren Zeitung auch ein wenig Konversation führen, ein wenig Aufmerksamkeit erhalten. Sie sind einsam und haben sonst niemanden zum Reden. In all den Jahren entwickelte ich eine Art von Sozialdienst. Die einsamen oder zu kurz gekommenen Menschen, die sich am Rande unserer Gesellschaft bewegen, kommen gerne zu mir, um einige Sätze zu wechseln, sich auszutauschen, um zu zeigen, dass sie noch leben. Dadurch kenne ich alle Bettler in der Innenstadt, alle Verkäufer verschiedener unnützer Zeitungen, die herumziehenden Vertreter der Sinti und Roma. Ich kenne auch viele Drogenabhängige, die an den Ecken stehen und auf eine unverhoffte Stofflieferung warten, und die Obdachlosen, die hier ihr Nachtquartier beziehen und fast schon zum Straßenbild von Frankfurt gehören. Hinter ihnen verbergen sich menschliche Schicksale, Tragödien, manchmal verrückte Geschichten. Jeder Bettler, jeder Obdachlose hat einen persönlichen Schicksalsschlag erlebt. Ein Vorkommnis, das ihn aus der Bahn warf und sein Leben drastisch veränderte. Niemand wird freiwillig zum Nichtsesshaften, keiner bettelt aus Spaß an der Freude.

Eines Tages bekam ich einen nicht alltäglichen Besuch, eine Frau etwa Mitte dreißig, schlank, mit einem hübschem Gesicht. Aber ihre Augen machten mir etwas Angst, in ihnen sah ich Verwirrtheit und einen Ausdruck, der vermuten ließ, dass dieser Mensch durch schwere Zeiten ging und große Enttäuschungen hatte hinnehmen müssen. Diese Frau schien von Schicksalsschlägen getroffen zu sein, die ihre Seele in Verwirrung versetzten. Sie schleppte einen großen Koffer mit sich, dazu hielt sie in der linken Hand zwei große Tüten, eine von Aldi, die andere von Rewe. Ihr Haar schrie nach einem Kamm, vielleicht auch nach einem Friseur. Was mir auffiel, war ein kleiner silberner Stern, den sie in ihr Haar gesteckt hatte. Höflich fragte sie nach einem *Bounty*, denn sie habe Lust auf eine Süßigkeit. Sie bezahlte anstandslos und vertilgte die Leckerei direkt im Kiosk. Dann meinte sie, dass sie gerne noch einen Riegel nehmen würde, aber dafür fehlten ihr dreißig Cent. Großzügig zeigte ich meine soziale Ader und verkaufte ihr den Riegel zum ermäßigten Preis. Sie bedankte sich herzlich und fragte, wie sie meine Güte rekompensieren könne. Mit diesem Satz überraschte sie mich vollkommen, denn ihre Sprache war sehr gepflegt und sie benutzte ausgesuchte Wörter. Ihrem dezenten Akzent konnte ich entnehmen, dass sie aus Bayern kam.

Ich erklärte, dass keine Entschädigung vonnöten sei, was sie jedoch nicht gelten lassen wollte. Ich bot ihr einen Becher Kaffee an, was sie ablehnte. Erst als ich klarstellte, dass ich ihr den Kaffee schenken wollte, stimmte sie zu. Nachdem sie ausgetrunken hatte, kramte sie in ihren Tüten herum und zog eine Rotweinflasche heraus. Sie wollte mit mir anstoßen, was ich jedoch freundlich, aber kategorisch ablehnte. Schließlich bedankte sie sich artig für den Kaffee und meine Gesellschaft und setzte sich auf eine neben dem Kiosk stehende Bank, wo sie Schluck um Schluck die Flasche leerte. Dabei krakeelte sie ein bisschen herum, aber niemand nahm Notiz von ihr. Bevor ich den Kiosk schloss, kam sie herein und bat um noch einen Becher Kaffee. Zu ihrem Pech war schon alles ausgeschaltet, sie musste sich mit einer Flasche Wasser begnügen.

Am Tag danach war ich wie immer um etwa Viertel nach fünf beim Kiosk. Dort fiel mir sofort ein blauer Schlafsack mit einer schlafenden Person auf. Die mobile Bettstatt lag direkt vor dem Kioskeingang. Mir war schon klar, wer hier Posten bezogen hatte. Als ich den Kiosk für den Publikumsverkehr öffnete, war die Dame verschwunden. Sie kam aber postwendend wieder und erklärte, sie habe sich nur gewaschen und die Zähne geputzt. Meine Besucherin trank Kaffee und aß ein altes Brötchen, das sie vom Bäcker an der Ecke bekommen hatte. Ihre Frisur war zerzaust, aber der silberne Stern saß akkurat in ihrem dunkelblonden Haar. Nach und nach erzählte sie mir ihre Geschichte. Nicht alles auf einmal, sondern in Intervallen, mit Pausen, die manchmal einige Tage dauerten.

Sie stammte aus der Gegend von Fulda in Osthessen. Der Vater sei Fernmeldetechniker gewesen, die Mutter Lehrerin. Sie habe noch eine Schwester gehabt, die früh an Leukämie gestorben sei. Sie war nach Frankfurt gekommen, um hier Germanistik zu studieren, denn sie wollte wie ihre Mutter Lehrerin werden. Fast am Ende ihres Studiums traf sie Max, ihre große Liebe. Max war ein Weltverbesserer, fast schon ein Berufsrevolutionär. Er arbeitete nicht. Alles, was ihn interessierte, waren Projekte für eine bessere Welt. Woher er das Geld dafür hatte, wusste sie nicht. Zusammen hausten sie in einer Bruchbude in Niederrad, aber sie waren glücklich. Dann kam Heike und Max lief ganz schnell über. Er ließ sie sitzen und zog zu Heike nach Oberrad.

Die Stadtstreicherin behauptete, sie hätte Arbeit gesucht, aber nichts gefunden. Sie habe verschiedene Männer getroffen, die ihr nur Märchen erzählten und alle nur das eine wollten. Wenn es vorbei war, hätten sie sie einfach auf der Straße sitzen lassen. Doch sie habe sich durchgeschlagen. Mal wohnte sie bei einer Freundin, dann bei dem Mann der Freundin, später bei dem Freund des Mannes der Freundin. Eine eigene Wohnung hatte sie nach der Zeit mit Max nie. Danach traf sie Conny. Conny hatte eine Wohnung in Höchst. Mit ihr lebte sie fast ein Jahr zusammen, bis ihre Freundin eine neue Partnerin anschleppte. Daraufhin sei sie mit einem Koffer auf die Straße gegangen, von der Polizei aufgelesen und in ein Frauenhaus gebracht worden. Die Atmosphäre dort habe sie aber nicht ausgehalten und sei deshalb bald wieder gegangen. Sie wollte nach Fulda fahren, selbstverständlich kostenlos. Sehr weit kam sie nicht, gleich hinter Frankfurt war die Fahrt zu Ende. Die Bahn sah von einer Anzeige ab, bei ihr wäre sowieso nichts zu holen gewesen. Sie landete in einem Heim für obdachlose Frauen, riss aber wieder aus, wohnte unter Brücken und Unterführungen und ernährte sich vom Müll der Großstadt. Auf ihrer Suche nach etwas Essbarem traf sie einen alten Mann, der mit einem Spazierstock seine Runden drehte. Er fragte interessiert, was sie auf der Müllhalde mache. Sie antwortete wahrheitsgemäß, dass sie nach Essensresten suche. Er lud sie in sein Haus ein, das in unmittelbarer Nähe stand. Er wohnte dort ganz allein, seitdem seine Frau gestorben war. Das Haus hatte zwei Stockwerke und es gab einen kleinen Garten. Sie blieb drei Jahre bei ihm, bis er starb. Er wollte nicht viel von ihr, ein bisschen Sex, ein wenig Erotik. Dafür bekam sie eine Bleibe, ein sauberes Bett, konnte sogar baden. Er war früher Deutschlehrer gewesen, ein Beruf, den sie immer hatte ausüben wollen. Sie hatten viele gemeinsame Interessen, lasen beide sehr gern, unterhielten sich über Politik und Kultur. Gemeinsam unternahmen sie ausgiebige Spaziergänge. Ein Mal fuhren sie sogar in den Taunus. Das sei herrlich gewesen und sie sei ihm bis heute dankbar für alles, was er für sie getan hatte. Als er starb, sei sie sehr traurig gewesen. Das Haus aber erbte eine Verwandte aus Krefeld.

So zog sie weiter umher, bis sie dem Maler Kanty begegnete. Er war klein, trug bunte Hemden und Hosen und sah wie ein Papagei aus, sie nannte ihn deshalb auch Papageno. Mit ihm sei sie sehr glücklich gewesen. Seine Wohnung hatte er in einer Scheune, das eingenommene Geld gab er für Essen, Trinken und wilde Partys aus. Er sei ein echter Bohemien gewesen und sie war stolz, zu ihm zu gehören. Eines Abends habe er sehr viel Rotwein getrunken und am Tag danach sei er nicht mehr aufgewacht. Sie sei abgehauen, übers freie Feld gelaufen, bis sie nicht mehr konnte. Sie habe im Wald geschlafen oder in einer verlassenen Fabrik. Auf ihrem Weg ins Unglück habe man sie geschlagen und vergewaltigt, mit Hunden gejagt und mit Dreck beschmiert. Sie sei auf der Straße von der Polizei aufgelesen worden und habe einige Zeit in einer psychiatrischen Anstalt verbracht, aus der sie aber wieder entlassen wurde. Und jetzt sei sie hier im Kiosk gelandet.

Sie kam fast täglich zu mir und jeden Tag mehr konnte man den langsamen Verfall dieser Person verfolgen. Sie wurde immer ungepflegter, immer öfter kam sie in betrunkenem Zustand, sie wusch sich nicht mehr. Wenn sie betrunken war, lallte sie unverständliche Worte, ich musste sie bitten, weiterzuziehen. Aber sie kam immer wieder zurück. Manchmal hatte sie noch klare Augenblicke, da konnte ich noch vernünftig mit ihr reden. Unerwartet fragte sie, ob ich sie zu der anstehenden Frankfurter Buchmesse mitnehmen würde. Konsterniert sagte ich zu, obwohl ich wusste, dass diese Exkursion nie stattfinden würde.

Einmal kam sie und war total verändert, ihre äußere Erscheinung war kaum wiederzuerkennen. Jemand hatte ihr ein schönes Kleid und eine weiße Bluse geschenkt. Auch ihr Haar war ordentlich gekämmt und der silberne Stern glänzte in ihrem Schopf. Sie sah wirklich gut aus und einige Männer drehten sich sogar nach ihr um. Aber es war nur ein kurzes Intermezzo, der Schwanengesang einer gescheiterten Existenz. Schon einige Tage später kam sie sturzbetrunken an und randalierte. Nach diesem unangenehmen Auftritt verschwand sie für ein paar Wochen. Doch eines Freitagmorgens beehrte sie mich wieder mit ihrer Anwesenheit. Sie saß vor dem Kiosk und blockierte den Eingang. Nachdem es mir gelungen war, den Kiosk aufzumachen, erzählte sie, sie werde bald heiraten. Ihr Auserwählter heiße Yakin und lebe in einem Schrebergarten in Nied. Sie werde zu ihm ziehen, dort sei es immer grün und sie beide könnten ihre Freiheit genießen. An diesem Tag aber hatte sie es auf mich abgesehen. Dauernd hielt sie sich im Kiosk auf und verschreckte die Kundschaft. Auf dem Goetheplatz beschimpfte sie vorbeigehende Fußgänger. Irgendjemand rief die Polizei, aber die Beamten weigerten sich, sie mitzunehmen. Sie schickten sie einfach weg, auf die andere Mainseite nach Sachsenhausen. Dort schien es ihr zu gefallen, denn sie verschonte unsere Gegend von ihrer Gegenwart.

Als ich sie fast schon vergessen hatte, tauchte sie erneut auf. Ihr Freund habe eine andere »Schlampe« gefunden, ein Drogenmädchen aus Erfurt. Die Frau war wie eine Furie, ihre Aggressivität war beängstigend. Sie war völlig durch den Wind. Sie verweigerte den Gebrauch von Wasser und Seife und stank zum Himmel, als verfaule sie bei lebendigem Leib. Ich verweigerte ihr den Eintritt in mein Geschäft. Jeden Tag okkupierte sie die Bank neben dem Kiosk, sodass ich ihren fortschreitenden Verfall beobachten konnte. Sogar ihr silberner Stern saß nicht mehr so akkurat in ihrem Haar wie damals, als sie mich zum ersten Mal besuchte. Sie betrank sich auf der Bank bis zum Verlust ihres Bewusstseins. Einmal rief jemand den Notarzt, aber auch dieser konnte ihr nicht helfen. Noch einige Tage verbrachte die Dame mit dem silbernen Stern im Haar auf dieser Bank. Dann packte sie ihre wenigen Sachen und verschwand auf Nimmerwiedersehen. Vielleicht sucht sie jetzt im Jenseits nach dem Glück, das ihr hier auf der Erde nicht vergönnt war.

Der Wirt vom Börsenplatz

Der Wirt vom Börsenplatz kannte jeden und jeder kannte ihn. So jedenfalls stellte ich es mir vor. Als wir in unseren ersten Kiosk am Börsenplatz einzogen, war er schon eine prominente Größe in diesem Bezirk. Er war hier – zwischen der Börse, dem Lorey-Kaufhaus, dem Gebäude der Frankfurter Neuen Presse und der Abendpost-Nachtausgabe, der Hauptwache und dem Eschenheimer Tor – der bekannteste Gastronom und eine Respektsperson. Mit den meisten Börsenmaklern war er per Du, berühmte Bundesbürger besuchten gerne seinen »Börsenkeller«. Dieses Lokal war in der ganzen Welt bekannt. Japanische Touristen hatten Stadtpläne, wo am Börsenplatz, Ecke Schillerstraße, ein Kreuz eingezeichnet war. Auch Amerikaner fragten nach dem »German Restaurant near Stock Exchange«. Viele private Feste und Firmenfeiern wurden in diesem Kultlokal veranstaltet. Zahlreiche Prominente feierten hier bis spät in die Nacht mit ihren Freunden. Die Eintracht Frankfurt veranstaltete ihre Weihnachtsfeier, der DFB bewirtete seine internationalen Gäste im »Börsenkeller«. Dessen Betreiber hieß Theo Wachler, ein gebürtiger Salzburger. Er begann seine Laufbahn in Deutschland als Kellner bei dem ersten Wirt des Lokals, der ihn dann zum Oberkellner beförderte. Dann machte er den größten Karrieresprung seines Lebens, als er die Wirtstochter ehelichte. Sie war keine hübsche Person, aber eine starke Frau, die keine andere neben sich duldete. Sie war glücklich, den schönen Theo für sich erobert zu haben, hatte aber die Rechnung wohl ohne ihren Gatten gemacht. Denn Theo konnte einer Frau nicht treu sein. Nach einigen Jahren trennten sich die beiden, aber nur als Ehepaar – das Geschäft führten sie weiterhin gemeinsam, und das sehr erfolgreich. Theos Geschäftspartnerin beobachtete jetzt mit dem nötigen Abstand die immer neuen Romanzen ihres Exmannes. Dann fand er eine Frau fürs Leben, die er auch heiratete. Er zog in die Wetterau, wo er ein Häuschen gebaut hatte. Aber auch die zweite Ehe hielt Theo nicht davon ab, anderen Damen näherzukommen.

Er verstand es ausgezeichnet, wichtige und nützliche Bekanntschaften zu machen mit Menschen, die ihm eines Tages behilflich sein könnten. Meinen Vater schloss Theo ins Herz und er half ihm, wie er nur konnte. Als das Geschäft im Kiosk mal nicht besonders gut lief, kaufte er stangenweise Zigaretten oder animierte seine potente Kundschaft zum Kauf bei uns. Einmal bat er mich, für ihn eine Stange Zigaretten der seltenen Marke *Sheffield* zu bestellen. Diese war für einen hessischen Minister bestimmt, der sich am nächsten Tag mit vier anderen Ministern bei Theo vergnügen wollte. Selbstverständlich hatte er dieses Produkt am nächsten Tag auf seinem Tisch. Von Herrn Wachler darauf angesprochen, abonnierte der Inhaber des Kaufhauses Lorey einige Zeitschriften und die Deutsche Börse, vertreten durch Herrn von Roosen, orderte Finanzmagazine.

Als das Lied »Theo, wir fahr'n nach Lodz«, gesungen von Vicky Leandros, ein Hit wurde, da sangen alle mit, ob prominente Gäste oder Mitarbeiter, und Theo war in aller Munde. Das gefiel ihm sehr und er genoss diesen Ruhm. Der »Börsenkeller« war immer ausgebucht und es war unheimlich schwer, für Veranstaltungen einen Raum anzumieten. Der »Börsenkeller« war ein Kultlokal, bekannt und fast immer voll besetzt. Er bestand aus mehreren großen Räumen, einer riesigen Küche und dem Privatkabinett des Patriarchen. Die Belegschaft war eingespielt und international, Ägypter, Libanesen, Marokkaner, Jugoslawen und Italiener gehörten dazu. Um hier einen Job zu bekommen, musste der Kandidat schon einiges an Erfahrung mitbringen. Ob in der Küche oder als Bedienung, Herr Wachler erwartete von seinen Mitarbeitern professionelles Verhalten und kompetente Arbeit.

Das Lokal war auch sehr beliebt bei Unternehmen, die den Börsengang wagten und nach der Börseneinführung in Feierstimmung waren. Vorstand, der Aufsichtsrat und Vertreter der das Unternehmen begleitenden Banken feierten ausgiebig, manchmal bis zum frühen Morgen. Dies erfuhr ich von Theo, der dann in seinem Büro zu übernachten pflegte und noch ganz schlaftrunken seine Zeitungen und Zigaretten kaufte. Manchmal erzählte er mir von den Gästen, den Partys und seinem großen Wunsch, das alles eines Tages hinzuschmeißen und auf einer einsamen Insel seinen Lebensabend zu verbringen. Das war allerdings Wunschdenken und das wusste er selbst am besten. Er war ein Sklave seines Lokals. Es war mehr als das Geldverdienen, was ihn so am »Börsenkeller« hielt, es war für ihn wie eine Droge: je intensiver er sich damit beschäftigte, desto mehr ergab er sich seiner Sucht. Auch seine Exfrau und Geschäftspartnerin war immer auf Achse, sie tätigte Einkäufe, war für die Organisation und das Drumherum verantwortlich. Sie kaufte bei mir Modemagazine, aber eine Konversation mit ihr war fast unmöglich, denn ihr rechthaberisches Gebaren verhinderte jegliches vernünftige Gespräch. Sie hatte keinen anderen Mann geheiratet, ich vermute, sie liebte ihren Theo immer noch und bedauerte ihren Entschluss, sich von ihm scheiden zu lassen. Ihre Freundinnen waren verlassene Frauenzimmer, die meist eigene Geschäfte leiteten und ihre Hunde Gassi führten. Es waren Damen um die vierzig, sie dufteten nach Chanel und Sehnsucht, hofften auf das große Los und versüßten sich die Wartezeit bis dahin bei Damenstammtischen in Lokalen wie dem »Paradieshof« in Sachsenhausen.

Der »Börsenkeller« befand sich im Haus der Frankfurter Wertpapierbörse, das Gebäude gehörte der Industrie- und Handelskammer Frankfurt. Der Vermieter der Wachlers war also die Handelskammer, deren Vorstand aus einer Versammlung von geltungsbedürftigen Funktionären besteht, die einen Hang zum Wichtigtun haben. Sie sollten eigentlich andere Unternehmer unterstützen. Aber Hilfe von diesem Verein, dem ich per Gesetz beigetreten bin und an den ich zwangsweise Mitgliedsbeiträge zahle, habe ich noch nie erhalten. Ein Nachbar von Theos Lokal, der auch IHK-Mieter war, hieß Marcel und führte eine Kunstgalerie. Er war ein komischer Kauz, dem menschliche Kontakte Probleme bereiteten. Der Kettenraucher und Weinliebhaber betrieb diesen Laden zusammen mit seiner Gattin, die genauso wie er filterlose Zigaretten rauchte und dem Rotwein ebenfalls nicht abgeneigt war. Viele Künstler habe ich bei ihnen nicht gesehen, viele Bilder schon. Die Kunstschaffenden waren meistens junge deutsche Maler, die durch die Ausstellung ihrer Bilder die Chance sahen, im Rampenlicht des künstlerischen Lebens im Rhein-Main-Gebiet zu stehen. Eines Tages beschlossen Marcel und seine Gattin, ihren ganzen Kram einzupacken und nach Italien auszuwandern. Dadurch hatte die IHK plötzlich Einnahmenseinbußen, was den Honoratioren nicht besonders gefiel. Da das Gebäude renoviert und umgebaut werden sollte, wandten sie sich an die Wachlers mit dem Angebot, in den Räumlichkeiten ein zusätzliches Bistro zu führen. Nach kurzer Bedenkzeit stimmten diese zu und der Umbau begann.

Die IHK geizte nicht mit dem Geld ihrer Mitglieder und stattete das zukünftige Bistro prächtig aus. Die Eröffnung veranstaltete man zusammen mit der Übergabe des neuen Gebäudes an die Pächter. Man machte daraus eine prächtige Show mit vielen prominenten Gästen. Das ZDF produzierte für den Sender 3sat die »3satbörse« live, mit den Moderatoren Claudia Krawczyk und Peter Nemec. Ich machte da auch mit und erzählte den Fernsehzuschauern von meinem täglichen Umgang mit den Maklern, Finanzgrößen und dem anderen Publikum. Der damalige Oberbürgermeister Walter Wallmann eröffnete feierlich das erneuerte Börsengebäude und die Wirtsleute begrüßten die ersten Gäste in dem neuen Bistro. Vertreter aller wichtigen Medien waren anwesend und arbeiteten fleißig an ihren Berichten, ihre fotografierenden Kollegen ließen die Blitze ihrer hochauflösenden Kameras nur so flackern. Bevor Walter Wallmann dem Fest den Glanz seiner Anwesenheit verlieh, kaufte er bei mir eine Schachtel Zigaretten und wir tauschten ein paar persönliche Sätze aus. Später zog sich die Prominenz als geschlossene Gesellschaft in die Räume des »Börsenkellers« zurück und feierte unter dem Ausschluss der Öffentlichkeit weiter. Das »Börsenbistro« wurde vom Publikum gut angenommen und entwickelte sich schnell zum Lieblingsort vieler Menschen, die nur kurz was essen oder trinken wollten und keine Zeit und Lust auf lange Wartezeiten und großen Aufwand hatten.

Herr Wachler war weiterhin an Frauenbekanntschaften interessiert, sogar meine Mitarbeiterin hatte mit ihm eine kurze, aber heftige Romanze. Dann begann der Gastwirt zu kränkeln, das Alter, das ungesunde Leben, der Stress und die ewigen Frauengeschichten nagten an seiner Gesundheit. Dazu kam der Ärger mit dem Vermieter. Einer der feinen Herren vom Vorstand der IHK hatte wohl ein attraktives Angebot von einem Großgastronomen erhalten, der die halbe Rhein-Main-Region mit seinen Lokalen überzog. Dieser Gebieter über Hunderte von Kellnern und Köchen wollte unbedingt die beiden Lokale bei der Börse haben und war wohl bereit, eine viel höhere Miete zu zahlen als Herr Wachler. Der Vorstand war nach langen Verhandlungen gewillt, dem Großunternehmer das Vertrauen auszusprechen. Frau und Herr Wachler wurden darüber informiert, dass ihr Vertrag nicht mehr verlängert würde. Deren Versuche, die Vorstandsherren umzustimmen, verliefen alle im Sande. Die Entscheidung war gefallen und die Verträge mit dem neuen Pächter schon unterschrieben. Theo suchte Unterstützung bei seinen einflussreichen Kunden, aber diese wollten oder konnten ihm nicht helfen. Alle bedauerten die Kündigung durch die IHK, aber niemand sah die Möglichkeit, dies zu ändern. Ihnen waren die Hände gebunden.

Die Zeit des Abschieds rückte näher. Frau Wachler eröffnete mit einer Freundin ein Weinlokal in einer Seitenstraße der Fressgasse. Nach einigen Jahren gab sie dieses wieder ab und verschwand irgendwo in der Weltgeschichte. Ich habe sie seitdem nicht wieder gesehen. Theo Wachler verabschiedete sich schweren Herzens von seinen Stammgästen und den Anliegern und zog sich in die Wetterau zurück. Nach Jahren erfuhr ich von Manfred, der ihn ganz zufällig dort getroffen hatte, dass Wachler ein Terrassenlokal in Bad Orb eröffnet hatte. Daraufhin fuhr Hausmeister Chomik mit seinem Wohnmobil nach Bad Orb und war dort Wochenendgast. Er berichtete, dass das Geschäft nicht besonders gut laufe und Wachler unzufrieden sei. Als ich mich dann einmal nach Bad Orb aufmachte und vor dem Lokal stand, war Theo nicht mehr da. Der neue Besitzer konnte über seinen Verbleib nicht viel sagen, ich erfuhr nur, dass er nicht in die Wetterau zurückgekehrt, sondern nach Salzburg gegangen war. Manfred, der in Berchtesgaden Ehrenurlauber war und öfter von dort nach Salzburg fuhr, konnte Wachler aber nicht ausfindig machen.

Man hat das »Börsenbistro« und den »Börsenkeller« komplett umgebaut, den Lokalen einen anderen Namen verpasst und sie dem neuen Pächter übergeben. Alle Seiten gehörten bei diesem Geschäft zu den Gewinnern – außer Theo Wachler, aber der war nur so lange wichtig, wie man ihn gebraucht hatte. Manchmal erinnerten Manfred, Kurt Chomik und ich uns an alte Zeiten und dann auch an Theodor Wachler, den Wirt des »Börsenkellers«, eines Lokals, das in den asiatischen und amerikanischen Fremdenführern eingezeichnet war, und der ein Teil der Frankfurter Geschichte wurde.

Ein Gentleman mit Geschichte

Herr Berger war über Jahrzehnte hinweg Stammkunde in meinem Verkaufspavillon. Fehlte er unentschuldigt, machten wir uns Sorgen. Jeder in unserer Straße kannte ihn, jeder wurde von ihm freundlich begrüßt. Er war eine einzigartige, ungewöhnliche Erscheinung. Groß, schlank, immer gut und mit Geschmack angezogen, mit üppiger weißer Haarpracht, machte er nicht nur auf Frauen Eindruck. Er interessierte sich für alles: für die Fortschritte in der Medizin, für Klatsch und Tratsch in der *Bild*-Zeitung, für kulturelle Veranstaltungen der Stadt Frankfurt, für große Sportereignisse. Er spendete häufig an karitative Einrichtungen, auch in der Politik unterstützte er die Parteien, die ihr Herz für das Soziale geöffnet hatten.

Herr Berger, der offiziell Ken J. Berger hieß, war ein Mensch mit Geschichte. In all den Jahren erzählte er mir, sozusagen etappenweise, seine Biografie. Zum ersten Mal wurden wir in den frühen 1970er Jahren auf ihn aufmerksam. Damals spekulierte er gerne an der Börse, allerdings ohne besonders großen Erfolg. Mehr Glück als mit dem Spiel an der Börse hatte er in seinem Leben.

Geboren wurde Berger in einer Kleinstadt im Norden Deutschlands, unweit der Stadt Braunschweig. Damals hieß er noch Kurt, den zweiten Vornamen, Joshua, benutzte er nie. Seine Mutter war die Tochter eines Hamburger Rabbiners, sein Vater wanderte aus Polen ein und brachte seine ganze Familie gleich mit. Der schönen und kultivierten Sprache seiner Frau begegnete er mit dem einwandfreien Jiddisch seiner polnischen Vorfahren. Sein ganzes Leben sprach er nur ein gebrochenes Deutsch, aber angereichert mit den schönsten jiddischen Wörtern. Kurt hatte einen drei Jahre älteren Bruder, der alles unternahm, um ihm das Leben schwer zu machen. In der Schule wurde Kurt von den anderen Kindern und den Lehrern respektiert und meistens in Ruhe gelassen. Ein Mädchen aus seiner Klasse, das etwas für ihn übrig hatte, fragte ihn eines Tages, ob er doch noch ein Arier werden wollte. Sein Banknachbar war ein netter, gut erzogener Junge, dessen Vater und Onkel sich auf die Produktion von alkoholischen Erzeugnissen spezialisiert hatten. Als sie einen neuen Kräuterlikör kreierten, kamen viele bedeutende Nazi-Größen in die Kleinstadt, um an diesem Ereignis teilzunehmen. Kurt durfte den Jungen sogar ein paarmal besuchen und war beeindruckt von dem prächtigen Haus, in dem die Familie lebte.

Immer häufiger bekam die Likör produzierende Familie Besuch von den Bonzen des großdeutschen Reiches. Dann musste Kurt fernbleiben, um nicht unangenehm aufzufallen. Schließlich durfte er seinen Freund gar nicht mehr besuchen. Es kam die Zeit, in der der Großwildjäger Göring persönlich seine Aufwartungen machte. Als Dank für so viel Aufmerksamkeit benannte man das neueste Produkt nach seiner großen Leidenschaft.

Bald durfte Kurt auch nicht mehr in die Schule. Er blieb daheim, genauso wie sein Bruder. Immer mehr jüdische Familien packten ihre Sachen zusammen und verließen ihre plötzlich so feindselig gewordene Heimat. Auch ein Teil von Kurts Familie verließ das dunkel gewordene Reich und emigrierte nach Übersee. Im Sommer des Jahres 1938 ließen die Eltern Kurts Bruder nach Amerika ausreisen. Er selbst blieb noch zu Hause. Die Eltern zögerten mit der Ausreise, sie glaubten noch an ein Wunder, an die Klugheit eines ganzen Volkes. Immer noch konnten sie sich nicht vorstellen, was passieren würde, und wollten warten, bis der Spuk vorbei wäre. Aber es war kein Traum und der Spuk wurde zur tragischen Realität.

Sie warteten so lange, dass es zum Handeln schon zu spät war. Einer jüdisch-christlichen Fluchthilfeorganisation, die sich der Rettung jüdischer Kinder verschrieben hatte, gelang es im letzten Augenblick, Kurt mit dem allerletzten Transport außer Landes zu bringen. Die Eltern blieben zurück. Er sollte sie nie wieder sehen.

Südlich von London betrieb eine jüdische Kinderhilfsorganisation ein Lager, in dem die geflüchteten Kinder ihr neues Zuhause fanden. Auch Kurt erhielt hier die Möglichkeit, von den schlimmen Vorkommnissen in seiner Heimat Abstand zu nehmen und sich von allem zu erholen. Der verängstigte Junge hatte seine Flucht und Überfahrt nach England wie einen schrecklichen und zugleich spannenden Traum erlebt, der jedoch mit der Zeit immer realer wurde. Dort im Lager begann er dann die englische Sprache zu erlernen. Nach einiger Zeit schickte man ihn nach Portsmouth zu einer jüdischen Familie, die bereit war, ihn aufzunehmen. Die Stadt Portsmouth liegt an der Südküste von England in der Grafschaft Hampshire. Schon damals war es einer der wichtigsten englischen Häfen, wo auch Militärschiffe vor Anker gingen. Außerdem wurden dort Munition und Kriegsschiffe gefertigt, was die strategische Stellung der Stadt noch kräftigte.

Die Familie Smily stammte aus Deutschland, aus der sächsischen Metropole Leipzig, und hieß ursprünglich Lachmann. Schon früh hatten sie Hitlers Gefährlichkeit erkannt und ihr Heimatland verlassen. Sie waren pragmatische, kühl agierende Menschen. Die Familie wohnte in einem zweistöckigen Haus am Rande der Stadt und betrieb einen Kolonialwarenladen, in dem Kurt nach einer kurzen Eingewöhnungszeit mitarbeiten musste. Sie sprachen mit ihm nur Englisch, achteten sehr auf sein Benehmen und auf seine gesamte Erscheinung. Bei Tisch herrschten strenge Sitten, deren Nichtbefolgen einen ausgeklügelten Strafenkatalog vorsah. Für schlechte Arbeitsleistungen drohte Kurt sogar Essensentzug, was einige Male geschah. Doch Kurt blieb dem Ehepaar die Revanche nicht schuldig und so zahlten es sich die Antagonisten immer wieder gegenseitig heim. Des beiderseitigen Terrors überdrüssig, wandte sich Kurt schließlich an die Londoner Zentrale der Hilfsorganisation, um dieses böse Spiel endlich zu beenden. Und er hatte das Glück an seiner Seite. Durch die Kriegswirren beunruhigt, suchten die Londoner eine sichere Lösung für ihre Schützlinge. Der Hafen von Portsmouth war durch die Anwesenheit der englischen Kriegsschiffe bereits mehrfach zum Ziel deutscher Bomben geworden. Immer wieder flogen Flugzeuge mit dem Hakenkreuz Einsätze zu den Werft- und Hafenanlagen sowie den Industrieaarealen. Auch ein Großteil der historischen Altstadt war schon in Schutt und Asche gelegt. Man beschloss daher, die in Portsmouth untergebrachten jüdischen Kinder zu evakuieren.

Für Kurt bedeutete das, Abschied zu nehmen. Er tat es mit einem lachenden und einem weinenden Auge. Er freute sich, dass er das Ehepaar Smily verlassen konnte, aber die Stadt mit dem Geburtshaus von Charles Dickens, dem Royal Marines Museum, dem Portchester Castle und dem Spinnaker Tower war ihm in der kurzen Zeit ans Herz gewachsen. Und so fand sich Kurt zusammen mit vielen anderen Flüchtlingskindern auf einem Schiff nach Übersee wieder, das sie in Sicherheit bringen sollte. Die Überfahrt nach Amerika und die Ankunft in New York sollten ihm für immer im Gedächtnis bleiben. Noch bevor das Schiff die britischen Gewässer verließ, war es einem Bombenangriff ausgesetzt. Wie durch ein Wunder wurde es nur unwesentlich beschädigt, sodass nach kleineren Reparaturen die Fahrt fortgesetzt werden konnte. Noch zwei Mal wurden die Passagiere von deutschen Kriegsschiffen beschossen. Aber schließlich erreichte Kurt nach einer langen Seereise unter erschwerten Bedingungen gesund und munter die Küste der Vereinigten Staaten. Hier in Amerika lebten zwei Onkel von ihm und sein Bruder.

Vorerst brachte man ihn in einem Heim für jüdische Flüchtlingskinder unter. Von hier aus suchte er nach seinem Bruder, der diesen Weg schon hinter sich hatte. Nach längerem Forschen erfuhr Kurt, dass dieser im New Yorker Stadtteil Queens bei einer jüdischen Familie untergekommen war. Es dauerte aber einige Zeit, bis man ihm erlaubte, seinen Familienangehörigen zu besuchen. An dem Tag, an dem er in der zweiundzwanzigsten Straße aufkreuzte, war sein Bruder nicht mehr am Leben. Zwei Tage zuvor war er fast direkt vor der Eingangstür seines Wohnhauses vom Lieferwagen einer Wäscherei überfahren worden. Man führte Kurt zum jüdischen Friedhof, wo ein frisches Grab den letzten Fluchtort seines Bruders markierte. Kurt stand da und war unfähig zu trauern. In dieser von Krieg und Unmenschlichkeit geprägten Zeit flossen die Tränen nur noch sparsam. Welch eine Ironie des Schicksals: Sein Bruder war Tausende von Kilometern vor seinen faschistischen Landsleuten geflohen, um hier am anderen Ende der Welt von einem Auto überfahren zu werden. Der abgestumpfte Kurt nahm die wenigen von seinem Bruder übrig gebliebenen Sachen mit und verließ New York, um seine Onkel zu finden. Durch seine Recherchen wusste er, dass zwei Onkel in Kalifornien wohnten, einer in Los Angeles, der andere in naher Umgebung. Der dritte Onkel hatte sein Domizil in Mexiko gefunden.

Nach einer langen Irrfahrt erreichte Kurt endlich die Stadt an der Pazifikküste. Er war von dem lockeren Leben dort sehr beeindruckt. Sein Onkel Frank wohnte in einem Stadtteil, wo die Auswanderer aus Lateinamerika die Mehrheit stellten. Kurt fand Arbeit in einem Spirituosenlager, was ihn an die Heimat erinnerte. Er war inzwischen zu einem jungen, für die Damenwelt äußerst attraktiven Mann herangewachsen. Ein Mädchen mit dem anmutigen Namen Mercedes de la Rosa, eine bildhübsche Arbeiterin im Lager, machte Kurt schöne Augen. Sie wurde seine erste Geliebte, und Kurt entdeckte dieses besondere Gefühl, das man gewöhnlich Liebe nennt.

Nach drei Wochen in Los Angeles besuchte Kurt seinen Onkel Paul in Hollywood. Dieser nahm seinen Neffen mit zu seiner Arbeit in einem Filmstudio und zeigte ihm die Glamourwelt des schönen Scheins. Dieses bizarre Milieu machte auf den jungen Mann großen Eindruck. Als er an der Produktion eines viertklassigen Erotikstreifens als Statist teilnehmen durfte, brach eine andere Zeitrechnung für ihn an. Während der Drehpause lernte er in der Kantine die Hauptdarstellerin kennen. Sie war ein Küken aus Puerto Rico, das schon zum dritten Mal vor der Kamera stand. Ihre roten Lippen luden förmlich zum Küssen ein, und Kurt, aufs Höchste verwirrt, folgte dieser Einladung. Sie waren für einige Zeit unzertrennlich. Doch so plötzlich und gewaltig, wie sie gekommen war, erlosch die Leidenschaft und mit ihr die Liebe. Kurt versuchte sich ebenfalls als Darsteller, nach nur einer Probe überließ er die Schauspielerei aber gerne besseren Mimen. Mit seiner puerto-ricanischen Gefährtin besuchte er einige Partys, wie sie von vielen Clubs organisiert wurden. Dabei lernte er die große Schwester seiner schwarzhaarigen Gespielin kennen. Bald waren sie ein Paar und zogen durch die Clubs von Hollywood und Umgebung. Das Mädchen war ein ganz anderes Kaliber und auch vom schauspielerischen Talent ihrer kleinen Schwester überlegen. Bei den von ihr besuchten Partys konnte man schon eine andere Klasse von Schauspielern in Augenschein nehmen. Die Qualität der eingenommenen Aufputschmittel gab Auskunft über das Potential der teilnehmenden Gäste.

Kurts Aufstieg in die Elite der Partygänger schien vorprogrammiert zu sein. Er lernte andere Frauen kennen, die vom Starruhm träumten und teilweise auch wirklich sehr nahe dran waren. In der Damenwelt dieses auserlesenen Kreises wurde Kurt aufgrund seines Charmes hoch gehandelt. Er genoss das plötzliche Leben eines Womanizers und verdrängte das von Kriegshandlungen gebeutelte Europa aus seinem Bewusstsein. Während einiger Augenblicke des Glücks vergaß er seine Eltern und seinen so unglücklich aus dem Leben geschiedenen Bruder. Aber alles Glück ist immer nur vorübergehender Natur. In einer warmen Nacht, als die frische Ozeanluft den Außenbezirken von Los Angeles eine kühle Brise bescherte, war Kurt mit einer Schauspielerin der zweiten Liga in deren nagelneuem Buick unterwegs zu ihrem Domizil. Da die Dame, deren Gatte übrigens ein bekannter Filmstar war, zu viel Alkohol genossen hatte und fahruntüchtig war, hatte sie Kurt das Steuer überlassen. Doch auch Kurt hatte einige Cocktails zu viel intus. Prompt wurden sie von der Polizei gestoppt, zur Blutabnahme und dann schnurstracks in die Ausnüchterungszelle gebracht. Nach einer friedlichen Nacht wurde die Dame nach Hause entlassen, während Kurt von den Beamten befragt wurde. Dann wurde er in einen Polizeiwagen gesetzt, der ihn nach Los Angeles brachte.

Er wurde zum Büro eines älteren Herrn geleitet, der ihn freundlich begrüßte und alles Mögliche über Deutschland, seinen Aufenthalt in England und seine Hollywood-Eskapaden wissen wollte. Während Kurt erzählte, machte sich sein Gesprächspartner fleißig Notizen. Der Herr schien den Lebenslauf seines Gegenübers sehr genau zu kennen, denn er korrigierte verschiedene ungenaue Aussagen des Vernommenen, manchmal hakte er nach oder wollte Einzelheiten erfahren. Er missbilligte Kurts Auftritte in der Traumstadt und erinnerte an das Schicksal seiner und anderer jüdischer Familien in Europa. Kurt entgegnete, er wisse genau, was in der Alten Welt vor sich gehe und in welch misslicher Lage seine Eltern seien, aber er sei so weit von ihnen und diesen furchtbaren Vorkommnissen entfernt, dass er Schwierigkeiten habe, das alles zu verarbeiten und zu verstehen.

Hinter dem Schreibtisch des Vernehmers hing eine große Europakarte, an der viele kleine rote Fähnchen irgendetwas markierten. Je näher sie an Deutschlands Grenzen rückten, desto dichter waren sie aufgestellt. Kurt schaute sich diese Karte genau an, wagte aber nicht, seinen Gegenpart um eine Erklärung zu bitten. Dieser, ein deutscher Emigrant, der seine Heimat gleich nach Hitlers

Machtergreifung verlassen hatte, fragte Kurt, was er machen würde, wenn das Hitlerregime besiegt und Deutschland befreit wäre.

Er habe sich über die Zukunft noch keine Gedanken gemacht, meinte Kurt. Die Gegenwart beanspruche ihn ganz. Selbstverständlich würde er nach Europa fahren, um nach den Eltern zu suchen, aber dann käme er wieder zurück, um in Hollywood zu leben.

Der Herr lächelte milde und schüttelte nur den Kopf. Kurts Liebe zu Hollywood schien stärker als alles andere zu sein. Er wies darauf hin, dass dieser Gemütszustand vorübergehen werde. Man sollte sich der Gegenwart stellen und Deutschland von Hitlers menschenfeindlichem Regime befreien. Dazu müsse man den innenpolitischen Widerstand unterstützen und forcieren. Auch das jüdische Volk brauche Beistand und Hilfe, denn ihm drohe die völlige Vernichtung. Man brauche Männer, die bereit seien, Deutschlands Diktatur zu bekämpfen, Menschen mit Verstand, mit heißem und doch auch kühlem Herzen, Menschen, die entschlossen seien, den Lauf der Geschichte zu korrigieren und diese entscheidend zu gestalten.

Kurt wurde klar, dass sein Gesprächspartner kein einfacher Polizist oder Sicherheitsbeamter war, sondern Angehöriger einer Spezialeinheit des militärischen Geheimdienstes. Er bot Kurt die amerikanische Staatsbürgerschaft an, eine den Umständen entsprechend komprimierte militärische Grundausbildung und dann den Einsatz im fernen Europa. Über die Art und Aufgaben dieses Einsatzes sprach er nicht, der Dienst eines einfachen Frontsoldaten sollte es jedoch nicht sein.

Vorerst besuchte Kurt aber erst einmal eine Schule in Los Angeles. Hollywood musste für ihn jetzt tabu bleiben. Nach dem erfolgreichen Abschluss wurde er zu einem Ausbildungscamp im Staat New Jersey geschickt. Hier lernte er die Dinge, die er später im Einsatz vielleicht benötigen würde. Man bildete ihn als Agenten für besondere Aufgaben aus, der während der Kampfhandlungen vor Ort agieren sollte. Nachdem er mehrere Ausbildungslager absolviert hatte, wurde Kurt schließlich mitgeteilt, sein Einsatz in Europa stünde unmittelbar bevor. Eine Verabschiedung von seinen Verwandten wurde seitens des leitenden Kommandanten abgelehnt. Ab nun unterlag Kurt, der sich jetzt Ken nannte, dem geheimen Militärkommando der amerikanischen Streitkräfte in Europa. Nach Monaten des Lebens in Lagern und dem entsprechenden Lagerkoller war Ken froh, endlich dem Feind gegenübertreten zu können.

Eines grauen, verregneten Morgens starteten amerikanische Transportmaschinen Richtung Europa. In einem dieser Flugzeuge saß Ken Berger, entschlossen, für die Befreiung Deutschlands und des Alten Kontinents zu kämpfen. Seine Maschine landete in Portsmouth, jener Stadt, in der der junge Kurt seine erste Zeit außerhalb Deutschlands verbracht hatte. Ken hatte keine Muße, um eine Stadttour zu unternehmen, der Einsatz stand unmittelbar bevor. Von hier starteten die alliierten Streitkräfte ihre zweite Front gegen die deutsche Wehrmacht und ihre Helfer. Die berühmte, in die Geschichte eingehende Normandie-Offensive begann: In der Nacht vom 5. auf den 6. Juni 1944 landeten die Alliierten in der Normandie und starteten ihre Invasion. Nach drei Tagen Aufenthalt in Portsmouth bestieg Ken ein Flugzeug nach Kontinentaleuropa und war jetzt in die Kriegshandlungen einbezogen. Die zweite Front gegen Hitler war eröffnet.

Nach der Eroberung der zuvor vom Feind gehaltenen Gebiete nahmen die Alliierten viele deutsche Soldaten sowie deren Verbündete gefangen. Jetzt kam die Zeit von Ken und anderen Dolmetschern, die die Vernehmungen mit den Gefangenen führten, erbeutete deutsche Dokumente übersetzten und sich auf vielfältige Weise nützlich machten. Einer der Soldaten, die sich in der Normandie den alliierten Kräften ergaben, war ein schmächtiger dunkelhaariger Mann im Rang eines Unteroffiziers. Er hatte mehrere Verletzungen, hinkte stark und hustete Blut, was von einer fortgeschrittenen Krankheit, vermutlich Tuberkulose, zeugte. Ken, der die Vernehmung führte, war sich sicher, dass er diesen Menschen kannte, er konnte sich nur nicht erinnern woher. Er befragte ihn im Keller eines ehemaligen Regierungsgebäudes, das als Halbruine von den Alliierten in Besitz genommen worden war und jetzt als Verwaltungsbau diente. Der schmächtige Mann sprach hochdeutsch, aber Kurt erkannte den typischen norddeutschen Akzent. Der junge Soldat hatte nicht viel zu berichten, alles, was er sagte, wussten die Alliierten längst. Erst nach langem und tiefem Bohren erkannte Ken, dass er seinen ehemaligen Klassenkameraden,

den Sohn des Spirituosenfabrikanten, vor sich hatte. Er offenbarte sich seinem Gegenüber nicht, informierte aber auch seinen Vorgesetzten nicht über den Vater und den Onkel des Festgenommenen. Ihm war klar, dass sein früherer Gefährte nicht mehr lange leben würde und er wollte ihm weitere Unannehmlichkeiten ersparen.

Dann wurde Ken in eine befreite Stadt versetzt, wo er eine Abteilung des militärischen Geheimdienstes aufbauen half. Nach erfolgreicher Arbeit wurde er an die Front beordert, die schon in Deutschland tobte. Als der Nazi-Spuk vorbei war, traf Ken in München einen Mann namens Jerome D. Salinger, der auch dem Counter Intelligence Corps, dem Nachrichtendienst des Heeres, angehörte. Er war sein direkter Vorgesetzter bei der Spionageabwehr des militärischen Dienstes und versuchte ihn zu einem neuen Abenteuer zu überreden. Salinger sollte in Franken eine Sektion des US-Nachrichtendienstes aufbauen und suchte zuverlässige Mitarbeiter. Dieses Vorhaben war so geheim, dass nur wenige Menschen darüber unterrichtet waren. Ken entschied sich jedoch für seine militärische Laufbahn und gab seinem Noch-Vorgesetzten einen Korb. Dieser sollte später nach Amerika zurückkehren und ein berühmter Schriftsteller werden. Sein Roman *Der Fänger im Roggen* wurde weltberühmt und weckte die amerikanische Gesellschaft aus ihrem konservativ-engstirnigen Schlaf. Dies war der Vorläufer von Woodstock, von der Bewegung der Blumenkinder, die sich gegen die verkrustete Gesellschaft auflehnten.

Während Salinger gen Franken aufbrach, verhörte Ken Berger in einem Gebäude des US-militärischen Geheimdienstes mutmaßliche deutsche Kriegsverbrecher. Eines Tages führte man ihm einen älteren Herrn vor, der ein wenig hinkte und Hustenanfälle hatte. Ken erkannte ihn sofort und dieser erkannte auch Ken. »Hallo Kurt, du bist hier bei den Amerikanern?«, wunderte sich der Onkel des Soldaten und Klassenkameraden, den Ken während des Krieges vernommen hatte. Dieser Mann hatte die besten Beziehungen zu der Spitze des NS-Regimes, war selbst NSDAP-Mitglied gewesen, seine Firma hatte Hunderte von slawischen und jüdischen Zwangsarbeitern beschäftigt. Aber der Vernommene verneinte alle Anschuldigungen und verwies auf den Zwang, dem er unterlegen war. Er habe niemanden umgebracht und schließlich auch ihn, Kurt, gut behandelt so lange es ging. Er habe mit den NS-

Größen verkehren müssen, es sei doch um seine und des Bruders Fabrik gegangen. Er verurteile aufs Schärfste, was den Juden angetan wurde, und er selbst sei immer ein Freund der Juden gewesen, Kurt würde sich dessen bestimmt erinnern. Kurt konnte sich aber nicht erinnern und ließ den Spirituosenhersteller verhaften.

Bei einer zweiten Vernehmung ein paar Tage später drohte der Mann Ken mit schlimmen Konsequenzen. »Ich werde bald wieder frei sein, du aber vermasselst gerade deinen Start in ein neues Leben. Mich sollte man nicht zum Feind haben!«

Ken lachte über so viel Dreistigkeit. Immerhin war doch der andere hier der Besiegte, der offensichtliche Kriegsverbrecher. Doch schon nach einigen Tagen wurde die Drohung des Likörfabrikanten wahr. Man entließ ihn aus der Untersuchungshaft und Ken wanderte hinter Gitter. Als Grund wurde ihm mitgeteilt, durch seine Verhörmethoden sei jemand gestorben und er habe einen unbescholtenen, integren Bürger drangsaliert. Allmählich verstand Ken, dass die Besiegten immer noch ihre Macht hatten und anscheinend gemeinsame Sache mit den Alliierten machten. Nach zwei Monaten Untersuchungshaft entließ man Ken aus dem Gefängnis und sprach ihn von den Anschuldigungen frei. Erst viele Jahre später erfuhr er, dass das Verfahren gegen ihn auf Betreiben von Jerome und dessen Geheimdienst eingestellt wurde. Die Armee versetzte Ken an eine Schreibstelle in München, wo er in irgendwelchen Archiven seinen Dienst versah.

Eines Tages fuhr er in seine Heimat, um nach den Eltern und Verwandten zu forschen. Wie er schon vermutet hatte, war keiner von ihnen am Leben geblieben. Er konnte nichts über ihre letzten Tage im Ort herausfinden, denn die alten Bekannten hatten Angst vor dem amerikanischen Armeeangehörigen und wollten nicht mit ihm reden. Ken suchte die Spirituosenfabrik auf, fand aber keinen Einlass. Als er am Bahnhof auf den Zug nach München wartete, wurde er von zwei jungen Männern krankenhausreif geschlagen. Bevor er in die Bewusstlosigkeit fiel, ließ man ihn wissen, dass er sich hier nie wieder blicken lassen sollte. Nach einigen Tagen verließ er das Krankenhaus und fuhr nach München, wo er den Vorfall und die Drohung meldete, aber bei seinen Vorgesetzten keine Resonanz fand. Das alles machte ihn sehr stutzig. Er wusste nicht, welcher Art die geheimen Verbindungen zwischen den Siegern und Besiegten waren, aber diese Zusammenarbeit stank zum Himmel. Warum war der Likörfabrikant für die Amerikaner von so großer Wichtigkeit, dass sie dafür einen ihrer Soldaten einfach fallen ließen?

Im Jahre 1949 verließ Berger die Armee und ließ sich als Privatmann in München nieder. Er handelte auf dem Schwarzmarkt mit Zigaretten, Parfum und Nachrichten und schloss sich einer Gruppe von Menschen an, die entwurzelt und ihrer Familienangehörigen beraubt ein teils kriminelles Leben führten. Als in München immer mehr Vertriebene auftauchten und der Kampf ums Überleben immer brutaler wurde, da verzog sich die Gruppe nach Kaiserslautern, wo die Kameraden Bars, Restaurants und Bordelle eröffneten. Bald beherrschten sie das Nachtleben in dieser Pfälzer Stadt. Als der Erste alsdann nach Frankfurt weiterzog, schlossen sich ihm einige der alten Kumpel an. Unter ihnen war auch Ken, der beschlossen hatte, sich zu bessern und in Frankfurt einen anständigen Beruf auszuüben. Und so wurde er Versicherungsvertreter für die US-Soldaten und ihre Angehörigen. Es war ein prima Geschäft und Ken machte gutes Geld. Während sich aber seine Konkurrenten im Versicherungsgeschäft zusammenschlossen und somit größere Märkte eroberten, blieb Berger ein Einzelgänger und arbeitete weiterhin alleine.

Ken schaffte es nicht, eine Familie zu gründen. Seine vielen Liebschaften endeten immer in einem Fiasko, eine längere Beziehung war nie darunter. Als er einmal beim Besuch eines Lokals einer hübschen Krankenschwester begegnete, dachte er, es könnte klappen. Aber es wurde dann doch nichts daraus. Auch Freya konnte nicht lange mit Ken zusammen sein. Seine alten Kumpel, unter ihnen einige Besitzer von Frankfurter Nachtlokalen, hatten keine Zeit mehr für ihn, ihre Geschäfte hatten Vorrang. Nur sein alter Gefährte aus der Münchner Zeit, den man in Frankfurt nur Big Jossel nannte und der inzwischen ein überall geachteter und geschätzter Immobilienkaufmann war, stand zu ihm. Als Big Jossel eine Häuserzeile in der Bleichstraße baute, vermietete er Ken eine Zweizimmerwohnung auf Lebenszeit. Die Miete war überschaubar und wurde nur sporadisch erhöht. Big Jossel vergaß nie seine Weggefährten.

Erst nach zwanzig Jahren fuhr Ken wieder in seine norddeutsche Heimat. Inzwischen hatte sich dort vieles verändert, er kannte kaum noch jemanden. Er machte auch eine Visite bei der Spirituosenfabrik, die jetzt prächtig prosperierte und sogar im Ausland kräftig investierte. Erneut weigerte man sich, ihn zu empfangen. Daraufhin suchte Ken die Räume der Lokalzeitung auf und erzählte dem verdutzten Redakteur seine Geschichte. Vergeblich wartete er danach auf die Veröffentlichung. In knappen Worten schrieb ihm der Redakteur, dass an dieser Geschichte kein öffentliches Interesse bestünde. Man wollte das Nest nicht beschmutzen, schließlich beschäftigte die Likörfabrik viele Menschen, die froh waren, hier eine Arbeitsstelle gefunden zu haben. Die Zeitung in der Kreisstadt hatte diese Hemmungen jedoch nicht und veröffentlichte ein Interview mit Ken samt seinem Foto. Die Geschäftsführer der Spirituosenfabrik schwiegen beharrlich, dafür meldeten sich einige Schulen aus der Gegend und baten Ken, Vorträge in den Klassen zu halten. Er gab auch dem Norddeutschen Rundfunk ein längeres Interview. Nur seine Heimatstadt ignorierte ihn standhaft und machte die beiden Likörfabrikanten zu Ehrenbürgern.

Eine norddeutsche Universität lud Ken zu einem lockeren Gespräch mit Studenten. Berger wurde zu einer bekannten Persönlichkeit im norddeutschen Raum. Gewerkschaften und linke Abgeordnete beleuchteten den Werdegang der Likörfirma. Sie wiesen auf die engen Verbindungen zu den Nationalsozialisten hin und prangerten die Beschäftigung von Zwangsarbeitern an. Die beiden Brüder zogen sich aus der Geschäftsführung zurück und holten angestellte Manager in die Firmenleitung. Sie fürchteten einen Imageschaden. Eines Tages bekam Ken einen Brief von den Brüdern. Er sollte seine Anschuldigungen unterlassen, dafür boten sie ihm eine unbestimmte Geldsumme an, um den entstandenen Schaden zu rekompensieren. Ken Berger wollte aber vor allem das Eingeständnis ihrer Schuld, denn wie er erfahren hatte, hätten sie die Möglichkeit gehabt, seine Familie zu retten. Das Geld wollte er an eine karitative Organisation spenden. Etwas eingestehen wollten die ehrbaren Fabrikanten allerdings nicht und sie drohten im nächsten Schreiben mit Konsequenzen, sollte Ken sie nicht in Ruhe lassen. Diese Briefe wurden Kens Triumph. Er drohte damit, sie zu veröffentlichen. Unerwartet entschuldigte sich der neue Bürgermeister seiner Heimatstadt, dass sein Anliegen von ihr nie beachtet wurde. Alle Schulen bemühten sich plötzlich, Ken als Vortragenden zu gewinnen.

Einmal reiste Ken in die USA und nach Mexiko und traf sich dort mit den Familienmitgliedern. Viel hatten sie sich nicht zu sagen. Ein Gespräch mit Jerome D. Salinger kam nicht zustande, was Ken sehr bedauerte. Dafür meldete sich das ZDF bei ihm. Der Sender prüfe, ob eventuell ein Interview mit ihm ausgestrahlt werden könnte. Die Prüfung dauerte sehr lange, fast ein halbes Jahr. Die Fernsehanstalt wollte sich wohl doppelt und dreifach absichern, bevor sie dieses heiße Thema anpackte. Herr Berger erhielt schließlich die Nachricht aus Mainz, dass das Interview aus verschiedenen Gründen »bedauerlicherweise« nicht stattfinden könne. Aber das ZDF lade ihn im August 1991 zu einer Begegnung mit dem Intendanten Prof. Stolze und dem Moderator Frank Elstner ein. Herr Berger und andere geladene Zuschauer dürften Fragen an die beiden ZDF-Größen stellen. Zu mehr reichte es beim ZDF nicht. Immer wieder schickte Ken Anfragen an verschiedene deutsche Zeitungen zur Veröffentlichung seiner Geschichte. Aber niemand wollte sich mit dem Vorstand der Likörfabrik, in deren Aufsichtsrat sogar Niedersachsens Politiker saßen, anlegen. Wer war schon Ken Berger?

Keiner wusste von seiner Herzkrankheit, die er vor uns verborgen hielt. Als es sehr schlimm wurde, sollte er operiert werden. Noch bevor der Termin feststand, ist Ken von uns gegangen. An einem Freitagabend bekam er einen Herzinfarkt, an dessen Folgen er sofort verstarb. Er lag tot vor der Wohnungstür, die gewaltsam geöffnet werden musste. Es waren nur wenige Menschen, die auf dem Friedhof von Kurt/Ken Berger Abschied nehmen wollten. Seine einstigen Weggefährten waren fast alle gestorben, nur drei der alten Freunde waren anwesend. Seine ehemalige Geliebte Freya, Manfred, Heini, Hausmeister Chomik und ich vervollständigten die Trauergemeinschaft. Von Ken Bergers Familie war niemand da. Er bekam ein schlichtes Grab. Der große Jossel besuchte das Grab erst Tage später, er sorgte auch für den Stein. Meine Frau und ich sind wohl die einzigen Personen, die Bergers Grab noch aufsuchen. Jedenfalls haben wir nie etwas darauf gefunden, was nicht von uns stammte. Einen Toten vergessen die Menschen schnell. Mir fehlen Bergers Kommentare zu allen Lebenslagen, sein Bestreben, mir im Leben zu helfen, kann ich erst jetzt verstehen und richtig schätzen. Der Gentleman aus der kleinen niedersächsischen Stadt hatte sehr viel und doch sehr wenig vom Leben und sein Weggang hinterlässt bis heute eine schmerzhafte Leere.

Miami Vice in Frankfurt

Frankfurt ist eine Stadt mit vielen Besonderheiten. Sie liegt in Deutschlands Mitte, hat den größten Flughafen im Land und gilt nach London als Europas Finanzzentrum, über 300 Banken und Finanzdienstleistungsinstitute haben sich hier niedergelassen. Die Deutsche Bundesbank hat hier ihren Sitz, die Europäische Zentralbank ebenso, und auch die Werbewirtschaft ist stark vertreten. Frankfurt ist stolz auf seine lange Geschichte. In der Paulskirche konstituierte sich im Jahr 1848 die Nationalversammlung, die die Bildung eines deutschen Einheitsstaates beschloss. Im Römer wurden deutsche Kaiser gekrönt, hier hatte die Rothschild-Dynastie ihren Ursprung, im Großen Hirschgraben wurde Deutschlands größter Dichter geboren, der Philosoph Theodor W. Adorno lehrte in seiner Geburtsstadt an der Universität und war einer der Begründer der Frankfurter Schule, die sich mit philosophischen und gesellschaftspolitischen Problemen befasste. Aber Frankfurt ist auch bekannt – oder in Verruf geraten – als Stadt mit einer hohen Verbrechensrate. Es wird gemordet, entführt, vergewaltigt, gedealt. Im Bahnhofsviertel herrschen mafiöse Verhältnisse, verschiedene Verbrecherbanden beherrschen das Terrain. Hier versuchen asiatische Syndikate, deutsche Banden, die italienische Mafia und Verbrecherorganisationen aus Osteuropa, Russland und Südamerika Einfluss zu nehmen. Dabei ist Frankfurt allerdings in bester Gesellschaft, denn auch die anderen Städte in Deutschland haben damit zu kämpfen.

Mein Verkaufspavillon liegt im Herzen der Stadt und diese zentrale Lage ermöglicht es mir, vielfältige Beobachtungen zu machen, um sie später in diesen Erinnerungen Revue passieren zu lassen. Die exponierte Position meiner Verkaufsstelle zieht Menschen an, die deren Schutz für ihre Ziele nutzen wollen. Es begann vor langer Zeit, als ein junger Mann den Kiosk aufsuchte, durch das Schaufenster blickte und mit sich selbst Gespräche führte. Ich fühlte mich unwohl mit diesem Irren unter einem Dach. Dieser entpuppte sich später als Drogenfahnder, der per Walkie-Talkie, das er in einer Aldi-Tüte versteckt hatte, andere Kollegen kontaktierte. Seither kamen öfter mal Frankfurter Kriminalisten, um aus dem Kiosk heraus verdächtige Personen zu beobachten.

Eines Tages fing eine Frau Wolf bei mir als Aushilfe an. Es stellte sich heraus, dass ihr Gatte ein hohes Tier im Drogendezernat war, während seine Frau die Arbeit bei mir als willkommenen Zeitvertreib betrachtete. So was gibt es auch. Als der Polizeibeamte häufiger aufkreuzte, um seine Gattin abzuholen, fielen ihm seine Mitarbeiter auf, die vom Kiosk aus den ganzen Platz in Augenschein nahmen. Er riet mir, seine Leute rauszuschmeißen, denn wenn die Drogenbarone erfahren sollten, dass die Drogenfahnder einen Beobachtungsposten im Kiosk eingerichtet hatten, drohe mir Ungemach. Dieser Personenkreis frage nicht, sondern handle. Seit diesem Gespräch mit Herrn Wolf wurde ich von den Besuchen seiner Mitarbeiter verschont. Er selbst hatte sie wohl angewiesen, ihre Observationen anders vorzunehmen. Dem guten Mann ging es dabei hauptsächlich um das Wohl seiner Gattin, die hier arbeitete.

Ich kannte fast alle Drogenfahnder oder andere Kriminalisten vom Sehen, manche grüßten mich auch. Aber alle kannte ich doch nicht, wie die folgende Geschichte zeigt. Eines Tages betrat ein schon älterer Mann den Kiosk, der zwei große Reisetaschen mit sich trug. Er widmete sich zuerst den Ansichtskarten, dann den Tageszeitungen, schließlich den Illustrierten. Er blätterte darin, wie viele Kunden das jeden Tag machen. Zwischenzeitlich bediente ich andere Käufer, manche füllten Lotto-Scheine aus, einige fragten etwas, wieder andere hatten es eilig. Langsam leerte sich mein Geschäft, sodass ich wieder mehr Übersicht über Dinge, die hier geschahen, bekam. Plötzlich näherten sich zwei Kunden, die zuvor wie der ältere Herr fleißig in verschiedenen Presseerzeugnissen geblättert hatten. Beide waren groß und kräftig, einer trug ein offenes Hemd, der andere eine Jeansjacke. Sie fragten mich, ob ich wisse, was der Mann mit den zwei Reisetaschen hier mache. Ich sagte, er blättere in den Illustrierten. Die beiden Herren erwiderten, er stehle mir Zeitschriften und habe auch einige Postkarten in seinen Taschen verschwinden lassen. Ich gab zu, dass ich das nicht gesehen hatte. Die beiden zeigten mir daraufhin ihren Polizeiausweis und baten mich, den Mann kontrollieren zu dürfen. Ich hatte natürlich nichts dagegen. Der Herr wurde also aufgefordert, seine beiden Reisetaschen zu öffnen. Was da ans Tageslicht kam, überraschte sogar die Fahnder. Die beiden Polizisten holten aus den Taschen neun Zeitschriften, etwa zwanzig Ansichtskarten, etliche Fläschchen Parfum, Deodorant, CDs, zwei nagelneue kleine Regenschirme, ein Autoradio und zwei Handys heraus. Der jüngere Polizist erklärte, der Dieb sei ihnen schon im Kaufhof aufgefallen, wo er in der Parfümerieabteilung »tätig« war, ohne vom Sicherheitsdienst bemerkt zu werden. Sie hatten ihn bis zum Kiosk verfolgt und waren hier erneut Zeuge seines Diebeszugs geworden. Meine polizeilichen Helfer ließen den Langfinger umgehend von einem Streifenwagen abholen.

Bei einer anderen Aktion entdeckte eine Zivilstreife einen steckbrieflich gesuchten Gewaltverbrecher. Es handelte sich um einen großen, nett wirkenden Mann, der eine Schachtel *Roth-Händle* ohne Filter verlangte. Im Kiosk befand sich auch eine junge Dame, die sich Frauenmagazine anschaute. Der Käufer beachtete sie nicht. Als er das Wechselgeld einstecken wollte, war die Dame schon bei ihm und hinter ihr ein Kollege. Der Zigarettenkäufer ließ sich ohne Widerstand festnehmen und wurde abgeführt, ein Polizeiwagen stand schon bereit.

Eine filmreife Szene wie bei *Miami Vice* oder *Tatort* durfte ich am Börsenplatz erleben. Da saß ich sozusagen in der ersten Reihe und konnte das Geschehen aus nächster Nähe verfolgen. Ein junger, sehr gut aussehender Mann betrat an diesem sonnigen Tag mein Geschäft. Er trug einen dunklen Anzug mit Nadelstreifen und darüber einen beigen Mantel aus Kaschmir. In der rechten Hand hielt er einen aus feinem Leder gefertigten Diplomatenkoffer. Er sprach nur spanisch und englisch und kaufte bei mir eine Schachtel Zigaretten und Kaugummi. Danach betrachtete er meine Ansichtskarten, sagte schließlich »Adios« und ging langsam zu der Parfümerie, die sich auf der anderen Seite der Schillerstraße befand. Dort schaute er das Schaufenster an und schlenderte dann weiter zum Börsenplatz. Normalerweise herrschte um diese Zeit dort nicht viel Betrieb, aber diesmal war auf dem Börsenplatz richtig was los. Die Bundespost reparierte das Telefon im Telefonhäuschen, einige Makler unterhielten sich vor dem Gang zur Börse, eine Gruppe junger Frauen und Männer fuhr Skateboard und lachte ungezwungen. Ein verliebtes Paar küsste sich in der Nähe der Litfaßsäule, auf der Werbung für eine bekannte Automarke gemacht wurde.

Der elegant gekleidete Mann steuerte eine einsame Bank auf der Mitte des Platzes an, gegenüber vom »Börse-Bistro«. Er setzte sich, zündete eine Zigarette an und genoss sichtlich das schöne Wetter. Den Diplomatenkoffer stellte er auf den Boden neben sich. Eine ältere Dame setzte sich für einige Augenblicke dazu, wohl um ein bisschen auszuruhen. Dann erhob sie sich und ging langsam weiter.

Kein Kunde störte die fast sommerliche Idylle, daher nahm ich einen Stuhl und setzte mich vor den Kiosk. Es passierte nichts Bemerkenswertes, die jungen Leute drehten mit ihren Skateboards Pirouetten, die Telefontechniker machten ihre Arbeit, das verliebte Paar hielt Händchen, die Makler gingen in die Börse hinein. Von der Seite des Kaufhauses Lorey näherten sich zwei junge Männer in Jeansjacken dem Platz. Einer hatte einen Diplomatenkoffer dabei, der andere eine Reisetasche. Sie setzten sich neben den feinen Herrn auf die Bank, der zuvorkommend ein wenig zur Seite rückte. Koffer und Tasche stellten sie neben den Koffer des ausländischen Touristen. Die beiden zündeten sich eine Zigarette an, und nachdem sie fertig geraucht hatten, standen sie wieder auf, nahmen ihr Gepäck und wanderten weiter. Ich glaubte zuerst, dass sie den falschen Koffer gegriffen hatten, aber das bildete ich mir sicher nur ein. Kurz darauf stand auch der Herr im Anzug auf und ging mit seinem Koffer in Richtung Hauptwache. In diesem Augenblick kam Leben in die Szenerie. Die jungen Skateboardfahrer riefen wie auf Kommando: »Halt, Hände hoch, German Police«, und warfen sich auf den Mann. Gleichzeitig stürzten sich die Telefontechniker und das verliebte Paar auf die zwei Männer in Jeansjacken und legten ihnen Handschellen an.

In diesem Augenblick entfernte sich ein in der Nähe des Kioskes stehender älterer Mann, der dort an seiner Pfeife gezogen hatte, mit schnellen Schritten. In der Nähe des Restaurants »Zum Dortmunder« begegneten ihm zwei junge, extravagant gekleidete Damen und legten ihm unsanft Handschellen an. Dann fuhren auf dem

Börsenplatz vier große Limousinen vor. Die vier Verbrecher wurden ins Innere der Autos bugsiert, dann fuhren diese schnell und fast geräuschlos von dannen. Auch die anderen Beteiligten waren in null Komma nichts verschwunden. Die ganze Aktion hatte nur ein paar Minuten gedauert, danach war es wieder ruhig auf dem Börsenplatz. Die Sonne schien weiter, das eben Geschehene schien nie stattgefunden zu haben.

Herr Wachler kam aus dem Bistro und meinte: »Das war ja wie im Kino, nur live und real.«

Hier wird es nie langweilig, denn in einer Großstadt gibt es immer Trouble. Die Polizei ist ständig auf Achse. Die City lebt und mit ihr die Menschen, unter ihnen diejenigen, die Böses wollen, und diejenigen, die Böses zu verhindern versuchen.

Die Schwächsten der Schwachen

Die Stadt Frankfurt hat wie jede Stadt der Welt ihre Lieblinge, ihre Prominenten, ihre Vorzeigemenschen. Es sind diejenigen, die irgendetwas Tolles geleistet haben. Sie waren und sind in aller Munde, die Presse schreibt über sie, das Fernsehen zeigt ihre Bilder und alle lieben sie oder sind stolz, sie hier zu haben. Schauspieler, Sänger, Fernseh- und Radiomoderatoren, Sportler, Journalisten, Modemacher, Industrielle, Manager und Finanzjongleure gehören zu ihnen.

Es gibt aber auch andere Bewohner dieser Stadt, diejenigen, die nie im Rampenlicht stehen und auch nie stehen werden. Sie haben nichts Aufsehenerregendes geleistet und werden das auch in Zukunft nicht tun. Die Tatsache, dass sie überhaupt noch existieren, dass sie noch unter uns weilen, ist schon außergewöhnlich, einfach toll. Ich denke da an die vielen Menschen aus der untersten Stufe unserer Gesellschaft, die ihr Leben auf der dunklen Schattenseite fristen und trotzdem daran hängen. Es sind die Bettler, die Obdachlosen, die mittellosen Elenden, die auf der Straße im Unrat schlafen, die psychisch Kranken und Alkoholsüchtigen, die krakeelend durch die Straßen ziehen und ihren Dauerschmerz in die Welt setzen. Mit diesen Menschen habe ich häufig zu tun, denn wenn man ihnen ein Mal hilft, vergessen sie das nicht und kommen immer wieder.

Einer dieser Elenden war ein Mann im Rollstuhl, den ich Harald nannte. Er war ein durch und durch böser Mensch und ist es in seinem Inneren bis zuletzt geblieben. Er war früher ein Rabauke gewesen, ein Kleinkrimineller, der mit Drogen dealte und selbst Drogen nahm. Durch seine Rücksichtslosigkeit hatte er sich in der Drogenszene einen bösen Namen gemacht. Er hatte eigene Leute, die für ihn »arbeiteten«, wer nicht spurte, dem erging es schlecht. Mit der Zeit nahmen seine Drogenexzesse an Intensität zu, er nahm immer härteren Stoff. Einmal im Rausch, war Harald nicht zu halten, dann wurde er zur Bedrohung für alle Menschen in seiner Umgebung. Er hielt sich für einen tollen Hecht, die Mädchen gingen in Scharen mit ihm ins Bett. Seinen Geschäftspartnern gefielen seine Launenhaftigkeit, seine Exzesse und sein Drang zur Selbstdarstellung weniger. Bis heute konnte die Polizei nicht klären, ob der Unfall, bei dem er seine Beine verlor, auf seinen Drogenkonsum oder auf fremde Einwirkung zurückzuführen war. Offiziell hieß es, er habe sich im Drogenrausch vor die U-Bahn geworfen, weil er sterben wollte. Diesen Eindruck hatte ich aber ganz und gar nicht, sogar an den Rollstuhl gefesselt war er alles andere als lebensmüde. Glaubhafter erschien mir die inoffizielle Version, nämlich dass man ihm bei dem Sprung vor die Bahn geholfen hat. Schwer verletzt überlebte Harald den Unfall, er wurde insgesamt siebenmal operiert. Am Ende blieb er ein menschliches Wrack, das auf fremde Hilfe angewiesen war.

Harald verzichtete nicht auf seinen Tabak und seinen Jägermeister. Woher er das Geld dafür hatte, konnte ich nicht erforschen. Seine Bosheit verließ ihn nicht, auch als Invalide war er kaum zu genießen und Gespräche mit ihm endeten mit Zwist und bösen Verwünschungen. Da er sich von niemandem helfen lassen wollte, lernte er mit seiner Lage umzugehen. Den Rollstuhl lenkte er mit der Kraft seiner Hände. Ohne fremde Hilfe geblieben, benutzte er seinen Rollstuhl als mobile Toilette. Schon von Weitem roch man, wenn Harald im Anmarsch war; sein besonderer Duft eilte ihm voraus und warnte alle. Ich bat ihn nach einer Weile weiterzuziehen, aber er stellte sich extra vor die Kiosktür und verängstigte die Kunden so sehr, dass ich die Polizei rufen musste. Die Polizisten schoben ihn zweihundert Meter weiter und ließen ihn dort stehen. Nach einer Stunde war Harald wieder bei mir. Er übernachtete in einer kleinen Parkanlage, wo man ihn eines Tages zusammenschlug. An Feinden fehlte es Harald nämlich nicht. Dann wurde es kalt, der Winter war besonders tückisch. Harald erfror während einer besonders kalten Nacht und niemand weinte ihm eine Träne nach.

Ein anderer Fall war Wolfgang, der sich jeden Tag beim Kiosk aufhielt und bettelte. Er hatte viele Wunden am ganzen Körper, die durch heftiges, ununterbrochenes Kratzen entstanden. Die Blessuren waren nicht versorgt, er wirkte damit wie ein Aussätziger. Seine linke Hand sah wie eine einzige große Wunde aus. Er zeigte sie allen, auch denen, die sie nicht sehen mochten. Wolfgang bettelte um Geld oder bat die Kioskkunden, ihm eine Fanta zu kaufen, die er abgöttisch liebte. Die meisten taten es, aus Mitleid oder um ihn loszuwerden. Sein Hygienebedürfnis war nicht ausgeprägt, sein Körper musste ohne Wasser und Seife auskommen, seine Kleidung kannte das Wirken einer Waschmaschine nicht. Wolfgang musste in seinem früheren Leben eine gute Bildung erfahren haben, denn seine Sprache war sehr gepflegt, seine Worte mit Bedacht gewählt und sein Wortschatz hob sich von der hier so häufig verwendeten Umgangssprache ab. Über sein früheres Leben wollte er sich nicht äußern, da wechselte er das Thema oder ging einfach weiter. Ich riet ihm, sich in einem Krankenhaus ärztlich versorgen zu lassen, stieß aber auf taube Ohren, er wollte mit Ämtern oder offiziellen Institutionen nichts zu tun haben. Auch kirchliche Einrichtungen mied er, von der Kirche hielt er nichts. Dann kam Wolfgang plötzlich nicht mehr. Von einem anderen Obdachlosen erfuhr ich, dass er in ein Krankenhaus eingeliefert wurde. Mehr wusste mein Gesprächspartner auch nicht. Wolfgangs Schicksal ähnelte dem vieler obdachloser Männer und Frauen, die mit dem Leben und sich selbst nicht klarkommen, still rebellieren und eines Tages für immer in der großen weiten Welt verschwinden.

Eines frühen Morgens besuchte eine alte Dame, die ein wenig wie eine Hexe aussah, den Kiosk. Sie kam mitsamt ihrem Bett herein. Dieses war ein großer Karton, den sie plattgemacht hatte und auf dem sie schlief. Als Schlafzimmer diente ihr der überdachte Eingang zum Bücherkaufhaus Hugendubel, wo sie eine der besseren Schlafstellen belegte. Sie konnte so gut Deutsch wie ich Chinesisch, vielleicht war mein Chinesisch sogar besser. Als ich heraushörte, dass sie aus der Slowakei kam, unterhielten wir uns in einem Mischmasch aus slowakischem, polnischem, tschechischem und russischem Kauderwelsch. Auch einige serbokroatische und ukrainische Wörter waren dabei. Die Dame war schon einige Jahre auf der Wanderung. Sie hatte viele Länder Europas bereist, nur ihr Wunsch, nach Amerika zu fahren, ging nicht in Erfüllung. Sie buchte sehr zentrale Hotels: Ihre Schlafstellen fand sie im Herzen der Städte, in Mailand, Amsterdam, Prag, Warschau, Berlin und Frankfurt. Sie fühlte sich wie der glücklichste Mensch in der Welt.

Ich konnte sie verstehen. Das Gefühl, frei zu sein, obwohl mittellos, obwohl um milde Gaben bettelnd, obwohl nicht wissend, was der nächste Tag bringen würde. Sie kannte alle sozialen Einrichtungen der von ihr besuchten Städte. Städtische und kirchliche Institutionen, die Essen und Trinken an Bedürftige ausgaben, Obdachlosenwohnheime, Kleiderausgabestellen. Sie hatte schon in Madrid und Wien gebettelt, sogar in der Nähe des Hotels Ritz in der Pariser City. Wenn ich sie richtig verstanden habe, war sie von den kommunistischen Machthabern der Tschechoslowakei wegen ihrer Kirchentreue verfolgt worden. Den Gatten hatte man in eine Strafkolonie geschickt, sie verlor ihre Arbeit und galt als systemkritische Person, als Dissidentin. Als die Wende kam, flog sie wie ein Vogel in die Freiheit, total unvorbereitet, ohne Plan, völlig spontan. Sie atmete den Duft der Freiheit. Aber sie war mittellos und mit dieser neuen Situation einfach überfordert.

An der Katharinenkirche im Zentrum von Frankfurt saßen und bettelten viele solcher gestrandeten älteren Frauen. Da waren Helena, eine ehemalige Lehrerin aus der ungarischen Stadt Pecs, Diana aus Kladno, die früher für die Buchhaltung in einem volkseigenen Betrieb verantwortlich war, die Ukrainerin Wiktoria, die in Kiew Slawistik lehrte, und die Polin Magda, die in Pruszkow einen Metzgerladen führte. Sie schafften die Umstellung nicht, ihnen fehlte der fürsorgliche Arm des Staates. Das soziale Netz, das sie bei persönlichen Katastrophen abfangen könnte, existierte plötzlich nicht mehr. Sie waren legal oder illegal in den Westen gekommen, um Geld zu verdienen, landeten aber in einer Existenz auf Frankfurts steinigem Boden.

Es gab da auch eine schon sehr alte Slowakin, die nach Frankfurt kam, um ihren Enkel zu besuchen. Dieser hatte mit seinem Vater Bratislava verlassen, um im goldenen Westen nachzuholen, was ihnen in der sozialistischen Zeit verweigert wurde. Doch weder Vater noch Sohn schafften es hier auf die Sonnenseite des Lebens. Dann kam die Oma, um nach dem Rechten zu schauen. Sie sah das ganze Elend und blieb hier. Zuerst wohnte sie mit den zweien unter einem Dach, dann verloren sie diese Unterkunft und waren gezwungen, unter freiem Himmel zu schlafen. Der Vater wurde straffällig und wanderte ins Gefängnis. Der Sohn nahm Drogen, dealte und schickte seine Großmutter zum Betteln. Jeden Abend kam er aus der Dunkelheit und nahm ihr die kärglichen Einnahmen weg. Manchmal gelang es ihr, einige Cents vor ihm zu verbergen, dann konnte sie Kaffee oder Süßigkeiten kaufen. So wie die alte Dame aus dem Nichts kam, so ist sie in das Nichts zurückgekehrt, leise und plötzlich. Auch ihren Enkel habe ich nicht mehr gesehen.

Ein weiterer Obdachloser, der mir in Erinnerung geblieben ist, war ein etwa fünfzigjähriger Schlesier, der vor meinem Kiosk eine Schlafstelle fand. Er war dem Alkohol verfallen und ohne diesen zitterte er am ganzen Körper. Er sprach Deutsch mit polnischem Akzent und Polnisch mit deutschem Tonfall. Einige Male lag er wie ein Toter auf der Bank oder auf der Straße. Die herbeigerufenen Rettungskräfte nahmen ihn unter Mithilfe der Polizei mit und lieferten ihn in ein Krankenhaus ein. Von dort verschwand er jedoch gleich wieder und ging zurück in die City, um jemanden zu finden, der ihm etwas zu trinken geben würde.

Ein menschliches Phänomen ist ein anderer Trebegänger, etwa 1,85 Meter groß, extrem dünn, mit langem Haar. Er isst kaum etwas, trinkt, was er in die Finger bekommt, nimmt Drogen und vegetiert so auf den Straßen in der Mitte der Stadt. Jeden Tag, den er erlebt, müsste er eigentlich wie ein Wunder betrachten. Zigarettenkippen klaubt er vom Boden, in den Abfallkörben findet er immer mal wieder etwas Essbares, seine Notdurft verrichtet er mitten auf der Straße. Die Polizei und die Bediensteten des Ordnungsamtes meiden ihn wie die Pest. Er bettelt nicht, er schleicht nur durch die Straßen. Er redet nicht. Sein Blick hat etwas Debiles, sein Gehirn scheint ausgeschaltet zu sein, seine Bewegungen ähneln denen einer Krake, er wirkt wie weggetreten. Da er öfter mit nacktem Oberkörper auf der Bank schläft, weiß ich, dass er über keinerlei Muskeln verfügt, er ist nur Haut und Knochen. Er scheint ein Abonnement für die Bank neben dem Kiosk zu haben, denn er ist dort fast jeden Tag präsent. Seine Erscheinung und sein Gestank verursachen Panik in der Bevölkerung. Man ist im Umgang mit ihm ratlos. Einmal wechselte er mitten auf der Straße seine Garderobe, eine Horrorszene. Eltern mussten ihre Kinder ganz schnell von der Stelle wegbringen, Jugendliche applaudierten dem Hirnamputierten mit spöttischem Beifall.

Seit einiger Zeit treibt in der Stadtmitte ein junger deutscher Bettler sein Unwesen. Er bittet die Passanten entweder um Kleingeld oder um einen Euro. Dabei raucht er Haschisch und trinkt Rotwein aus einer großen Pulle. Er residiert neben dem Eingang zur Buchhandlung Hugendubel oder etwas weiter in der Nähe des Juwelierladens Wempe. Manchmal telefoniert er mit einem Smartphone neuester Produktion. Während seines mobilen, aggressiven Bettelns erzählt er den Passanten mit sozialer Ader unglaubliche Geschichten. Seine Fantasie scheint da keine Grenzen zu haben, die Storys sind durchtränkt von einer weinerlichen Dramaturgie. Manchmal ist der Vater an seiner Misere schuld, denn dieser habe den Sprössling einer Industriellenfamilie aus dem Haus in Bad Homburg geworfen. Dem Schicksal ausgeliefert kämpfe der Sohn ums Überleben, dabei behaupte er sich gegen Drogendealer, böse Sozialarbeiter und die brutalen Ordnungskräfte. Es existiert aber auch noch eine andere Geschichte, in der der arme Junge schon in seiner frühesten Kindheit die Eltern verloren hat und in einem Waisenhaus landete. Nach einem Leidensweg ohnegleichen brach er aus und lebte auf der Straße. Vorbeifahrende Zigeuner nahmen ihn freundlicherweise auf und mit ihnen bereiste er ganz Europa. Aber eines Tages musste er die Gruppe Hals über Kopf verlassen, denn er verliebte sich in die Tochter des Clanchefs. Diese Liebe wurde zwar erwidert, aber von der Gruppe nicht gut geheißen. Eine Entführung der Braut wurde leider im letzten Augenblick vereitelt. Ich fragte nach, ob es sich bei dem wandernden Volk um Sinti oder um Roma gehandelt habe, worauf der Fabulant meinte, es seien keine Sinti und keine Roma, sondern Zigeuner gewesen. Weitere Fragen zu seiner Geschichte hatten sich nach dieser Antwort erübrigt. Woher er wirklich kommt, konnte ich nicht herausfinden. Manchmal hat er viel Geld, manchmal hat er keinen Cent für einen Kaffee. Ich vermute, dass er in irgendwelche nicht ganz legale Geschäfte verwickelt ist, vielleicht handelt er sogar mit Drogen. Seine Sprache ist eher gepflegt, er bemüht sich, hochdeutsch zu sprechen. Kurioserweise bekommt er oft Geldscheine von älteren Mitbürgern, die auf seine Theatralik gern hereinfallen. Wer so schöne Märchen erzählt, der bekommt auch sein Publikum.

Neben vielen Bettlern, Herumtreibern und Abenteurern jedweder Prägung begrüßten wir in der City auch Sinti und Roma, die ihr Heil im Verkauf einer Zeitung suchten, die gar keine Zeitung war. Irgendein Schlaumeier hatte die Idee, eine Zeitung herzustellen, die aus höchstens drei Seiten bestand und deren Text keinerlei Informationswert hatte. Sie hieß *Arbeitslosenzeitung* und wurde mobil an die Frau und an den Mann gebracht. Die Verkäufer gingen offensiv zu Werke und sprachen die potenziellen Kunden auf der Straße an. Für ein Stück Makulatur zahlten die überrumpelten »Kunden« zwei Euro. Das waren zwei Euro zu viel. Eine »Kollegin« bot mir an, ich könne dieses fortschrittliche Presseerzeugnis gegen ein Entgelt an sie im Kiosk verkaufen. Leider musste ich sie enttäuschen. Sie nahm die Absage aber sportlich und trank einen Kaffee bei mir. Die Roma-Frau erzählte, sie komme aus dem rumänisch-ungarischen Gebiet, wo noch immer Teile ihrer Familie lebten. Sie kampiere in der Nähe von Frankfurt, wo genau wollte sie nicht verraten. Ihr Mann sei zuckerkrank, dazu habe er eine schwere rheumatische Erkrankung. Sie bat mich um eine Spende von fünfzig Euro. Ich spendierte ihr einen Kaffee. Ihre Tochter gehe in eine deutsche Schule und wolle hier studieren. Diesen Ansinnen begrüßte ich sehr und wünschte der netten Dame und ihrem kranken Gatten alles Gute. Sie kam noch etliche Male, trank Kaffee und erzählte mir ihre komplizierte Lebensgeschichte, die sie in fast alle Balkanländer geführt hatte. Viele Familien waren darin involviert, viele Menschen ließen im Streit ihr Leben, es war Stoff für ein neues »Carmen«-Stück. Sie war eine talentierte Geschichtenerzählerin, alles klang glaubwürdig. Kein Wunder, dass manche Oma nicht nur zum Taschentuch, sondern auch zum Portmonee griff.

Einmal willigte ich in ein Experiment ein, das mich im Falle eines Misserfolgs fast zwanzig Euro kosten konnte. Meine neue Roma-Freundin bat mich um ein Geo-Heft über ein wissenschaftliches Thema für ihre Tochter. Sie werde mir das Heft bezahlen, sie müsse nur genügend Exemplare der unnützen Zeitung verkaufen oder genügend Abnehmer für einige Rosen finden. Nach zwei Tagen kam sie tatsächlich in mein Geschäft und zahlte anständig den Preis für das Heft. Dabei fragte sie mich, warum ich ihr vertraue, sie sei doch eine Zigeunerin. Ich versicherte, dass ich ihr das Heft nicht gegeben hätte, wenn ich nicht geglaubt hätte, sie würde mir das Geld bringen. Das war mit Bedacht gelogen, denn ich hatte es gehofft, aber nicht wirklich darauf gezählt. Hier wurde ich eines Besseren belehrt. Vorurteile sind dazu da, sie zu entkräften.

Ein Unikum, ein Sonderfall unter meinen Kunden war der »Mäusemann«. Dieser kleine Mann, der schon lange seine Wohnung verloren hatte und in der Nähe des Hauptbahnhofs in einem Obdachlosenheim wohnte, war ein konkurrenzloses Original. Normalerweise sah er überall Geister, die ihn umkreisten und mit denen er heftige Gespräche führte. Er stritt mit ihnen, er drohte ihnen, aber diese Biester hatten offensichtlich keinen Respekt und keine Angst vor ihm. Also schrie er sie an, mit den Händen versuchte er sie zu verjagen, doch diese Phantome ließen sich nicht in die Flucht schlagen. Sie hatten wohl Spaß daran, den armen Mann zu ärgern. Also versuchte er sich in eine Maus zu verwandeln. So eine kleine Maus hätte doch bestimmt bessere Chancen, sich den Geistern zu entziehen. Folglich begann seine Körpersprache immer mehr der von einer Maus zu ähneln. Seine Umwandlung erfolgte in Etappen, es war atemberaubend, diese Transformation zu beobachten. Mit der Zeit waren seine Bewegungen die einer Maus. Er ging auch wie eine Maus nahe an den Gebäuden, nie mitten auf der Straße. Der »Mäusemann« war ein unheimliches Wesen, man musste Angst vor ihm haben, insbesondere dann, wenn er plötzlich zu schreien begann und die bösen Geister jagte. Kinder versteckten sich hinter ihren Müttern, Hundebesitzer nahmen ihre Vierbeiner an die Leine, Gespräche wurden unterbrochen und dann leise weitergeführt.

Der Verursacher dieser Aufregung mochte mich, ohne dass ich irgendetwas dafür getan hätte. Oder doch: Ich war freundlich zu ihm, sprach mit ihm, lächelte, antwortete auf seine Fragen. Gegenüber allen anderen Menschen war er aggressiv, manchmal beschimpfte er die hinter ihm stehende Kundschaft. Auf mein Zureden hörte er immer auf mit seinem Geschrei und der unglückseligen Geisterjagd. Er erzählte mir einmal, dass er die Geister persönlich kenne und ihnen sogar Namen gab. Betsy war besser als Helga, die ein hinterhältiges Miststück war. Sein Schicksal sei es, mit diesen Geistern sein ganzes Leben verbringen zu müssen. Das sei Gottes Strafe für das Leid, das er irgendjemandem in seiner Jugend angetan hatte. Mehr wollte er darüber nicht sagen, alle meine Fragen blockte er ab.

Ein anderer geistig Verwirrter war der »Schreier«. Dieses große, schlanke Mannsbild irrte umher und schrie in etwa fünfminütigen

Abständen meist unartikulierte Wörter und Sätze, aus denen nur sporadisch irgendetwas Verständliches entnommen werden konnte. Da der Schreihals manchmal bis zu fünf Mal am Tag am Kiosk vorbeidefilierte und sein Leiden zum Ausdruck brachte, lernte ich in Intervallen die Bedeutung seines Geschreis kennen. Er beklagte die Untreue seiner ehemaligen Gattin, die ihn mit seinem besten Freund betrog und schließlich aus dem Haus warf. Er lamentierte über das Ende der Freundschaft mit dem Mann, der jetzt mit seiner Ex das Bett teilte. Er verfluchte die Ehebrecherin, die vom Satan besessen sei. Ihren Liebhaber nannte er einen bayrischen Gnom oder einen Wolfsmenschen. Er verwünschte die beiden, und wenn der Schmerz zu groß wurde, schrie er mit einer Stimme, die an ein Wolfsgeheul erinnerte. Es war wirklich furchterregend und makaber. Der Mann litt sehr, sein gesamtes Denken war nur auf diese zwei gerichtet.

Viel aggressiver als der »Schreier« war ein Türke, der auf Türkisch krakeelte und sich manchmal auf Passanten warf, um sie zu schlagen. Er hatte aber nur ein kurzes Gastspiel, denn ganz schnell verschwand er in der anonymen Abgeschiedenheit einer psychiatrischen Anstalt. Eine besondere psychisch gestörte Gestalt, die meinen Kiosk aufsuchte, war ein etwa dreißigjähriger Mann, der immer eine alte dunkelbraune Tasche mit sich trug. Er wohnte mit seinem Vater in einer Einzimmerwohnung im Stadtteil Frankfurter Berg. Dieser Stadtteil hatte keinen guten Namen in Frankfurt. Einwanderer aus Russland, Polen und Rumänien trafen hier auf Flüchtlinge aus Afrika, Asien und dem Orient. Und diese begegneten wiederum Deutschstämmigen, die auf die Hilfe des Sozialamtes angewiesen waren. Für diese Menschen gab es den sozialen Wohnungsbau. Hohe Wohnsilos aus kahlem Beton, verziert mit farbigen Graffitis, verschmutzte Hauseingänge und kaputte Aufzüge waren hier die Regel. Im ersten Stock eines dieser Hochhäuser wohnte dieser Mensch, der mich jeden Tag aufsuchte und Berichte über den Bestand an Brücken, Telefonmasten und Fernmeldetürmen ablieferte. Von ihm erfuhr ich, dass es in Hessen 377 Brücken gibt. Er gliederte sie noch in Eisenbahnbrücken, Autobahnbrücken, einfache Übergänge, Stege und Viadukte. Er fuhr mit der Bahn von Frankfurt nach Kassel, von Fulda nach Heppenheim und zählte die Strommasten. Er kannte alle Eisenbahntunnels, alle großen Bahnhöfe und Bahnverbindungen. Auch die Routen der Bahnbusse waren ihm geläufig. Dasselbe galt für den Schiffsverkehr. Hier wusste er alle Wege der Ausflugsschiffe und der wenigen Passagierschiffslinien. Ebenso war er mit dem Luftverkehr vertraut. Er kannte alle Flugzeugtypen, alle Fluglinien und die Namen der größten Flughäfen der Welt. Von Dingen des normalen Lebens wusste er dagegen nicht viel und hatte auch kein Interesse, sie zu ergründen. Ein Telefonmast und eine Eisenbahnbrücke waren ihm wichtiger und auch näher als zum Beispiel Frauen, diese ließen ihn kalt. Er verehrte seinen Vater, und als dieser plötzlich starb, brach für ihn die Welt zusammen. Trost suchte er auf einer Bahnfahrt, die Asche seines Vaters hatte er in der dunkelbraunen Tasche aufbewahrt. Er trank Cola aus der Flasche und proste dem Vater in der Tasche zu. Er erzählte mir alle diese Geschichten. Er selbst hat seine Heimat nicht verlassen. Nur einmal, gab er verschämt zu, sei er mit dem Vater nach Kaiserslautern in die Pfalz gefahren. Dann kam er auf einmal nicht mehr. Seitdem habe ich diesen ungewöhnlichen geistig Behinderten nicht mehr gesehen.

Unter den bizarren Kiosk-Gästen nimmt zweifelsfrei Herr Isidor Schwarzbrot den ersten Platz ein, er war der exotischste Kunde, den ich jemals hatte. Schwarzbrot wurde zehn Jahre vor dem zweiten Weltkrieg geboren. Seine Mutter war eine deutsche Putzfrau. Irgendwann und irgendwo lernte sie einen Mann namens Schwarzbrot kennen, mit dem sie einige schöne Stunden verbrachte. Als sie merkte, dass sie schwanger war, zwang sie den Betthelden, sie zu ehelichen. Dieser nicht besonders intelligente Schuhverkäufer jüdischen Glaubens tat, worum er gebeten wurde, und verschwand danach auf Nimmerwiedersehen. Die drei Brüder der Frau waren alle bei der NSDAP. Sie wollten mit der Schwester nichts zu tun haben, die auf so peinliche Weise den guten Namen der Familie Pinke besudelt hatte. Nur der Vater, ein alter SS-Kämpfer, ließ die Tochter nicht im Stich. Er sorgte für den »Judenjungen«, schickte ihn zur Schule und vermittelte ihm die edlen germanischen Werte. So wurde aus ihm ein prima Hitlerjunge. Der Mann verbot allen, auf die jüdische Abstammung seines Enkels hinzuweisen, und lehrte diesen den Hass auf die Juden. Als der Krieg zu Ende war und das Tausendjährige Reich in

Schutt und Asche lag, half der kleine Isidor beim Aufräumen der Kriegsruinen. Während der Räumung eines Hauses in der Altstadt fiel er in eine Grube. Man diagnostizierte eine schwere Gehirnerschütterung, von der ein dauerhafter Schaden zurückblieb. Nach der Entlassung aus dem Krankenhaus lebte er bei der Mama und machte die Schule zu Ende. Seine drei Onkel wurden nach dem Krieg Beamte in verschiedenen Ämtern, der Opa eröffnete einen Getränkegroßhandel. Nach der Schule machte Isidor eine Lehre als Verwaltungsangestellter, später wurde er in den Beamtenstand erhoben.

Mitte der fünfziger Jahre tauchte plötzlich sein Vater auf, der den Krieg in London überstanden hatte. In Frankfurt besuchte er seine ihm noch immer angetraute Ehefrau, die ihn aber aus der Wohnung warf. Der junge Mann freute sich, seinen Vater kennenzulernen, zugleich schämte er sich jedoch, mit einem Juden gesehen zu werden. Der Vater fuhr zurück nach London, wo er als Gärtner arbeitete, und die Mutter heiratete einige Monate später den Metzger Jonas. Dann starb der Vater und Isidor erbte eine größere Summe, mit der er sich im Reuterweg eine Zweizimmerwohnung kaufte. Durch dieses Ereignis begann er sich für die Familie des Vaters und für das Judentum zu interessieren. Der Bruder seines Vaters und dessen Gattin waren in Birkenau ermordet worden, die Eltern waren noch vor dem Krieg gestorben. Obwohl Isidor nicht rechnen konnte, fand man im Bundesrechnungshof für ihn einen Platz, wo er irgendwelche Rechnungen überprüfte. Es handelte sich um eine langweilige und unnütze Arbeit, Isidor Schwarzbrot musste nur die Stunden an seinem Schreibtisch aussitzen, keiner kontrollierte ihn. Im Alter von sechsundzwanzig Jahren begegnete er Trude, mit der er eine Affäre hatte. Einige Male trafen sie sich noch, dann befand Isidor, dass seine Partnerin verrückt sei, und beendete kurzerhand die Beziehung. Mit dreißig besuchte er zum ersten Mal eine Synagoge. Die Synagoge in der Freiherr-von-Stein-Straße gefiel ihm sehr. Er offenbarte sich dem Rabbi, der ihm versprach, er könne kommen, wann immer er wolle, ganz ohne Zwang. Er nahm Mahlzeiten für Bedürftige an, die jeden Freitag nach dem Gebet angeboten wurden. So lernte er viele Menschen kennen, mit denen er aß, trank und Freundschaft schloss. Dort traf er auch eine reiche Witwe, mit der er fast zwei Jahre zusammenlebte. Es war eine eher lockere Beziehung, denn beide wollten sich nicht fest binden.

Schwarzbrot fühlte sich einmal wie ein Jude, dann wieder wie ein Christ. Diese verworrene Lage lähmte seine Gedanken und trug am Ende zu einer schweren Identitätskrise bei. Eines Tages führten seine kranke Seele und sein überlastetes Hirn zu einem gewaltigen Ausbruch. Während seines Dienstes beim Bundesrechnungshof rastete Isidor aus. Er machte das Fenster auf und schmiss hintereinander die Rechenmaschine, alle greifbaren Stempel, Unmengen an Formularen und Schreibutensilien hinaus auf die Straße. Dann warf er seinen Stuhl hinterher und verließ gelassen und ruhigen Schrittes seinen Arbeitsplatz. Man lieferte ihn in eine geschlossene Heilanstalt ein, erst nach Jahren wurde er in die offene Psychiatrie verlegt. Schließlich durfte er nach Hause, aber er galt als arbeitsunfähig. Er bekam einen Schwerbehindertenausweis, seitdem durfte er umsonst die öffentlichen Verkehrsmittel benutzen. Außerdem erhielt er eine nette Pension und fortan nutzte er seine freie Zeit zur Weiterbildung, indem er Bibliotheken besuchte und sich das dort vorhandene Wissen aneignete. Ich schätzte seine Belesenheit, seine Intelligenz, seinen Humor und die Fähigkeit zur Selbstkritik. Wenn er aber zu spinnen begann, musste man ihn in die Gegenwart zurückholen. Dann sagte er sinngemäß, er sei doch verrückt, er dürfe spinnen, er sei schließlich ein Produkt dieser Gesellschaft. Einmal in der Woche musste er bei einem Nervenarzt, der in Nähe des Kioskes seine Praxis hatte, vorstellig werden. Dort bekam er Tabletten gegen seine Krankheit verschrieben. Isidors Beschreibungen von dem Psychiater und dessen Frau hätten auch von einem Berufspsychologen stammen können. Er sagte das Scheitern der Ehe des Doktors vorher, was nach einem Jahr auch geschah. Er frage sich manchmal, wer hier der psychisch Kranke und wer der Seelendoktor sei, meinte er. Und als dieser einmal wegen einer Lappalie ausrastete, da empfahl ihm Herr Schwarzbrot, er solle die ihm verschriebenen Tabletten selbst einnehmen.

Eines Tages verschwand Isidor Schwarzbrot auf Nimmerwiedersehen. Nach Jahren erfuhr ich durch eine Bekannte, die in einem Pflegeheim arbeitete, dass Herr Schwarzbrot dort seine vorletzte Ruhestätte gefunden hatte. Er war und blieb ein Außenseiter in unserer Gesellschaft – wie alle die Personen, die mittellos, obdachlos und hilflos umherirrten und zufällig den Weg in meinen Kiosk fanden. Dafür danke ich ihnen.

Der bö(h)se Onkel

Manchmal beschert mir das Schicksal die merkwürdigsten Kunden. Mit vielen unterschiedlichen Biografien wurde ich konfrontiert, an unzähligen Lebensgeschichten nahm ich teil, das Leben bringt die verschiedensten Charaktere hervor. Die Menschen entpuppen sich als nette oder weniger nette Zeitgenossen, als helle oder weniger helle Köpfe, als Intelligenzbestien oder als einfältige Mitläufer. Die einzelnen Typen können so unterschiedlich auf eine Begebenheit reagieren, wie es Menschen nur tun können. Signore Pavarotti kaufte italienische Zeitungen und sagte nur »Prego« und »Grazie«. Hannelore Elsner wollte wissen, wie es mir geht, die Oberbürgermeisterin fragte: »Ist alles okay?« Bernd Hölzenbein musste man seine Sätze fast schon abkaufen, während Rainer Maria Fassbinder in regelrechte Tiraden ausbrach. Michael Ballhaus erzählte gerne von seiner Familie und Marika Kilius von den alten Zeiten. Ein Spieler der Frankfurter Eintracht namens Matthias Lehmann, von mir gefragt, ob er sich schon in der Mainmetropole eingelebt habe, antwortete nach kurzer Bedenkzeit, er spiele jetzt für Frankfurt. Verständigungsschwierigkeiten lassen sich ausräumen. Bei Mario Adorf, der neben dem Kiosk den »Schattenmann« drehte, hatte ich keine. Außer einem kurzen »Hallo« blieb er stumm. Das »Bitte einen *Spiegel*« von Elmar Gunsch klang dafür wie Musik in meinen Ohren.

Eines Tages bekam ich Besuch von einigen schon in die Jahre gekommenen Herren, die alle Fliegerjacken trugen und sich nur schwer auf den Beinen halten konnten. Einer von ihnen, der auf dem Rücken der Jacke einen kleinen Totenkopf spazieren trug, kaufte mehrere Dosen Bier und kleine Flaschen mit Wodka. Die Gruppe setzte sich auf die in der Nähe des Kioskes stehende Bank und konsumierte das Erstandene. Mir fiel auf, dass plötzlich mehrere junge und nicht mehr so junge Menschen diese Männer in Gespräche verwickelten und ihnen ihre nackten Arme, Beine und andere Körperteile präsentierten. Wozu? Nun, die Männer in den Fliegerjacken schrieben Autogramme darauf.

Einige Wochen später fand sich einer von ihnen erneut in meinem Verkaufsraum ein. Er interessierte sich für die Wirtschaftspresse und hier insbesondere für Finanzmagazine. Er blätterte alles durch und hielt schließlich fast alle Wirtschaftsblätter unterm Arm. Ich bot ihm einen Stuhl an, damit er sitzen konnte, aber er machte es sich auf dem kalten Boden bequem, die Zeitschriften legte er neben sich. Er verlangte nach Jack Daniels und Cola, trank und studierte die Presse. Er wollte mir etwas erklären, brachte aber nur ein unverständliches Lallen zustande. Als er die Lektüre durch hatte, half ich ihm aufzustehen. Zu meiner Überraschung kaufte er alle diese Zeitschriften. Sein Weg führte ihn danach wieder zu der Bank, und wie beim ersten Mal war er plötzlich von Menschen umringt, darunter auch ältere Jahrgänge. Alle wollten von ihm anscheinend ein Autogramm haben. Dieser vom Drogen- und Alkoholkonsum gezeichnete Mitbürger musste wohl prominent sein. Als der Umschwärmte im Tiefgeschoss der Hauptwache verschwunden und der Trubel endlich vorüber war, kamen einige der Enthusiasten, um Zigaretten zu kaufen. Ich fragte einen jungen Mann in schwarzer Lederjacke, wer der Umjubelte sei. Der Angesprochene lächelte milde über meine Unwissenheit und erklärte fast feierlich, das sei der Kevin. Damit konnte ich jedoch nichts anfangen, also fragte ich nach dem Nachnamen dieses Kevins. Da geriet der gute Mann ins Schleudern. Ein anderer wusste es besser: Dieser Mann heiße Kevin Russell und sei Leadsänger einer Musikgruppe, die sich »Böhse Onkelz« nenne. Endlich klingelte es bei mir. War das nicht die Band, der man rechtsradikale Tendenzen nachsagte? Soviel ich wusste, war sie früher eine Punkband gewesen, dann wurde sie ein Idol der Skinheads und Neonazis. Der junge Mann klärte mich auf. Er beteuerte, die Gruppe habe sich gewandelt, sie nehme nachdrücklich Stellung gegen Rechtsextremismus. Sie konzentriere sich auf die Musik und habe nur ein Problem, und das sei hausgemacht, nämlich Kevin Russell. Der Leadsänger nehme harte Drogen, besaufe sich dauernd und mache das Image der Band wieder kaputt. Nach Darstellung des jungen Fans kämen die Konzertbesucher jetzt nur noch wegen der Musik. Heavy-Metal-Anhänger und Hardrock-Liebhaber kämen hier auf ihre Kosten, von politischen Äußerungen nehme die Gruppe Abstand. Vielleicht mischten sich während der Konzerte unter die friedliebenden Zuschauer auch politisch motivierte braune »Elemente«, aber diese seien in der Minderheit und hätten nichts zu sagen. Man komme zu den Bandkonzerten ausschließlich wegen der »geilen« Musik, und außerdem sei es in diesem Staat schließlich noch erlaubt, konservativ zu sein. Nach dieser ausführlichen Aufklärung war ich also auf dem Laufenden.

Seit diesem Tag kamen immer wieder Fans, um ihrem Idol vielleicht zu begegnen. Und als Kevin endlich kam, da waren seine Anhänger nicht da. An diesem Tag war er nicht ganz im Rausch, er zeigte menschliche Züge und ihm entkam sogar ein »Hallo«. Zu meiner Überraschung war er imstande, mit mir eine Unterhaltung zu führen. Er bestellte eine Stange *Roth-Händle* mit Filter, eine Marke aus dem Schwarzwald, die sich auf dem absteigenden Ast befand, genauso wie der Raucher selbst. Der Sänger lallte nicht mehr und wir kamen auf die Themen Wirtschaft und Finanzen zu sprechen. Dann gingen wir zur Kultur über. Ich übte Kritik an der politischen Ausrichtung der Band, mein Gegenpart wies das zurück und erklärte, die Liedtexte seien zwar sozialkritisch, aber ohne eine bestimmte politische Richtung anzusprechen. Am Anfang habe man nur Punkmusik machen wollen, habe aber verschiedene Aspekte unterschätzt, die allmählich die rechte Szene anzogen. Man habe die erstarrte und ideenlose Gesellschaft provozieren und etwas bewegen wollen. Ich erwähnte, dass solche Provokationen sehr gefährlich sein könnten, denn sie begeisterten die deutsche und europäische Neonazi-Szene. Diese wie auch jede andere Szene brauche Idole, Leitfiguren, an denen sie sich ausrichten könne. Diese Aufgabe sei dann seiner Band zugefallen. Er erwiderte, seine Band sei eine konservative Gruppe, die sich in die Herzen der Punk- und Heavy-Metal-Fans gespielt habe. Die Texte der ersten Lieder seien dumm und provokant gewesen, aber das sei lange her. Dann winkte er ab und ließ das Gespräch darauf beruhen.

Das nächste Mal erschien er wieder mit den übrigen Bandmitgliedern im Kiosk. Bei Bier und härteren Getränken drehten sich die Gespräche um verschiedene Themen, insbesondere aber ging es um das Versagen des Staates in allen möglichen Belangen. Diese an sich netten Jungs waren allesamt kaputte Typen, deren Leben aus Drogenkonsum, Saufen und Huren bestand. Ihre Hirne arbeiteten auf langsameren Touren als normal, ihre politische Ausrichtung würde ich als »erzkonservativ« bezeichnen.

Plötzlich war der Kiosk voll von Fans der Band, die aus allen Richtungen herkamen. Woher sie wussten, dass sich ihre Idole bei mir eingefunden hatten, wird wohl für immer ein Geheimnis bleiben. Sie standen in kleinen Grüppchen draußen, während ihre Vorbilder im Kiosk geduldig Autogramme schrieben. Dann wurde es Kevin und seinen Kollegen zu bunt und sie verließen fast fluchtartig den Ort. Seitdem tauchten regelmäßig Fans auf, um ihre Helden zu sehen. Es war absurd und irrwitzig: Der Kiosk als Ersatzkultstätte für »Böhse Onkelz«-Fans.

Der Leadsänger kam noch einige Male, um Zigaretten, Bier und Finanzzeitschriften zu kaufen. Wir unterhielten uns über Gott und die Welt, manchmal war die Kommunikation durch seinen Alkohol- und Drogenkonsum erschwert, manchmal gab er mir verwirrende Antworten oder verstand meine Fragen nicht. Dann gab es den furchtbaren Verkehrsunfall, den er im Drogenrausch verursachte. Er wurde angeklagt und verurteilt. Ich habe ihn seither nicht mehr gesehen. Nur seine Fans kommen immer noch zum Kiosk, aber es werden mit jedem Tag weniger. Einige Hartgesottene kommen immer wieder, treffen hier auf andere versprengte Fans und fragen mich zum tausendsten Mal, ob jemand von der Band vorbeigeschaut habe. Manche von ihnen kenne ich inzwischen gut, sie kaufen einige Kleinigkeiten, versammeln sich in Kiosknähe und fachsimpeln über die Band, die die Gemüter erhitzte wie keine andere in jüngerer Zeit.

Die müde Kämpferin

Seit einiger Zeit kauft eine nette ältere Dame Tageszeitungen bei mir. Sie bevorzugt die *Süddeutsche Zeitung*, die *Frankfurter Rundschau* und die *Tageszeitung*. Sie kauft diese Presseerzeugnisse nicht regelmäßig, nur ab und zu, wenn sie bei Kasse ist und ihr Geldbeutel es zulässt. Sie ist klein, ein wenig untersetzt, das Haar grau und ungepflegt. Den Großteil ihrer Zähne hat sie verloren, für eine Prothese oder gar Implantate hat das Geld nie gereicht. Sie unterhält sich gern mit anderen Kunden, insbesondere mit dem »Kommunisten« und mit Alfred, dem Freund des Kunstmalers Roy. Aus ihren Konversationen konnte ich entnehmen, dass die drei sich gut kennen. Zu meinem Erstaunen erfuhr ich, das alle drei häufige Besucher der Frankfurter Tafel sind. Sie wissen auch genau, welche karitativen Institutionen Gratisessen servieren. Die zahnlose Dame ist eine gebildete Person, die zu allen Themen, die die Welt bewegen, eine Meinung hat und diese auch kundtut. Ihr Lispeln hat etwas Ergreifendes in sich. Obwohl sie ständig lächelt, wirkt sie traurig und müde. Ihre Mimik spiegelt ihr psychisches Befinden, manchmal zucken ihre Gesichtszüge, manchmal ein Auge. Ihre Augen sind so grau wie ihre ganze Erscheinung. Man könnte sie auf der Straße glatt übersehen. Ihr müder Blick kreist über unsere Gesichter, streift die Lottotheke und bleibt bei den politischen Zeitschriften hängen. Dabei erhellt sich ihr Blick, ihre Augen bekommen Glanz und beginnen zu strahlen. Und plötzlich sieht man die Dame in einem ganz anderen Licht.

Und jetzt weiß ich auf einmal, woher ich diese strahlenden Augen kenne. Das sind die grauen Augen, die, wenn sie einmal zu glänzen beginnen, nicht mehr aufzuhalten sind. Die Bilder aus der Vergangenheit laufen durch meinen Kopf. Es ist Anfang der siebziger Jahre: die Jugendrevolte, die Studentendemos, der Aufstand gegen die Ewiggestrigen im Staat, gegen die nicht verarbeitete Geschichte. Die Staatsmacht gegen die Zukunft des Landes.

Viele Studentinnen und Studenten kämpfen gegen den verkrusteten Staatsapparat. Die Polizei verkörpert die verhasste Obrigkeit, sie schützt den Staat vor ihren eigenen Bürgern und wird deshalb zum bekämpften Feind. Die Polizei knüppelt zurück und trifft die Demonstranten hart, es gibt kein Erbarmen. Dies stößt auf verbissenen, noch härteren Widerstand. Gewalt erzeugt Gegengewalt. Dies ist nicht die Zeit, um Kompromisse zu machen. Auch in der Nähe des Kioskes versammeln sich Demonstranten. Junge Mädchen und Burschen, eine bunte Mischung aus Aktivisten, Kämpfern, politisch Engagierten und Neugierigen. Unter ihnen ein rothaariges Mädchen von kleiner Statur. Die junge Frau trägt ein weißes Hemd über der verwaschenen Jeans. Ihr Blick ist fest und hart, zu Kompromissen nicht aufgelegt. Fast alle Demonstranten tragen Turnschuhe, die besseren Halt beim Laufen bieten. Das ist der Beginn der späteren »Turnschuhgeneration«.

Immer neue Demonstranten und mehr Polizistentrupps bevölkern den Platz. Das zierliche Mädchen ist eine resolute Aktivistin. Es ruft Parolen gegen die Kapitalisten, die das Volk ausbeuten, und gegen die Staatsmacht, die die Ausbeuter schützt und sich von ihnen gängeln lässt. Als die Demonstranten von der Polizei mit Wasserwerfern angegriffen werden, kämpft das Mädchen in der ersten Reihe. Das rote Haar trieft, es ist durchnässt vom gefärbten Wasser. Die Demonstranten fliehen vor den Polizeiknüppeln, sie werden von den Wasserwerfern nicht nur nass gespritzt, sondern durch die Druckwelle auch umgeworfen. Das rothaarige Mädchen liegt auf dem Boden vor meinem Kiosk und hat keine Chance, den Polizeiknüppeln zu entgehen. Es wird nach allen Regeln der Schlagstockkunst bearbeitet. Irgendwann herrscht wieder Ruhe. Die Demonstranten verlassen den Kampfplatz, die Staatsmacht zieht ab. Das auf dem Straßenpflaster sichtbare Blut wurde durch das Wasser fast vollständig weggespült. Der Platz leert sich langsam, die ersten Kunden erscheinen in der Tür, kaufen Zeitungen und Zigaretten. Nach einiger Zeit deutet nichts mehr auf die Vorkommnisse hin, die hier stattfanden.

Dem rothaarigen Mädchen begegnete ich eines Tages bei einer Veranstaltung an der Frankfurter Universität wieder. Die junge Frau sprach zu den Kommilitonen, erläuterte künftige Einsatzpläne, wählte ihre Worte mit Bedacht. Sie verteidigte die Anliegen der Studenten und griff den Staat und seine Sicherheitsorgane scharf an. Sie versprach, man werde so lange weitermachen, bis die Regierenden auf die Forderungen der Demonstranten eingehen würden. Es sei wichtig, sich für mehr Solidarität unter den bundesdeutschen Bürgern, für eine bessere Zukunft der Menschen einzusetzen. Die Macht gehöre in die Hände des Volkes und müsse dem Kapital entrissen werden. Dafür lohne es sich zu kämpfen. Die rothaarige Aktivistin kämpfte für schon längst vergessene Ideale, für Brüderlichkeit, Freiheit und Solidarität mit den Unterdrückten. Sie kämpfte für Gerechtigkeit und für die Umverteilung der Güter und des Geldes.

Noch ein Mal sah ich das Mädchen in der Nähe eines besetzten Hauses im Frankfurter Westend. Das Haus wurde okkupiert, um auf die Ausbeutung der Massen durch das Kapital hinzuweisen und um den Grundstücksspekulanten entgegenzutreten. Auf den vor dem Haus hängenden Plakaten solidarisierte man sich mit den Unterdrückten dieser Welt sowie den sozialistischen Regierungen Kubas, Vietnams, Chinas und Nordkoreas wie auch mit dem »entrechteten Volk in Palästina«. Die USA wurden als illegitimer Weltpolizist bezeichnet, die Bundesrepublik Deutschland als deren Vasall. Aus einiger Entfernung beobachtete die Polizei die Szenerie.

Die kleine Dame mit dem grauen Haar blättert in der *Emma* und in *Konkret*. Ich frage mich, warum aus der damaligen hübschen Aktivistin eine gebrochene Frau wurde. Nichts an ihr erinnert mehr an das mutige Mädchen, das es mit dem Staat aufnahm. Nur langsam, Schritt um Schritt, komme ich ins Gespräch mit ihr und versuche sie in eine Konversation, in einen Disput einzubinden. Bis sie mir vertraut und offen mit mir redet, vergeht sehr viel Zeit. Zwischendurch wird sie in eine Klinik eingewiesen, es ist eine Einrichtung für psychisch labile Menschen. Als sie danach den Kiosk wieder aufsucht, gewährt sie mir Zeit, um sie zu befragen. Wir treffen uns in einem Café am Mainufer. Sie ist immer noch eine resolute Frau, sehr gebildet, sie benutzt eine kultivierte Sprache, aber sie ist innerlich gebrochen.

Es war klar, dass die Macht irgendwann zurückschlagen würde. Man wartete nur auf den richtigen Augenblick. Und als dieser kam, da hatte das Mädchen nichts zu lachen. Bei einer Auseinandersetzung im Häuserkampf erlitt sie eine Gehirnerschütterung und verbrachte einige Tage im Krankenhaus. Als sie dachte, der Spuk sei endlich vorbei, wurde sie festgenommen und verhört. Man warf ihr die Anstiftung zu illegalen Aktionen und nicht genehmigten Demonstrationen sowie Widerstand gegen die Staatsgewalt vor. Nur die Anklage der Unterstützung einer kriminellen Vereinigung wurde fallen gelassen. Sie wurde zu drei Jahren Haft verurteilt und musste auch die volle Strafe absitzen. Sie ging als eine unbeugsame Kämpferin ins Gefängnis und kehrte als gebrochene Frau zurück. Das ständige Erleben der eigenen Ohnmacht machte sie mürbe. Irgendwann gab sie sich geschlagen, ergab sich ihrem Schicksal. Bis heute glaubt sie an die Ideale der vergangenen Tage, lernte aber zu differenzieren. Auch der Weg, den sie damals wählte, erscheint ihr heute als ungeeignet, die Probleme der Zeit zu lösen. Ihre damalige Radikalität wurde mit der Zeit von vorsichtiger Vernunft abgelöst. »Ich betrachte heute die Dinge aus einem anderen Blickwinkel, eher unaufgeregt. Mit dem Alter wird man ruhiger, man kann besser differenzieren. Man hält die Dinge schön auseinander, lässt sich nicht mehr von Gefühlen führen, die Betrachtungswinkel ändern sich«, meinte sie.

Zurück in Freiheit, fand sie keine Freunde mehr. Die neue Generation war sehr radikalisiert, kein Fall für sie. Als Vorbestrafte fand sie keinen Job. Eine kirchliche Einrichtung wollte ihr eine Chance geben, wurde aber von den Vorgesetzten zurückgepfiffen. Die Mitdemonstranten und ehemaligen Kommilitonen versuchten in der freien Wirtschaft Fuß zu fassen und waren an den früheren Bekanntschaften nicht länger interessiert. Sie kam mit dem Leben nicht mehr zurecht, ließ sich gehen, trank Alkohol und nahm Drogen. Der Alkoholsucht war sie dann jahrelang verfallen. Die Männerbekanntschaften wechselte sie schneller als ihre Kleider. Das schöne, selbstbewusste, aparte Mädchen existierte nur noch in den Erinnerungen. Manchmal, wenn sie keine Schlafstelle fand, nächtigte sie in schäbigen Unterkünften, in Obdachlosenheimen, auf Parkbänken oder unter Brücken. Nach fast einem Jahrzehnt dieses Hundelebens gelang ihr eine Metamorphose. Sie kehrte ins bürgerliche Leben zurück, meldete sich beim Sozialamt, dem Arbeitsamt und anderen Einrichtungen. Sie arbeitete einige Zeit als Reinemachefrau in einer Behörde, deren Chef ihr früherer Kampfgenosse war, wechselte zu einem Versandhaus, wo sie Pakete fertig machte, und schließlich zu einer Kosmetikfirma, wo sie die Waren für den Versand zusammenstellte. Es war leider nur ein kurzes Intermezzo. Sie wurde zum Dauergast des Sozialamtes, bekam von der Stadt eine Einzimmerwohnung in einem Mehrfamilienhaus im Stadtteil Bornheim bezahlt. Jemand schenkte ihr ein ausrangiertes Fahrrad, mit dem sie in die Innenstadt fährt. Ihre Mahlzeiten nimmt sie in den verschiedenen sozialen Einrichtungen ein. Ihre Weiterbildung betreibt sie in der Stadtbibliothek oder im Bücherhaus Hugendubel. Nach der Lektüre kommt sie zu mir, um Zeitungen zu kaufen oder um Gespräche zu führen.

Meistens trifft sie hier meine anderen Dauergäste, darunter ein ehemaliger Sozialarbeiter, den ich wegen seiner linken Ansichten den »Kommunisten« nenne, obwohl er vom Kommunismus so weit entfernt ist wie hessische Fußballmannschaften von der deutschen Meisterschaft. Hier trifft er auf den »Löwen von Weimar«, einen Rentner mit großen philosophischen und politischen Kenntnissen und einem besonderen Charisma. Auch sein Herz schlägt eher links, er bezeichnet aber den »Kommunisten« als einen unverbesserlichen Träumer. Diese beiden nehmen ihre Mahlzeiten ebenfalls bei der Frankfurter Tafel ein. Die zwei Herren und meine Wenigkeit scheinen die wohl besten, weil einzigen Freunde der Dame zu sein, die gegen die Ungerechtigkeit kämpfte und am Ende selbst ihr Opfer wurde. Immer wenn sie zu mir in den Kiosk kommt, begrüße ich sie mit einem kostenfreien Kaffee und sehe vor mir ein zierliches, rothaariges Mädchen in weißem Hemd und verwaschenen Jeans.

Der »Kommunist«

Der »Kommunist« ist gar kein Kommunist. Auch hegt nicht er den Anspruch, sich so zu nennen. Er ist ein Linker, obwohl er auch problemlos ein Rechter hätte werden können. Was ihn auszeichnet, ist seine Radikalität oder das, was er dafür hält. Er ist eigentlich ein kleiner Opportunist, der halb mit dem Herzen, aber nur einem Viertel seines Verstandes bei der Sache zu sein scheint. Er wettert gegen die Ungerechtigkeit im Leben, verdammt die Reichen für ihren Reichtum und die Armen für ihre Unbeholfenheit. Er ist mein Kunde aus Überzeugung und meint, dass auch ich eines Tages zur Armee der träumenden Kämpfer stoßen werde. Von Beruf ist er Soziologe, arbeitet aber schon lange nicht mehr auf diesem Gebiet. Er bekam eine Anstellung als Sozialarbeiter bei einer kirchlichen Organisation. Es war schon komisch, bei einer Organisation angestellt zu sein, die man früher vehement bekämpft hatte. Den Posten verschaffte ihm ein früherer Straßenkämpfer, ein Bilderbuchanarchist, gefürchteter Kommunarde und einer, der sich für die Abschaffung aller kirchlichen Institutionen eingesetzt hatte. Mit der Zeit wurde er ruhiger und versöhnlicher. Seine Metamorphose war so umfassend, dass er in leitender Position bei der von ihm früher so gehassten Kirche landete.

Unser »Kommunist«, der keiner ist, kauft immer das ehemalige SED-Jugendblatt *Junge Welt*. Diese Postille wurde mit der Zeit zu seiner Bibel. Er lobt das Konzept des Blattes und die Unerschrockenheit, Dinge beim Namen zu nennen. Die Wahrheit der *Jungen Welt* ist für ihn die einzige und nicht anfechtbar. Weder die *FAZ* noch die *Frankfurter Rundschau* oder die *Taz* können mit dem kleinen Bruder vom *Neuen Deutschland* konkurrieren. Deren Wahrheit hält er für eine Lüge, sie verbreiten nach seiner Ansicht gezielt falsche Informationen, betrügen das Volk und dienen dem internationalen Kapital. Das weltumspannende Kapital regiere heimlich unseren Erdball. Durch Helfershelfer sei es überall präsent. Es zettele Konterrevolutionen in der Dritten Welt an, organisiere Militärputsche, bringe ihm genehme Karikaturen an die Macht, die das eigene Volk ausbeuten.

Wer hinter dem »internationalen Kapital« stehe, wollte ich von ihm wissen. Die Antwort lautete: »Die Amerikaner durch ihre CIA, die internationalen Großkonzerne, die Syndikate und die Juden.«

Auf meine Frage, warum das so sei, antwortete er, das sei eben so und werde sich auch nicht ändern. Die *Junge Welt* packe Themen an, die die bürgerliche Presse nie ansprechen würde. Für diese Zeitung – wie auch für meinen Gesprächspartner – ist der Iran und seine islamitische Regierung ein friedliebender Staat, Syrien ein demokratisches Staatswesen und Wladimir Putin ein echter Demokrat. Michail Chodorkowski wird als ein kapitalistischer Agent betrachtet, der Russland von innen zerstören will, Hisbollah und Hamas gelten als patriotische Freiheitsbewegungen und nicht als fundamentalistische Terrorgruppen. Nordkorea wird als ein fortschrittlicher, von der kapitalistischen Welt isolierter Staat dargestellt, dessen Führer um den Weltfrieden kämpft. Je nach propagandistischem Bedarf werden die Taliban als revolutionäre Kämpfer oder auch als gottesfürchtige islamische Fundamentalisten gezeichnet. Israel wird dagegen der Aggression gegen fast die ganze Welt bezichtigt und als ein theokratisches Staatswesen beschrieben, welches insbesondere die arabischen Demokratien des Nahen Ostens gefährdet. Unser Mann liest diese Zeitung von A bis Z, anschließend sucht er jemanden, der ihm deren »einzige Wahrheit« bestätigt.

Ich machte mir eines Tages die Mühe und verglich die linken Parolen dieser Zeitung mit einem Blatt aus der rechten Szene. Sehr viel Unterschiedliches war da nicht herauszulesen. In beiden Postillen wurde das Kapital angeprangert. Die Macht der Weltkonzerne müsse gebrochen werden. Die deutschen Politiker seien alle Lakaien und Marionetten der internationalen Strippenzieher. Diese säßen in New York und Tel Aviv. Die Arbeiterschaft in unserem Land werde brutal ausgebeutet, die Gewerkschaften hätten keine Kraft, sich dagegen zu wehren, oder seien von der Gegenseite unterwandert. Das Volk blute langsam aus, während die Herrschenden sich goldene Nasen verdienten. Es sei Zeit aufzuwachen. Es sei an der Zeit, Gegenmaßnahmen einzuleiten. Das Volk, die Arbeiterschaft müsse sich erheben und die Knechtschaft der fremden Mächte und ihrer deutschen Helfer beenden. Die Konzerne würden die Löhne und Gehälter drücken, unsagbare Profite machen und die Gewinne ins Ausland schaffen. Fazit: Die Deutschen seien nicht mehr Herr im eigenen Haus.

Ich zeigte meinem Gesprächspartner das andere, national aufgemachte Blatt, ohne ihn den Titel sehen zu lassen. Nach einigen Minuten des Studierens meinte er, dass hier viel Wahres beschrieben werde und er zustimme, dass der Deutsche sich nicht alles gefallen lassen dürfe. Er war fast entzückt über die Beschreibung des ausländischen Kapitals und der Unterdrückung der deutschen Arbeiterschaft. Auch für die Solidaritätsbekundungen mit dem palästinensischen Volk und dem Iran fand er warme Worte. »Fast wie meine Zeitung«, urteilte er. Er dachte zuerst, dies wäre eine neue linke Zeitung. Als er die Wahrheit erfuhr, meinte er schlagfertig, die Rechten würden versuchen, mit linken Inhalten Punkte zu sammeln. Dann war er erst einmal bedient.

Hoffentlich merkte er, wie nahe sich das Gedankengut der Linken und der Rechten in seiner extremen Ausprägung ist. Die beiden Seiten sind austauschbar. Das beste Beispiel, wie schmal dieser Grat ist, zeigt sich am Beispiel Horst Mahler. Der ehemalige Kommunarde, Klassenkämpfer und Anwalt der Entrechteten wurde über Nacht zum rechtsradikalen Denker und Nazi. Nationalen Stolz hatte er schon immer, die Juden hasste er schon früher, nur der Fremdenhass kam neu hinzu. Einmal veranstaltete dieser Volksverhetzer vor der Börse ein Meeting seiner gleichgesinnten Kameraden. Als er im Kiosk auftauchte, um irgendetwas zu kaufen, fragte ich ihn, wie man als überzeugter Linker so einfach zum rechten Lager wechseln kann. Er lächelte sarkastisch und erwiderte sinngemäß, dass das Leben eine ständige Evolution sei. Jeder Mensch habe das Recht, Fehler zu machen und sie dann zu korrigieren. Das sei in der Politik gang und gäbe. Damit verschwand er wieder zu seiner Gruppe.

Ich bin sicher, dass auch unser »Kommunist« und *Junge Welt*-Leser ganz schnell und ohne Gewissensbisse die Barrikaden wechseln könnte. Es ist zwar nicht meine Aufgabe, ihn vor diesem möglichen Schritt zu warnen, aber ich kann nicht einfach nur seine inneren Kämpfe beobachten, ohne zu reagieren. So versuche ich, ihn durch Gespräche ein wenig von allzu radikalem Gedankengut zu entfernen. Er erzählt mir viel von seiner Arbeit mit schwierigen jungen Menschen, von seinen Bemühungen, Drogenabhängigen aus der Sucht zu helfen. Er ist fürwahr ein guter Mensch mit einem sozialen Herzen. Ich setze auf die Diskussionen, die Alfred und die alte Kämpferin mit ihm führen. Durch sie begann er sogar, ab und zu die *Taz* zu lesen. Viele seiner Meinung nach interessante Zeitungsartikel kopiert er an seinem Arbeitsplatz und verteilt sie an gute Bekannte und Freunde, zu denen er auch meine Wenigkeit zählen darf. Mein häufiger Gast, der neben dem Kauf seines Kampfblattes meist noch einen schwarzen Kaffee zu sich nimmt und gerne mit mir debattiert, ist ein sehr gefährdeter Mensch, ein Reisender zwischen den Welten. Es bedarf nur eines einzigen falschen Schrittes, um die Seiten zu wechseln. Anstatt der *Jungen Welt* würde er dann die *Junge Freiheit* kaufen und lesen. Die Parolen würden sich nur um Nuancen unterscheiden, hätten aber einen braunen Anstrich. Noch ist es nicht so weit. Gut, dass es so viele Konjunktive gibt!

Conny & Ronny

Als der Eiserne Vorhang ganz durchlässig wurde und der »antifaschistische Wall« auseinanderbrach, da kamen die Bewohner der DDR in Scharen in das westliche Deutschland. Sie kamen zu Erkundungsbesuchen und auch, um das Begrüßungsgeld in Empfang zu nehmen. Der Westen musste immer wie ein Schlaraffenland für die leidgeprüften Ostdeutschen erscheinen, die nicht verstehen konnten, was die Geschichte ihnen angetan hatte. Als Erben der deutschen Kommunisten waren sie doch Verbündete der sozialistischen Länder, die den Krieg gewonnen hatten, während die feindlichen westlichen Brüder als Kriegsverlierer galten. Die vermeintlichen Sieger lebten mit wirtschaftlicher Knappheit, sie konnten Urlaub an der Ostsee machen und ein Vehikel aus Plastik lenken. Die »Verlierer« aber machten Urlaub auf Mallorca oder in Griechenland, fuhren hochentwickelte Autos und speisten in italienischen, spanischen, chinesischen oder griechischen Restaurants.

Die Reise in den Westen machten die ostdeutschen Besucher anfangs in Gruppen. Man konnte sie meistens an ihrer Kleidung erkennen, fast alle trugen sie Imitationen der westlichen Jeanshosen und -jacken. Später, als die erste Neugierde befriedigt war und die Menschen ihre neue Freiheit genießen konnten, stellten sie fest, dass sie ihr ganzes Leben in einem Staatsgefängnis verbracht hatten, bewacht und bespitzelt von den eigenen Verwandten und Bekannten. Sie lernten schnell, dass das echte Paradies nicht in Ostberlin oder Leipzig war, sondern hinter der bisher mit Stacheldraht und Schießanlagen abgesicherten Grenze. Viele verließen ihre Heimat und zogen ins neue Eldorado. Ein wahrer Exodus fand statt. Trabis waren plötzlich in jeder westdeutschen Stadt unterwegs, die Ostdeutschen wurden von einem Virus befallen, der Kaufwut hieß. Durch den merkwürdigen Eins-zu-eins-Umtausch von Ostmark gegen D-Mark konnten sie sich plötzlich viele Güter leisten. Die Tür zum (Einkaufs-)Paradies wurde weit geöffnet.

In dieser Zeit siedelten viele ehemalige DDR-Bürger in das Kernland der Bundesrepublik über. Die meisten flüchteten vor der Einöde und Hoffnungslosigkeit in ihrer Heimat, sie wollten ein neues Leben mit besseren Zukunftsaussichten beginnen.

Conny und Ronny kamen fast gleichzeitig nach Frankfurt. Die beiden schlossen sich unabhängig voneinander der Volkswanderung in den Westen an, um dem Verfall der Dörfer und Städte zu entkommen. Sie hatten die massenhafte Schließung der volkseigenen Betriebe erlebt und die dadurch entstandene Arbeitslosigkeit. Conny kam aus Mecklenburg, aus dem Städtchen Schwedt an der Oder, dicht an der polnischen Grenze gelegen. Sie war von ihrem Mann geschieden, das gemeinsame Kind blieb beim Vater, der bei der Volksarmee Berufssoldat war und nun bei der Bundeswehr seine Karriere fortsetzte. In Frankfurt fand Conny einen Job bei einer Wachfirma, die verschiedene Objekte vor unbefugtem Zugang schützte. Sicherheitsunternehmen und Wachfirmen schossen in dieser Zeit wie Pilze aus dem Boden. Nach einiger Zeit im Wachdienst wurde sie von ihrem Unternehmen als Empfangsdame an der Börse eingesetzt. Das war eine weise Entscheidung des Firmenmanagements, denn Conny war zwar nicht mehr die Jüngste, aber eine äußerst charmante und sehr weibliche Erscheinung. Sie war schlank, ihr blondes Haar fiel in einem gepflegten Schnitt bis auf die Schultern und sie war eine starke Persönlichkeit mit Durchsetzungsvermögen. Sie wandelte sich von einem Provinz-Mädel aus Ostpommern zu einer weltoffenen Dame in der Weltfinanzstadt Frankfurt und schaffte es, sich in dieser Umgebung durchzusetzen. Ihr Werdegang war typisch für jemanden, dem das Leben kaum etwas schenkt.

Conny war öfter bei mir im Kiosk, kaufte Zigaretten oder Frauenmagazine und spielte ab und zu Lotto. Bei diesen Gelegenheiten kamen wir ins Gespräch und ich erfuhr nach und nach Bruchstücke aus ihrem Leben. Sie erzählte vom grauen Alltag in der DDR, von der Tristesse einer Existenz in einem abgeschotteten Land. Ich erzählte ihr meinerseits von meinem Leben im fast ebenso abgeschotteten Polen, das sich in der misslichen Lage befand, zwischen zwei starken und angriffslustigen Nachbarn eingeklemmt zu sein.

Übrigens waren wir beide fast Nachbarn, nur auf verschiedenen Seiten der Grenze. Schwedt ist die letzte größere Ortschaft vor Stettin.

Conny ist eine resolute Frau und sie fand sich schnell in der westlichen Welt zurecht. Sie machte Karriere – nicht über Nacht und spontan, sondern etappenweise und mit Bedacht. Schritt für Schritt stieg sie die Karriereleiter empor. Sie wechselte zu einem Börsenmakler, der sie in seiner Firma als Sekretärin beschäftigte. Dann lernte sie einen Broker kennen, der sie zu seiner Ehefrau machte. So wurde sie fast über Nacht die Chefin einer großen Brokerfirma und ist es bis heute geblieben. Sie besucht mich immer noch, wir plaudern ein wenig, scherzen und dann geht sie wieder ihrer Arbeit nach. Ihr Wesen hat sich nicht verändert, sie ist stets freundlich, lächelt oft und ist ein netter Anblick.

Fast zur gleichen Zeit wie Conny begrüßte die Stadt am Main auch einen anderen Auswanderer aus den neuen Bundesländern. Ronny hatte vor der Wende in Staßfurt in Sachsen-Anhalt gelebt, wo er im Kalibergwerk seiner Geburtsstadt gearbeitet hatte. Dann entschloss er sich, wie viele andere ehemalige DDR-Bürger, sein Glück im westlichen Teil von Deutschland zu suchen. Frankfurt als Sitz der bedeutendsten deutschen und internationalen Geldinstitute und Stadt mit Deutschlands größtem Flughafen erschien dafür besonders geeignet, hier gab es gute Chancen, eine Arbeit zu finden. Auch Ronny begann bei einem Security-Unternehmen und wechselte später zu der gleichen Firma, bei der Conny angestellt war. So lernten sich die zwei »Flüchtlinge« in der Frankfurter Börse kennen. Im Schichtdienst bewachte er das Zentrum des deutschen und internationalen Finanzgeschehens. Bevor er seinen Dienst antrat, kam er zum Kiosk, um Zigaretten, eine Zeitung oder auch ein Getränk zu kaufen. Schnell gehörte er zu den »Freunden des Kioskes«. Ronny war ein netter Zeitgenosse, der nie negativ auffiel und durch sein positives Denken viele Freunde gewann. Leider verlor er sein Herz ausgerechnet an Conny, die nichts von ihm wissen wollte. Vom Liebeskummer geplagt, saß er im Kiosk und schüttete mir sein Herz aus. Ich versuchte ihn zu trösten und empfahl ihm, eine Frau zu suchen, die etwas für ihn empfinden würde. Er nahm sich meine Worte zu Herzen und eines

Tages präsentierte er mir ein Mädchen, das er in einer Diskothek in Darmstadt kennengelernt hatte.

Ronny entpuppte sich als ein Mann, der keine halben Sachen macht. Als er erfuhr, dass das Mädchen von ihm schwanger war, entschloss er sich kurzerhand, sie zu heiraten. Seine Braut stammte aus Polen, aus der oberschlesischen Stadt Gliwice, die früher Gleiwitz hieß. Zunächst wohnten sie zusammen in Ronnys Dienstwohnung in Frankfurt-Höchst. Bald fuhr Ronny in die Heimat, um die Familie von den freudigen Ereignissen zu unterrichten. Die frohe Kunde wurde jedoch ganz anders aufgenommen, als er erwartet hatte. Die Familie erteilte ihm eine harsche Abfuhr. Alle waren gegen die Heirat mit einer Polin, die ein Familienmitglied sogar als »Polakenbraut« diffamierte. Seine Sippe, die laut Ronny selbst aus den Ostgebieten stammte, verbot Ronny nicht nur die Heirat mit dieser »Polakin«, sondern verwahrte sich auch gegen einen Besuch seiner künftigen Frau und des Kindes in Staßfurt. Ronny bedankte sich für so viel Verständnis und Unterstützung und zog sich zurück in seine Wahlheimat Frankfurt. Er heiratete die Frau und ist seitdem nie wieder nach Staßfurt gefahren. Die kleine Familie zog nach Offenbach, wo sie eine Dreizimmerwohnung bewohnte.

Solange Ronny bei der Sicherheitsfirma seinen Dienst verrichtete, besuchte er mich häufig im Kiosk. Er freundete sich mit Manfred, dem Hausmeister Chomik, Heini und Herrn Berger an und fühlte sich in dieser Gruppe pudelwohl. Da Ronny wusste, dass Heini in einer Bank arbeitete, meinte er, einen mit allen Wassern gewaschenen, erfahrenen Investmentbanker vor sich zu haben. Er fragte Heini nach einer erfolgversprechenden Geldanlage, denn er hatte etwas Geld gespart und wollte das Ersparte gewinnbringend anlegen. Als unser Freund das hörte, rückte er seine Krawatte zurecht, nahm eine aufrechte Haltung ein und musterte sein Gegenüber prüfend. Er zog kurz an seiner Zigarette, nahm einen Schluck Bier und sagte dann: »Na ja, das ist nicht so einfach, wie du denkst. Festverzinsliche Papiere bringen zurzeit nicht viel, Zertifikate sind out, am besten versuchst du es mit Aktien. Wenn du Mut zum Risiko hast, dann kannst du in Schwellenländern kaufen, sonst solltest du eher Dax-Werte erwerben. Wie gesagt, es ist nicht so einfach. Hinzu kommt, dass du keine Erfahrung in diesen

Geschäften hast.« Heini sprach so, als wäre er ein erfolgreicher Broker und hätte jahrelange Erfahrung in Börsengeschäften. Er riet Ronny, zu seiner Bank zu gehen und dort mit einem Anlageberater zu sprechen. Was dieser dann mit seinem Geld machte, entzieht sich meiner Kenntnis. Ich weiß nur, dass er eines Tages von seiner Firma nicht mehr gebraucht wurde. Er fand dann einen Job bei der Bahn, wo er unter anderem auch Tickets kontrollierte und mich eines Tages mit einer barschen Aufforderung, meine Fahrkarte zu zeigen, richtig erschreckte.

Irgendwann kam er einmal in Begleitung seiner ganzen Familie zum Kiosk: Ehefrau, zwei Mädchen und ein junger Mann. Die älteste Tochter machte schon ihr Abitur. Als er drei Wochen später erneut im Kiosk war, traf er zufällig Conny. Die beiden unterhielten sich gelassen und freundlich über Belanglosigkeiten und ich atmete tief durch. Als ich ihm einmal erzählte, dass ich in seine Heimat fahren werde, kam keine Reaktion. Den tiefen Schmerz in seinem Inneren kann ich mir nur ausmalen. Bis jetzt hat er den Ort meines Wissens nicht mehr besucht.

Die glorreichen Vier

Das Land Nordrhein-Westfalen ist das bevölkerungsstärkste Bundesland Deutschlands. Es gab in diesem schönen Land eine Bank, die als Landesbank international tätig war. Sie wollte mit ihren Investmentgeschäften die Finanzwelt gehörig aufmischen, am Ende wurde sie ein Opfer ihrer eigenen Machenschaften. Den Gründungsvätern dieses Unternehmens schwebte eine landeseigene Bank vor, die den Mittelstand und die in diesem Land ansässigen Großunternehmen unterstützen und mit finanziellem Rat begleiten sollte. Um ihre Einmaligkeit im Finanzsektor herauszustellen, beauftragte man sie außerdem mit der Funktion des Zentralinstitutes der Sparkassen in Nordrhein-Westfalen. Doch das Geldinstitut wollte bei den Big Playern der Finanzwelt mitspielen und verspekulierte sich dabei wie so viele andere gewaltig. Als eine Krise die nächste jagte, ein Skandal nach dem anderen folgte, da entschlossen sich vier ihrer Manager, ihre Sachen zu packen und das sinkende Schiff zu verlassen. Es waren gewiefte Fachleute des Investmentgeschäftes, erfahrene Wertpapierhändler und eiskalte Zocker. Ihre Referenz waren ihre Fähigkeiten, alle Affären ihres Geldinstituts unbeschadet zu überstehen. Sie hatten erlaubte und unerlaubte Geschäfte getätigt und kannten in ihrem Finanzgebaren keine Skrupel. Nun versuchten sie, in der deutschen Finanzmetropole ihr Glück zu machen. In Frankfurt hatten sie viel größere Möglichkeiten, auf der Jagd nach dem großen Geld ganz vorne dabei zu sein. Hier wird Geldpolitik gemacht, hier bietet die Finanzarena unbegrenzte Chancen.

Wo so viele Finanzfachleute ansässig waren, da fielen die vier Zugereisten aus Düsseldorf nicht auf. Zuerst suchten sie sich ein Büro und fanden es in der Schillerstraße. Für dieses Haus war Hausmeister Chomik zuständig, ein Meister seines Fachs, der schon viele solcher Mieter kommen und gehen sah. Schon bevor die vier ihre Firma »Börsenmakler & Co« offiziell eröffneten, deckten sie sich in meinem Kiosk mit Fachliteratur ein. Was liest ein Börsenmakler, welche Lektüre hilft ihm bei seinen Entscheidungen? Da ist zunächst das Flaggschiff aller Börsianer, die *Börsen-Zeitung*, dann das *Kursblatt* der Frankfurter Wertpapierbörse, das *Handelsblatt*, die *Financial Times*, das *Wall Street Journal* und *Barron's*. Für die drei Letztgenannten bedarf es der Kenntnisse der englischen Sprache, mit der aber so manche Broker ihre Not haben. Ganz Schlaue lesen noch die Schweizer Wirtschaftszeitung *Finanz und Wirtschaft* und sämtliche *Börsenbriefe*. Das *Capital*, die *Wirtschaftswoche* und die *Börse Online* vervollständigen den Lesestoff jedes Börsenmaklers, der auf dem Laufenden bleiben und über jede Neuigkeit unterrichtet werden will.

Die vier erfolgsgewohnten Broker vom Rhein assimilierten sich ziemlich schnell in der Mainmetropole. Dabei konnten sie unterschiedlicher nicht sein: Herr Fliege war ein netter, jovialer Mann, eine richtige rheinische Frohnatur. Aber er konnte auch ganz anders sein, wie ich feststellte, als er eines Tages vor dem Kiosk einer seiner Angestellten die Leviten las. Mit ihm war nicht gut Kirschen essen. Herr Borwein war ein großer, schlanker und aalglatter Vertreter seiner Zunft, der nur so viel sprach, wie er es für nötig hielt. Er war sehr bestimmend und kaufte bei mir zusätzlich zur Wirtschaftspresse noch die *Rheinische Post* und ein Fläschchen Chantré. Der Dritte im Bunde war Hans Pelka, den man immer nur Joe nannte. Joe war ein glatzköpfiger Mittfünfziger, der einen Hang zur Arroganz zeigte, aber auch Großmut und Verständnis. Sein Hobby war der Alkohol, zu dem er eine innige Beziehung pflegte. Gegenüber dem Verkaufspavillon befand sich das Lokal »Zum Dortmunder«, ein bevorzugter Treffpunkt für durstig gewordene Broker. Hier tankte auch Joe seinen leeren Akku wieder auf, mit Bier und Schnaps. Zu dem Quartett gehörte noch der dicke Herr Armenfeld, ein arroganter Cheftyp, der keine Widerrede akzeptierte, sich auf keinerlei Diskussionen einließ und immer das letzte Wort haben musste.

Mit ihrem Personal hatten die vier Banker aus Nordrhein-Westfalen keine glückliche Hand, denn die Angestellten kamen schnell und gingen noch schneller. Eigentlich wurden sie gegangen, denn ein falsches Wort zur falschen Zeit bedeutete schon das Aus. Ich erfuhr diese Interna, weil ich die Chefsekretärin der Firma von früher kannte. Gloria hatte in dem berühmten Lokal »Pumpernickel« gearbeitet, wo die Elite der Finanzwelt in entspannter Atmosphäre ihre Sorgen vergaß. Das Lokal befand sich in einer Seitenstraße der Bleichstraße. Gloria fungierte in diesem Lokal als Serviererin, Kassiererin, Sozialarbeiterin und Psychologin, sie machte den Abwasch und manchmal noch etwas mehr. Sie war eigentlich eine italienisch-deutsche Koproduktion, in diesem Lokal, das auf russische Couleur setzte, hieß sie jedoch Tamara. Die Wirtin war hier auch nur Natascha, obwohl sie in Wirklichkeit Gerda von Hildendorf hieß. Eines Tages hatte einer der vier Firmenchefs angekündigt, er schicke seine Chefsekretärin, um die Zeitschriften und einige Dosen Bier abzuholen. Wie groß war meine Überraschung, als ich in der Chefsekretärin Tamara vom »Pumpernickel« erkannte. Wir verabredeten, die alte Zeit ruhen zu lassen und uns zu siezen. Gloria wollte ihren Job nicht gefährden und ich war schon lange nicht mehr Gast in dem russischen Lokal. Aber sie erzählte mir Neuigkeiten und Geschichten von ihrem jetzigen Arbeitsplatz. Ich erfuhr vom stressigen Leben an der Börsenfront, von der List, dem Kampfeswillen und der Rücksichtslosigkeit der Investment-Gladiatoren, die ihre ganze Kaltblütigkeit, ihr ganzes Können in die Waagschale warfen. Meistens hatten sie Glück, gepaart mit dem Pech der anderen. Da gab es wirklich nichts zu lachen. Das war sehr nervenaufreibend, erzeugte Aggressionen und brachte die Makler an den Rand eines Herzinfarktes.

Eines Tages war Schluss. Die vier Kameraden konnten und wollten nicht mehr miteinander. Ohne auf meine Anwesenheit Rücksicht zu nehmen, diskutierten sie ausgerechnet bei mir im Kiosk ihre letzten Schritte und übten sich in wüsten Schuldzuweisungen. Die ekelhafte Arroganz, die sie dabei an den Tag legten, war unerträglich. Joe kaufte als Erster einen Wodka, dann griffen auch die anderen zu alkoholischen Getränken. Sie waren nur schwer zu ertragen, aber ich schwieg beharrlich, denn ich spürte, dass ich bei einer sehr wichtigen Entscheidung der Banker zugegen war.

Die vier Börsianer teilten ihre Firma auf. Fliege gründete mit seinem Anteil die Fliege Finance AG, die später zum Börsenprimus avancierte und den Anlegern Riesengewinne brachte. Borwein gründete die Borwein Broker AG, die ihn und seine Aktionäre nicht enttäuschte. Armenfeld und Joe eröffneten die A. J. Partners GmbH, die am Anfang zu den großen Gewinnern gehörte, später aber nur Mittelmaß blieb. Gloria arbeitete vorerst bei A. J. Partners weiter, nach einem Streit mit Armenfeld wechselte sie zu Borwein. Alle drei Firmen belegten Büros im selben Haus in der Schillerstraße und Hausmeister Chomik berichtete mir von den Sticheleien und einem Nervenkrieg zwischen den ehemaligen Partnern. Die Frohnaturen vom Rhein entpuppten sich als dünnhäutige Streithähne, ihren Frohsinn verloren sie bei ihren nervenaufreibenden Geschäften und den unzähligen Kontroversen endgültig. Mit ernsten Gesichtern schritten sie mit ihrem jeweiligen Gefolge zur Börse, um auf dem Parkett Stunden der Ungewissheit, des ständigen Bangens und der Hoffnung zu durchleiden. Sie erlebten Augenblicke der Glücksseligkeit, des Triumphes, aber auch Momente der tiefen Verzweiflung und Niedergeschlagenheit. Jeder von ihnen reagierte anders. Joe und Fliege griffen zur Flasche, Borwein versuchte abzuschalten, indem er, wie Gloria erwähnte, ins Kino ging, Bücher las und klassische Musik hörte. Armenfeld schien das dickste Fell zu haben, einen Panzer wie eine Schildkröte. Er zeigte kaum Reaktionen, blieb äußerlich cool und gelassen. Was sich in seinem Inneren abspielte, vermochte keiner zu sagen. Man sah ihn weder lachen noch weinen. Sogar als seine Gattin eines Tages schwer erkrankte und alsbald starb, zeigte er keine Gefühle. Er kaufte wie gewöhnlich seine Zeitung bei mir, kehrte im »Dortmunder« ein und ging danach zur Börse, um seine Geschäfte zu machen.

Fliege hatte dagegen noch einige menschliche Züge, er konnte frei lachen, erzählte ab und zu einen deftigen Witz und gab sich eher kumpelhaft. Borwein war von Haus aus ein ernster Mensch mit höflichen Manieren. Er war sehr korrekt, manchmal sogar überkorrekt, wählte seine Sätze mit Bedacht und war kein Freund großer Worte. Joe war ein Chamäleon. Bedingt wohl durch seinen Alkoholkonsum, hatte er ständig wechselnde Launen, die er ungeniert auslebte. Er konnte in einem Augenblick ein sehr netter, fast kumpelhafter Typ sein, der viel Herzlichkeit ausstrahlte, und im nächsten Moment zum Mister Hyde mutieren. Dann zeigte er seine andere, etwas dunklere Seite. Dann war er ein aalglatter, bis zu Polartemperaturen abgekühlter Börsianer mit eiskalten Augen, dem alles zuzutrauen war. Er ließ niemanden an sich heran, zeigte eine niederschmetternde Arroganz, was ich als eine Abwehrwaffe erkannte.

Das harte Börsianer-Leben zehrte an den vier Unbeugsamen. Glücklich waren sie nicht, die Freude am Leben ging ihnen mit der Zeit verloren. Auch in dem Haus in der Schillerstraße gingen sie sich gehörig auf die Nerven. Fliege betrieb bald seinen Umzug in die Große Eschenheimer Straße. Ihm folgte Borwein, der sein neues Domizil im Oeder Weg fand. Joe und sein Partner blieben in dem Haus in der Schillerstraße. Gloria wanderte zwischen den drei Dependancen, wer mehr und besser zahlte, durfte ihre Dienste in Anspruch nehmen. Krisen kamen und gingen, auch unsere vier Musketiere wurden davon nicht verschont. Mal kochten sie auf Sparflamme, mal lebten sie wie im Paradies. Mit der Zeit schmälerten sich die Gewinne, bis es nur noch Verluste gab. Ihnen blieb nur noch die Hoffnung auf bessere Zeiten. Aber die Wirklichkeit der gegenwärtigen Krise war schlimmer als befürchtet. Als Erster gab Fliege auf. Der einstige Anlegerliebling, der populärste Broker Deutschlands, das Wunderkind vom Rhein, konnte seine Verluste nicht stoppen. Er verkaufte seine Firma an einen englischen Konkurrenten. Fliege, ein feiner Herr und gemachter Mann, kehrte der Stadt den Rücken und ging in seine nordrhein-westfälische Heimat zurück.

Sein Kollege Borwein versuchte es mit einer Umstrukturierung seiner Firma. Er verkleinerte die Personaldecke, baute die Logistik um. Diese Maßnahmen brachten etwas Luft in die dünn gewordene Kasse des Unternehmens. Er verhandelte mit Kaufinteressenten, suchte nach der besten Lösung. Die Atmosphäre in der Firma wurde immer schlechter. Ich erfuhr, dass Borwein sein Unternehmen an A. J. Partners, die von den drei Firmen den stabilsten Eindruck machte, verkaufte und in Amerika Mitinhaber einer Brokerfirma wurde. Sein Partner war ein windiger Geschäftemacher und fiel bei der US-Börsenaufsichtsbehörde SEC wiederholt unangenehm auf. Borwein schien von den krummen Geschäften seines neuen Partners nichts gewusst zu haben. Seine Gutgläubigkeit und seine Naivität führten dazu, dass er wegen unerlaubter Insidergeschäfte verhaftet wurde. Wie es mit ihm weiterging, entzieht sich meiner Kenntnis.

Auch Joe und sein Partner bekamen zusehends Schwierigkeiten. Laut Gloria, die jetzt wieder bei der Firma arbeitete und zur ständigen Begleiterin von Joe wurde, verloren sie bei sogenannten »Luftverkäufen« viel Geld. Auf der Suche nach immer höheren Gewinnmargen hatten sie sich einfach verspekuliert. Ihre Geldgier führte zu riskanten Geschäften, zu noch gewagteren und kühneren Operationen, zu anrüchigem Geschäftsgebaren. Und plötzlich wurden die Jäger zu Gejagten, der goldene Glanz ständiger Gewinne verwandelte sich in die Dunkelheit der Wirklichkeit. Die beiden übrig gebliebenen Musketiere schienen ihren Kampf zu verlieren, der Rettung verheißende Funke war nirgendwo zu erhaschen. Sie waren angeschlagen, aufgerieben von den Positionskämpfen mit anderen sogenannten »Heuschrecken«. Die hochfliegenden Pläne von großen Gewinnen zerstoben im Wind, ihre zweifelhaften Spekulationen flogen ihnen jetzt um die Ohren. Es schien, als hätten sie sich kräftig verspekuliert. Jetzt sah man Joe öfter im betrunkenen Zustand die volle Breite der Schillerstraße ausnutzen, um in sein Büro zu gelangen. Manchmal fiel er auf das Trottoir und wurde dann von hilfsbereiten Menschen wieder auf die Beine gestellt. Gloria versuchte alles, um ihn vor seinem Verfall zu schützen, aber das war Sisyphusarbeit. Als sie erkannte, dass ihre Mühe, Joe vor dem Untergang zu retten, vergeblich war, schlug sie sich auf die Seite seines Partners Armenfeld. Dieser war ebenso wie Joe angeschlagen, aber er war aus anderem Holz geschnitzt. Er zeigte keinerlei Regung, keine Gefühle. Seine Augen waren eisig und das Lächeln, das er sich in der Öffentlichkeit manchmal abrang, wirkte künstlich und versprach nichts Gutes. Ich war immer froh, wenn dieser Mitbürger den Kiosk wieder verließ.

Schließlich mussten die Partner eines Morgens die Steuerfahndung in ihrem Büro begrüßen, ein Geschehnis, das mir Hausmeister Chomik brühwarm erzählte. Die Beamten nahmen mehrere Kartons voller Ordner mit und verschwanden damit in einem grauen Transporter. Anschließend geschah das, was Gloria und auch Chomik befürchtet hatten. Wie inzwischen fast immer war Joe auch an diesem Wochenende betrunken. Er stolperte am Mainufer entlang, immer wieder verlor er das Gleichgewicht und musste sich an Bäumen festhalten. Er setzte sich direkt ans Wasser und weinte. Irgendwann da muss er seine Entscheidung getroffen haben. Er wusste wohl, was ihn erwartete und dass er nicht ungestraft davonkommen würde. Der Alkohol, die Verzweiflung, die Ausweglosigkeit verbündeten sich zu einer starken Kraft, der Joe nicht gewachsen war. Sie verwirrte seine Sinne und trieb ihn so in sein Unglück. Als er aus dem Wasser des Flusses geborgen wurde, konnte der herbeigerufene Arzt nur noch den Tod des Mannes feststellen. Ob Joe derjenige war, der die Manipulationen zu verantworten hatte, konnte später niemand genau aufklären. Sie waren ja zu zweit, aber der andere schwieg, wie immer. Joe war zwar ein aalglatter Broker gewesen und nicht ohne verbrecherische Energie, aber ohne seinen Partner hätte er diese Betrügereien nicht ausführen können. Armenfeld erklärte jedoch kurzerhand Joe zum alleinigen Übeltäter, sich selbst stellte er als unschuldig dar. Es schien, als würde dieser Hochstapler wieder einmal mit einem blauen Auge davonkommen. Aber er triumphierte nur eine kurze Zeit. Sein nächstes Geschäft war auch sein letztes.

Eines Tages kam Gloria nicht wie üblich vorbei, um die bestellten Zeitungen abzuholen. Am Mittag besuchte mich Hausmeister Chomik und überbrachte die Nachricht, die niemanden mehr überraschte: Armenfeld war insolvent. Schon seien Gläubiger im Haus, um ihre Sachen, die der Herr Börsenmakler nicht bezahlt hatte, abzuholen. Es stellte sich heraus, das Armenfeld auf Pump lebte. Er hatte Büroausrüstung bestellt, die er nicht bezahlte. Er hatte auch seine Telefonrechnungen nicht mehr beglichen. Alle Geschäftspartner der Firma A. J. Partners wurden von dem vom Gericht bestellten Insolvenzverwalter angeschrieben. Auch ich bekam ein solches Schreiben, in dem stand, dass bei Herrn Armenfeld nichts zu holen sei. Am Ende blieb ich auf Außenständen von 530 DM sitzen, ich musste diese Summe abschreiben. Etwa neun Jahre nach Armenfelds Insolvenz erhielt ich 0,13 Euro auf mein Konto überwiesen. Das stehe mir nach der Befriedigung anderer Forderungen an die insolvente Firma zu, stand im Schreiben des Insolvenzverwalters.

Herr Armenfeld wurde durch die Insolvenz nicht ärmer, er hatte säuberlich sein privates vom geschäftlichen Vermögen getrennt. Nur die von ihm gegründete Kapitalgesellschaft haftete für die Verbindlichkeiten und Verluste. Als ich ihn eines Tages nach der nicht bezahlten Rechnung fragte, machte er große Augen und wunderte sich, warum ich ihn deshalb ansprach. Er sei als Privatperson hier und habe mit meiner Rechnung nichts zu tun. Ich hätte die Ware nicht an ihn persönlich, sondern an die Kapitalgesellschaft geliefert und mit ihr abgerechnet. An diese müsse ich mich wenden. Er lächelte fast mitleidig und ging von dannen. Er arbeitete weiter bei einem befreundeten Börsenmakler, offiziell als dessen Angestellter. Nach einigen Monaten war auch dieses Kapitel vorbei. Als Letzter der vier verschwand auch er aus dem Geschehen auf dem Frankfurter Börsenplatz. Ich musste ihn nicht mehr ertragen.

Der Hemdenbaron

Unser erster Kiosk am Standort Börsenplatz war noch aus Holz gebaut. Die Konstruktion war weder massiv noch stabil, bei jedem starken Wind befürchteten wir einen Zusammensturz. Aber die Himmelsmächte waren gnädig und verschonten uns mit Katastrophen dieser Art.

Das Bekleidungsgeschäft R. Lang, welches an der Ecke Börsenplatz/Schillerstraße seit Jahrzehnten die erste Adresse für konservatives und zahlkräftiges Publikum war, meldete überraschend Insolvenz an. Unser unmittelbarer Nachbar hatte den Lauf der Zeit verschlafen und glitt in die Pleite. Die Käufer von karierten Röcken und Hemden mit steifem Kragen starben allmählich aus, die modernen Kunden kauften ihre Klamotten in schicken Boutiquen. Das alteingesessene Modegeschäft, dessen Voreigentümer Raphael Lang sich »kaiserlicher und königlicher Lieferant« der Donaumonarchie nennen durfte und noch persönlich den bayerischen König Ludwig II. beliefert hatte, entsprach nicht mehr den Anforderungen der modernen Verkaufswelt. Doch die Inhaber dieses »Oberbekleidungsgeschäftes« hatten zwar die Anpassung an den veränderten Textilmarkt versäumt, konnten aber das insolvente Geschäft noch gut veräußern. Sogar das Verkaufspersonal wurde vom Nachfolger übernommen.

Eines Tages saß ich in meinem hölzernen Quadratmeter, als sich ein Mann vor meinen Kiosk stellte und ihn mit Interesse in Augenschein nahm. Ich ging hinaus, um mir diesen Passanten genauer anzuschauen. Er war nur wenig größer als ich, hatte dunkles, kurz geschnittenes Haar und trug ein feines blaues Hemd zur Jeanshose. Er fragte freundlich, ob ich der Besitzer dieser »Verkaufsstelle« sei. Als ich seine Frage bejahte, stellte er sich mir vor: »Baron von Bergen, sehr angenehm. Ich bin Ihr neuer Nachbar.«

Ich dachte zuerst, dieser Mensch sei ein Scherzbold, und antwortete deshalb: »Sehr angenehm, Graf von Zawalinski. Welche Art von Nachbarschaft darf ich erwarten?«

»Hemden.« Er zeigte auf das insolvente Modegeschäft und sagte fast feierlich: »Ich habe es übernommen.«

Ich wünschte meinem neuen Nachbarn einen guten Start in die nicht einfache Zukunft als Betreiber eines Hemdengeschäftes, dieser revanchierte sich mit dem Wunsch für weiterhin erfolgreiche Geschäfte für mich.

Die Zeit verging, das Bekleidungsgeschäft schloss seine Pforten und eine Weile war es still an der Ecke. Dann kamen Handwerker und bauten alles um. Der neue Inhaber war offenbar weniger konservativ und ließ das Geschäft von Grund auf modernisieren. Bei der Neueröffnung präsentierte sich der Laden in einem ganz anderen Stil. Innen war alles nach den Plänen einer Innenarchitektin exquisit und sehr geschmackvoll gestaltet. Über dem Eingang wurde ein Schild mit dem Namen des Geschäftes angebracht: »Von Bergen – exklusive Hemden der höchsten Qualität«. Die angebotenen Herrenhemden und Damenblusen wurden aus feinster ägyptischer Seide hergestellt, hatten eine 1-a-Qualität und waren dementsprechend sehr teuer. Am Südbahnhof hatte der Baron (er war tatsächlich einer) sein erstes Hemdengeschäft aufgemacht. Wie er mir später erzählte, hatte er nach dem besten Hemd der Welt gesucht, und als er nicht fand, was er sich vorgestellt hatte, wollte er es selbst herstellen. Er baute das Hemdengeschäft der Firma Boss auf und machte sich anschließend in Frankfurt selbstständig. Als er von der drohenden Insolvenz des Lang-Modehauses erfuhr, witterte er seine Chance. Er hatte schon seine Lieferanten für die ägyptische Seide, die Herstellung erfolgte in Italien.

Am Eröffnungstag war die Gegend um das Geschäft proppenvoll. Überall waren Menschen der feineren und der weniger feinen Gesellschaft, Reporter von der lokalen Presse und das gemeine Publikum, das unbedingt dabei sein wollte. Ich partizipierte an diesem Event mit gestiegenen Umsätzen und war sehr zufrieden. Der Baron strahlte, seine Gattin strahlte, seine Geschäftsführerin strahlte ebenfalls, an diesem Tag waren alle glücklich. Die Fama von den exklusiven Hemden am Börsenplatz verbreitete sich bald in ganz Frankfurt. Die gehobene Gesellschaft von Mainhattan kam in Scharen, um die Gerüchte persönlich zu überprüfen. Vorstände von Banken und Versicherungen, bekannte Künstler aus der Region, Direktoren von Unternehmen und andere betuchte Menschen, die nicht zu den Pfennigfuchsern zählten, machten dem Laden ihre Aufwartung. Der Hemdenbaron war in aller Munde, die Presse schrieb Berichte, das lokale Fernsehen strahlte eine Reportage über den adligen Textilverkäufer aus. Dieser genoss seinen Ruhm, was ihm auch zustand. Auch ich erwarb – sehr kostengünstig – ein Hemd der Marke *von Bergen*, das ich noch heute anziehe. Qualität ist nicht kaputt zu tragen.

Nach eitel Sonnenschein kommt manchmal auch eine Eintrübung oder ein totaler Wetterumschwung. Dann wird der blaue Himmel von dunklen Wolken verdeckt. So geschah es auch dem Hemdenbaron. Die Herstellung in Italien stockte, die Konkurrenz lockte die edlen Kunden mit hochwertiger Ware, die Bank als Vermieter des Ladengeschäfts erhöhte regelmäßig die Miete. Der Baron hatte da etwas übersehen, was ihm später noch schlaflose Nächte bereiten sollte. Bis es dazu kam, begeisterte er sein Publikum mit immer neuen Geschichten und Events. Sein bekanntester Clou war die Anti-Mercedes-Städtetour im Jahr 1996, die er höchstpersönlich durchführte. Sogar der *Spiegel* berichtete damals in einer Notiz über den Kampf des Barons gegen Daimler-Benz. Was war geschehen? Baron von Bergen, als Oberhemden-Kaufmann von Frankfurt klassifiziert, lag mit dem Stuttgarter Autokonzern über Kreuz. Nach Darstellung des Nachrichtenmagazins hatte die Familie des Adligen seit Beginn der Automobilherstellung nur Mercedes-Autos gefahren. Mit dem Kauf eines silberfarbenen Mercedes 500 SL war das vorbei, denn der Eigentümer musste mit diesem Fahrzeug insgesamt 117 Mal die Werkstatt aufsuchen. Er ließ auf allen Seiten des unglücksseligen Vehikels Schmäh-Aufschriften anbringen, wie etwa: »Ich bin der Albtraum meines Besitzers«, und fuhr mit dieser Anti-Mercedes-Werbung durch die deutschen Großstädte. Seit dieser für alle Seiten peinlichen Angelegenheit fuhr der Edelmann die bayerische Marke BMW und war damit sehr zufrieden.

Der Baron war eine skurrile, bizarre Person, die die Menschen nicht indifferent ließ. Entweder mochte man ihn oder man mochte ihn nicht. Ich kannte niemanden, der eine unentschiedene Meinung zu dem Hemdenverkäufer hatte. Als die Geschäfte immer schlechter gingen und das Desaster absehbar war, machte der Inhaber Vorbereitungen, seinen Laden zu schließen. Mit speziellen Angeboten räumte er sein Lager. Es bildeten sich lange Schlangen, jeder wollte ein Hemd des Edelmannes ergattern. Die Regale leerten sich und schließlich wurde die Tür endgültig geschlossen. Der Laden blieb dunkel, alles sah leer und traurig aus. Der Baron verabschiedete sich auch von mir und verriet mir sein Ziel: die Philippinen. Das war die Heimat seiner Gattin, dort wollte er seine Wunden lecken und an Zukunftsplänen basteln. Das Geschäft am Börsenplatz verkaufte er an die Betreiber des Starbucks-Cafés. Dieses ist bis heute dort präsent und bereute den Kauf nicht.

Dann wurde es eine Weile still um das Wunderkind des Oberhemdenverkaufs, langsam geriet der umtriebige Edelmann in Vergessenheit. Das wollte er nicht zulassen. Nach einer Zeit der Zurückgezogenheit, in der er neue Ideen entwickelt und Pläne geschmiedet hatte, kehrte er an die Heimatfront zurück, um den verlorenen Hemdenmarkt neu zu erobern. Das bedurfte einer besonderen Strategie, die er unter Mithilfe seiner Frau entwickelte. Auf der Suche nach Stoffen, aus denen man die neuen Hemdenträume fertigen konnte, fand er irgendwo in der weiten Welt eine besondere Baumwolle von höchster Qualität. Der Baron nannte seine neue Entdeckung die »wertvollste Baumwolle der Welt« und wollte mit diesem Produkt die alte Frankfurter Welt wieder bedienen. Eines Tages, als er im Kiosk war, erzählte er mir von seinem Vorhaben. Er war begeistert von der Idee und vom Gelingen seines Projektes völlig überzeugt. Der Laden für die »wertvollsten Hemden der Welt« sollte in der Innenstadt angesiedelt sein. Da das Geschäft am Börsenplatz von der Starbucks-Kette belegt war, entschied sich Baron von Bergen für einen ungewöhnlichen Coup. Er mietete Räume in dem Gebäude, in dem früher Marc und Annie ihr Freudenhaus betrieben hatten. Es lag in einer engen Gasse. Hier ein Geschäft zu situieren war schon eine riskante Angelegenheit, denn dort gab es nur Hinterhöfe und ein kaum besuchtes Thai-Restaurant, aber nichts, was Laufkundschaft anlocken würde. Aber der Baron hatte volles Vertrauen in die Werbeindustrie und ihre Möglichkeiten.

Nach den unabdingbaren Behördengängen, Anwaltsbesuchen und der Auswahl des Verkaufsortes konnte das Projekt starten.

Man entwickelte einen Text, der auch im Internet auf der Webseite des Geschäftes zu lesen war. Da wurde eine ausgezeichnete propagandistische Arbeit gemacht und dem potenziellen Kunden erklärt, der Hemdenladen befinde sich im Herzen der Stadt, was ja auch richtig war. Bei der Neueröffnung jubelte die lokale Presse über die Rückkehr des Hemdenbarons. Die Geschäfte der Börsianer liefen auch wieder besser und der Laden profitierte von der guten wirtschaftlichen Lage der Finanzwelt. Immer mehr Kunden pilgerten in die Meisengasse, der Geschäftsinhaber war zufrieden. Obwohl ich meinen Verkaufspavillon jetzt am Rathenauplatz hatte, kamen er und seine Gattin öfter vorbei, um einige Worte zu wechseln oder um Lotto zu spielen. Einige Male besuchte ich das Hemden- und Blusen-Imperium, wo ich von Frau von Bergen persönlich bedient wurde. Zur Auswahl präsentierte sie mir ein feines Baumwollhemd zum stolzen Preis von 69 Euro. Dann legte sie ein Hemd der Marke »Sea Island« aus karibischer Baumwolle auf die Ladentheke, das für 98 Euro haben war. Die Krönung war aber das Wisica-Hemd, für das die Baronin nur 225 Euro haben wollte. Wenn ich die drei Hemden im Paket kaufen würde, gäbe es Rabatt. Nun, ich durfte mich auf ihren Gatten berufen, der mir ein Sonderangebot versprochen hatte. Ich bekam also meinen Rabatt und seitdem liegt ein Wisica-Hemd in meinem Schrank. Es ist der absolute König unter meinen Hemden und wird auch als solcher behandelt. Die Qualität dieses Produktes ist wirklich einmalig, was besonders beim Bügeln zum Tragen kommt. Dieses Produkt aus Italien brachte dem Baron außer Umsatz auch wieder viel Renommee. Die Presse jubelte über die Qualitätshemden des findigen Edelmannes.

Eines Tages war aber endgültig Schluss mit dem Hemdenverkauf. Der Geschäftsinhaber hatte ein Alter erreicht, in dem schon Gassi gehen mit dem Hund anstrengend wurde. Der Zeitpunkt der Verabschiedung war perfekt gewählt, denn die Häuser um die Meisengasse sollten abgerissen und durch Neubauten ersetzt werden. Kurz bevor der Baron sein Geschäft auflöste und sich in den Ruhestand begab, wurde bei ihm eingebrochen und die ganze Kollektion mitgenommen, tausende Blusen und Hemden. Dies geschah am Wochenende, wenn in der Meisengasse tote Hose herrscht. Das Diebesgut muss mit einem Lkw abtransportiert worden sein. Niemand sah einen Lastwagen vor dem Geschäft stehen, weil sich auch niemand dort aufhielt. Die Versicherung wollte zunächst nicht zahlen und der Baron überlegte schon, eine Kampagne wie gegen Mercedes-Benz zu starten. Glücklicherweise einigte man sich doch noch und die Sache wurde zur Zufriedenheit aller geregelt. Der Baron und seine Gattin Victoria verabschiedeten sich von mir und wir erinnerten uns gemeinsam an die schöne Zeit in der Frankfurter Innenstadt. Die beiden genießen jetzt irgendwo im Taunus ihre hochverdiente Altersruhe.

Die drei Kuriere

Es gab Zeiten, in denen Banken, Versicherungen und andere Dienstleister eigene Fahrer hatten und sie auch bei jeder Gelegenheit einsetzten. Eines Tages begannen die Manager zu rechnen und kamen zu dem Ergebnis, dass diese Personalstellen zu teuer sind. Einfacher wäre es, Leihfahrer zu beschäftigen, am besten solche, die auf eigene Rechnung arbeiten. So konnte man neben dem festen Gehalt auch Lohnnebenkosten wie Abgaben an Arbeitsamt, Rentenversicherung und Krankenkasse sparen. Man musste keine Angst haben, dass der Fahrer krank wird, man brauchte keinen Urlaub gewähren und musste sich nicht mit den Gewerkschaften streiten. Kurierfahrer waren schnell, zuverlässig und insgesamt preiswerter als die Festangestellten. Verschiedene Banken und Versicherungen schlossen Verträge mit Kurierdienstfahrern, die jedoch ihren Auftraggebern machtlos ausgeliefert waren. So schlossen sich einzelne Kurierfahrer zu Gruppen zusammen und machten gemeinsam Angebote und rechneten auch gemeinsam ab.

Während meiner Zeit am Börsenplatz begegnete ich vielen Einzelkämpfern aus diesem Gewerbe. Einer von ihnen war Werner Eckland, etwa um die vierzig, der für einige Banken fuhr und während der Wartezeiten in den Kiosk kam, um Zigaretten und Zeitungen zu kaufen. So kam ich mit ihm ins Gespräch. Er war früher Bundeswehrpilot gewesen und als solcher stationiert in den Vereinigten Staaten, wo er auch seine zweite Frau kennenlernte, die aus Surinam stammte. Mit ihr hatte er zwei Kinder, die hier in Frankfurt zur Schule gingen. Frau Eckland war eine resolute, hübsche Frau, die die Finanzen der Familie mit Umsicht und eiserner Hand führte. Sie hatte in Amerika Psychologie und Philosophie studiert und war dem Charme des Piloten erlegen. Neben der Kindererziehung gab sie jetzt Yogaunterricht. Die Familie bewohnte ein Haus im Stadtteil Nied.

Zweiter im Bund der Kuriere war der Mittfünfziger Günther Hardteufel. Dieser humorvolle Mensch sah fast so schrecklich aus wie Dschingis Khan, doch in diesem Fall täuschte der Eindruck. Er hatte in Rodgau eine Autowerkstatt gehabt, später eine Kürschnerei im Bahnhofsviertel betrieben. Mit dem Zuschneiden von Pelzen hatte er sich eine kleine Fortune verdient, die er später zu einem Teil wieder verjubelte. Er verkaufte sein Geschäft an seinen griechischen Konkurrenten und ließ es sich gut gehen. Als er merkte, dass sein Geld immer knapper wurde, beschloss er, dem entgegenzuwirken und nahm die Arbeit als Kurierfahrer auf. Sein ungesundes Leben mit übermäßigem Alkoholkonsum musste er bald mit allen möglichen Beschwerden bezahlen. Nachdem er sich, besorgt um seine Gesundheit, im Krankenhaus hatte durchchecken lassen, stellte man außer nicht richtig funktionierenden Nieren, Atembeschwerden, Problemen mit der Lunge und hohem Blutdruck auch zu hohen Blutzucker und einen erhöhten Cholesterinspiegel fest. Als er die Ergebnisse las, ging Herr Hardteufel in die erstbeste Kneipe und betrank sich ordentlich. Dieses Besäufnis war seiner Gesundheit wenig förderlich, es war nur Ausdruck seiner Hilflosigkeit und endete im Krankenhaus. Wieder zu Kräften gekommen, schwor er, nie wieder Alkohol zu trinken, was in seinem Fall jedoch Wunschdenken war. Hardteufel wohnte in Neu-Isenburg bei Frankfurt, hatte aber ein Häuschen im Spessart, wo er sich am Wochenende und während dem Urlaub aufhielt. Manchmal bekam er dort Besuch. Hausmeister Chomik kreuzte gerne bei ihm auf und dann ließen sie es sich bei einer Flasche Cognac oder Whisky gut gehen. Hardteufel aß regelmäßig ungesundes, fettes Essen, trank dazu viel Alkohol und rauchte starke Zigaretten der Marke *Roth-Händle*.

Ein anderer Kurierfahrer war Dietmar Daimler, den man nur DD nannte. Ein vornehmer Herr, der immer korrekt gekleidet war. Ob tiefer Winter oder Hochsommer, DD trug immer Hemd, Krawatte und Sakko. Früher hatte der studierte Betriebswirt als Unternehmensberater, Finanzberater und Börsenexperte gearbeitet. Die Geschäfte gingen gut, die Kunden waren zufrieden, die Einnahmen sprudelten. Aber eines Tages gönnte sich Herr Daimler eine Reise nach Thailand, die sein Leben nachhaltig verändern sollte. In der Nähe von Bangkok begegnete er einer neunzehnjährigen Schönheit, die ihm die Sinne raubte und ihn Dinge tun ließ, die er bei gesundem Menschenverstand nie getan hätte. Aber Liebe macht blind und schaltet das normale Denkvermögen aus. Der Mensch hört dann auf sein Herz und nicht auf den Verstand. Ein derart verwirrter Mensch lässt sich von anderen Menschen leicht manipulieren, er ist dem anderen hörig, verliert seinen Willen. In solch einem Zustand befand sich DD, als er aus Thailand zurück nach old Germany kam. Im Gepäck hatte er – im übertragenen Sinn – sein Unglück. Seine Angebetete blieb im fernen Siam und lenkte von dort aus geschickt Dietmars Gedanken. Er investierte in eine Firma bei Bangkok, die zufälligerweise einem Bruder seiner neuen Freundin gehörte. Die junge Dame war teuer, ihre Liebesdienste kosteten DD viel Geld. Dabei vernachlässigte er das Geschäft in Frankfurt. Als das Geld immer weniger wurde und die Liebe seiner Gespielin daraufhin merklich erkaltete, verstand Daimler, dass es echte Liebe nur im Kino gibt. In der Realität erlebte er die Ausbeutung seiner Zuneigung durch die geliebte Person. Nachdem sein Geldbeutel leer war und die in Thailand getätigte Investition mit einem totalen Verlust geendet hatte, trennten sich die Wege der Liebenden. Die Neunzehnjährige war samt ihrer erfindungsreichen Familie reicher an Geld, Herr Daimler hingegen reicher an schmerzlichen Erfahrungen geworden. Zurück in Frankfurt erlebte er den Untergang seiner Firma. Er wollte noch retten, was nicht mehr zu retten war, und wurde ertappt. DD wurde wegen Betrugs angeklagt und verurteilt, er stand vor dem Nichts. Die große Liebe war wie eine Seifenblase geplatzt, das Geld war weg, er hatte seine gut prosperierende Firma verloren und war vorbestraft. Er griff zur Flasche, die ihm schlechte Beraterdienste leistete. Seine Freunde, manche in einflussreichen gesellschaftlichen oder politischen Positionen, wandten sich von ihm ab, wie es bei den Menschen so üblich ist.

Mit der Hilfe seines Bruders fing sich der Unglücksrabe und versuchte etwas Neues aufzubauen. Im Finanzsektor war er aber »verbrannt«. Eine zweite Chance gibt die Branche nicht. Während eines Aufenthaltes in den Niederlanden hatte DD eine Thailänderin kennen- und lieben gelernt. Die junge Frau hatte zwei kleine Jungs und betrieb einen Fahrradkurierdienst, was damals auch in Holland zu den Marktnovitäten zählte. DD war eine Zeit lang in den Niederlanden geblieben, dann ging er zurück nach Frankfurt, wo er einen Kurierdienst gründete. Die Firma gehörte offiziell seinem Bruder, DD fungierte als der einzige Angestellte. Dank seiner Beziehungen zu den Großen der Finanzwelt bekam der Newcomer gute und gut dotierte Aufträge. Die Firma wuchs und beschäftigte zwei weitere Kurierfahrer. DD ließ seine thailändische Freundin nachkommen und heiratete sie. Die beiden Jungs adoptierte er. Die Geschäfte liefen prima, bis neue Kurierdienste begannen, dem Alteingesessenen Konkurrenz zu machen. Die Preise purzelten nach unten, die Kunden freuten sich über so viel Wettbewerb in der Branche. Es begann eng zu werden auf diesem Markt. Da fügte es sich gut, dass DD, Eckland und Hardteufel sich vom gemeinsamen Warten im Kiosk kannten. Bei einer zwanglosen Unterhaltung beschlossen sie, ihre Kräfte und Finanzen zu bündeln, um über die Runden zu kommen. Sie trafen sich anschließend in einem thailändischen Restaurant in Schwanheim, um die Sache dingfest zu machen. So entstand der damals größte Botenzustelldienst in Frankfurt, die Frankfurter HDE Kurierdienst GmbH.

Auch die Gattinnen der Firmengründer fanden zueinander. Sie trafen sich öfters, unternahmen gemeinsame Ausflüge und fuhren sogar zusammen in Urlaub. Die drei Kuriere benutzten meinen Kiosk als Treffpunkt und als Hinterlegungsstelle für Aufträge und für Kundenanfragen. Hier trafen sie sich auch mit den Stammkunden und Freunden des Kioskes zu Plaudereien und zwangslosen Gesprächen. Einmal fuhr Eckland sogar die krebskranke Gattin von Heini in eine Spezialklinik in den Schwarzwald. Die Geschäfte liefen hervorragend, das Geld sprudelte in die fast leeren Kassen der Vertreter des modernen Logistikwesens. Die Deutsche Börse samt ihrem Kassenverein, die Deutsche Bank, verschiedene schweizerische und japanische Geldinstitute, Maklerbüros und Wirtschaftsorganisationen nahmen gerne die Leistungen des HDE-Kurierdienstes in Anspruch. Doch wo das große Geld im Spiel ist, entsteht oft neben der Gier nach mehr auch Misstrauen gegen den Partner. Neid und Argwohn kommen zum Vorschein und führen zu dem Bestreben, den Partner zu überrumpeln. Eines Tages begann die heile Welt der drei Partner zu bröckeln, kleine Risse taten sich in dem soliden Firmenfundament auf. Die Konkurrenz schlief nicht und bereitete den dreien Sorgenfalten in den

Gesichtern. Die erfolgsverwöhnten Kuriere schienen die neue Situation nicht ernst genommen zu haben. Erst als einige Auftraggeber zur Konkurrenz überliefen, erkannten die Erfolgreichen, dass ihnen Ungemach drohte. Ihre Rivalen zweigten größere Stücke des Kuchens für sich ab.

Unter den drei Gesellschaftern herrschte Uneinigkeit über die Erfolg versprechende Strategie, private Eitelkeiten verhinderten eine Einigung, der folgerichtige Schritt war also die Trennung. Die drei Kuriere arbeiteten wieder auf eigene Rechnung. Hardteufel fuhr für den Kassenverein und einige Banken, Eckland bediente ebenfalls den Kassenverein und machte bei Firmenumzügen mit. Daimler übernahm den Transport von Expresssachen in ganz Deutschland und stand der Führungsriege der Deutschen Börse und einigen Finanzfirmen und Dienstleistern für Fahrten zur Verfügung. Daimlers Geschäft prosperierte sehr gut. Seine beiden Adoptivsöhne führten ein thailändisches Restaurant, in dem sich häufig Firmenvorstände zum netten Beisammensein einfanden.

Hardteufel stellte drei Fahrer ein. Aber sein Gesundheitszustand ließ zu wünschen übrig, sein hoher Blutdruck und sein Blutzucker machten ihm zu schaffen. Und dann kam der Tag X, der sein ganzes Leben durcheinanderwirbelte. Er war bei mir im Kiosk, wo er Zigaretten kaufte und schnell einen Schnaps »gegen den Stress« trank, als er mich plötzlich bat, sich setzen zu dürfen. Er ließ sich auf den Stuhl fallen und atmete tief ein. Ich gab ihm Wasser zu trinken. Plötzlich begann seine Wunde am Bein stark zu bluten. Alle Versuche, die Blutung zum Stillstand zu bringen, scheiterten. Unter seinen Füßen bildete sich schon eine rote Pfütze. Hardteufel selbst wurde immer blasser, sein Gesicht war schon ganz weiß. Bis der gerufene Notarztwagen kam, war der Patient fast schon ohnmächtig und kaum ansprechbar. Noch vor Ort wurde die Wunde versorgt, dann transportierte man ihn in ein Krankenhaus. Meine Mitarbeiterin hatte später große Mühe, die blutigen Spuren wieder zu entfernen.

Schon nach zwei Tagen kam Hardteufel wieder zurück. Er entschuldigte sich für den Zwischenfall und kaufte gleich wieder eine Stange Zigaretten und leerte einen Doornkaat. Er war einfach aus dem Krankenhaus geflüchtet, wie er später zugab. Die Geschäfte erforderten seine Anwesenheit und der sonntägliche Stammtisch im Spessart war ohne ihn anscheinend nicht viel wert. Dieses wilde Leben erforderte von ihm eine Kondition, die er nicht hatte. Er musste für das Ruinieren seiner Gesundheit teuer bezahlen. Während einer Fahrt auf der Autobahn in Richtung Würzburg brach die Wunde wieder auf. Er konnte noch einen Parkplatz aufsuchen, dann brach er zusammen. Er wurde in das Stadtkrankenhaus Offenbach eingeliefert, wo ich ihn zusammen mit Heini und Manfred besuchte. Später gesellte sich auch Hausmeister Chomik dazu. Als Hardteufel nach drei Wochen das Krankenhaus verließ, hatte er nur noch ein Bein. Das andere musste amputiert werden. Seitdem saß er in seinem Büro und managte von dort aus sein Unternehmen. Ohne den Chef im aktiven Einsatz verlor die Firma jedoch die Dynamik, die sie auszeichnete. Nach einem Jahr musste er wieder ins Krankenhaus, wo ihm auch das zweite Bein abgenommen wurde. Seitdem saß er im Rollstuhl. Die Leitung der Firma überließ er seinem Sohn, der sie wiederum dem Schicksal überließ. Noch bevor Hardteufel starb, war das Unternehmen pleite.

Sein ehemaliger Kompagnon Eckland arbeitete weiter wie ein Tier, ohne sich je Urlaub zu gönnen. Was er sich aber gönnte, waren neue Freundinnen. Als seine Gattin dahinterkam, setzte sie die Scheidung durch und brach mit den Kindern nach Amerika auf. Eckland begegnete irgendwann einer Brasilianerin, die in Deutschland Freunde besuchte und in Frankfurt hängen geblieben war. Es war Liebe auf den ersten Blick. Die Frau war erst dreißig Jahre alt, ihr neuer Partner dagegen schon sechsundfünfzig. Seine neue Angebetete hatte eine dreizehnjährige Tochter. Die heißblütige Brasilianerin hatte eine sehr erotische Ausstrahlung. Diese Beobachtung wurde mir von den Experten Manfred, Heini, Chomik und Berger entschieden bestätigt. Eckland flog mit ihr in ihre Heimat nach Brasilien und war begeistert von den Menschen und vom Leben in der Nähe des Urwaldes. Das Dorf lag in der Nähe der Stadt Recife. Er schwärmte von der Herzlichkeit der Bewohner, von dem einfachen Leben, von der Exotik. Die Armut, den schwierigen Alltag der Menschen schien er übersehen zu haben. Seine Freundin Ramona machte uns allen schöne Augen und ich war sicher, dass sie bei einem besseren Angebot den Freund gewechselt hätte. Nun, Ramonas Plan war viel strategischer angelegt, als ich je hätte vermuten können. Wir hatten das brasilianische Teufelchen mächtig unterschätzt. Schon bald erzählte uns Werner Eckland von seinen Heiratsabsichten. Die Hochzeitsparty fand in einem südamerikanischen Restaurant in Nied statt. Der Besitzer kam zwar aus Jugoslawien, aber dieser Umstand war kein Hindernis und tat der bombastischen Stimmung keinen Abbruch. Herr Berger, Hausmeister Chomik und ich durften an der Feier teilnehmen und wir kamen alle auf unsere Kosten. Mir fiel damals ein etwa dreißigjähriger Mann auf, der oft mit der Braut tanzte, sie herzlich umarmte und gerne zur Flasche griff. Er war Brasilianer, ein Kraftpaket, dem man lieber aus dem Weg ging. Laut Eckland war er der Bruder seiner Frau, der extra zur Hochzeit aus Brasilien eingeflogen wurde.

Nach der Hochzeit verkaufte der Frischvermählte seine Kurierfirma und investierte das Geld in ein Bauvorhaben in Recife. Es handelte sich um ein Motel, das direkt an der Autobahnausfahrt liegen sollte. Parallel dazu kaufte er in Recife eine Vierzimmerwohnung, die er feierlich seiner Gattin überschrieb, als ein verspätetes Hochzeitsgeschenk. Er kam zurück nach Frankfurt, um noch einige Dinge zu erledigen. Als er mich im Kiosk besuchte, pries er sich als den glücklichsten Menschen der Welt. Er rauchte weiterhin wie ein Schlot, obwohl er schon lange Probleme mit der Lunge hatte. Es ging ihm nicht besonders gut, er wollte vor seiner Abreise noch einen Arzt aufsuchen. Nach dem Motel gefragt, antwortete er, dass die Autobahn noch gebaut werden müsse, dann könne man erst mit dem Bau des Motels anfangen. Er müsse aber schon jetzt Geld einzahlen, um dieses Areal kaufen zu dürfen. Wer zu spät komme, der würde leer ausgehen. Statt jedoch nach Recife zu fliegen, musste sich Eckland nach dem Arztbesuch ins Krankenhaus begeben. Erst nach einem unfreiwillig verlängerten Aufenthalt durfte er nach Brasilien fliegen. Doch er kam schon bald zurück und berichtete von Unstimmigkeiten mit seiner neuen Gattin.

Eckland blieb nicht lange in Frankfurt. Seine ehemaligen polnischen Mitarbeiter eröffneten in ihrem Land eine Fensterrahmenfabrik, an der er beteiligt war. Deutschland wurde zum Absatzmarkt Nummer eins und Herr Eckland verdiente gutes Geld. Doch nach einigen Monaten bekam er Sehnsucht nach der Copacabana und Recife, und schon war er weg. Bis er wieder in Frankfurt auftauchte, vergingen drei lange Jahre. Ein alter Mann besuchte mich im Kiosk, der nur langsam gehen konnte und ständig nach Luft rang. Erst beim zweiten Hinsehen erkannte ich in ihm den ehemaligen Kurierfahrer und Fensterrahmenproduzenten Werner Eckland. Auch er musste seinem ungesunden Leben Tribut zollen. Er rauchte Zigaretten, obwohl seine Lunge nur halbe Arbeit verrichtete, er trank Alkohol, den er nicht vertrug, er lebte in einem schweißtreibenden Klima, was sein angegriffener Organismus nur schwer verkraften konnte. Und er wohnte mit einer Frau zusammen, der er nicht nur körperlich nicht gewachsen schien. Er hatte sich da eine Welt zusammenfantasiert, die in keiner Weise der Realität entsprach und nur seiner Sehnsucht nach einer perfekten Beziehung geschuldet war. Doch einem total Verliebten die Augen öffnen und ihn aus seinem Traum wecken, bevor er in einem Albtraum aufwacht, ist fast unmöglich. Ohne einen gewaltigen Schock würde das nicht gehen. Werner flog also zurück nach Brasilien und blieb dort noch einige Zeit.

Im Jahr 2004 besuchte mich eines sonnigen Maimorgens ein bärtiger alter Mann im Rollstuhl. Das Gefährt wurde von einem jungen Helfer geschoben, der sich später als Mitarbeiter eines Sozialdienstes zu erkennen gab. Ich erkannte den Alten im Rollstuhl weder am Aussehen noch an der Stimme. Es war Werner Eckland, der todkrank zu mir kam, um sich vor seiner letzten Reise zu verabschieden. Es dauerte lange, bis er mir seine Odyssee geschildert hatte. Er sprach langsam und undeutlich und musste immer wieder Pausen machen, um Luft zu holen. Als er von seiner letzten Europareise zurück nach Recife kam, da zeigte seine Frau ihr wahres Gesicht. Sie warf die Maske der liebenden und treuen Ehefrau ab, die sie die ganze Zeit getragen hatte. Durch die Mitwirkung eines zwielichtigen Anwalts und korrupter Beamten gelang es Ramona, Werner entmündigen zu lassen. Man nahm ihm die gemeinsame Wohnung weg und plünderte sein Bankkonto. Anschließend reichte die Frau die Scheidung ein. Werner Eckland hatte einen Zusammenbruch und wurde in ein Krankenhaus eingeliefert. Als er es verließ, hatte er kein Geld, keine Frau und auch kein Zuhause mehr. Damit er nicht auf den Gedanken kam, womöglich seine ehemalige Frau zu belästigen und nach Geld zu fragen, wurde er von netten Mitmenschen vorbeugend verprügelt. Drei Monate nach ihrer Scheidung heiratete diese ihren Dauerfreund Ernesto Nelinho. Das war dieser Muskelprotz, den wir auf der Hochzeitsparty in Frankfurt kennenlernen durften. Auch das Kind, inzwischen eine junge Dame, stammte von ihm. Jetzt stellte sich auch heraus, dass Werners Traumfrau früher im horizontalen Gewerbe tätig war und ihr jetziger Gatte schon damals das Geschäftliche organisierte.

Einige Zeit lebte Eckland in Brasilien auf der Straße, dann nahm ihn eine ältere Dame auf, der er als Liebhaber diente. Nach ihrem Tod bekam er die Quittung für sein gesundheitsschädliches Verhalten. Seine Lunge verweigerte ihre Arbeit und auch sein Herz begann zu streiken und konnte nur durch einen Bypass beruhigt werden. Da er die Kosten der medizinischen Behandlung nicht begleichen konnte, wurde seitens des Krankenhauses die deutsche Botschaft in Brasilia eingeschaltet. Nach langem Hin und Her schaffte man Werner Eckland nach Frankfurt. Hier wurde er in der Uni-Klinik noch zwei Mal operiert und anschließend in ein Pflegeheim eingewiesen. Das sei vor fast einem Jahr gewesen. Jetzt sei er gekommen, um sich von mir zu verabschieden. Man gebe ihm nur noch eine kurze Zeit. Es war ein bewegender Abschied.

Dietmar Daimler, genannt DD, blieb das Schicksal seiner ehemaligen Kompagnons erspart. Er führt seine kleine Firma auf den Namen seines Bruders, wo er nur Angestellter ist. Er fährt für die Deutsche Börse AG, kutschiert den Vorstand zu wichtigen Sitzungen und Konferenzen. Er blieb bei seiner Frau und suchte kein Abenteuer mehr. Die Söhne betreiben in Frankfurt ein bekanntes ostasiatisches Restaurant und machen das ausgezeichnet. DD ist zwar älter geworden und langsam denkt er ans Aufhören, aber noch geht er sommers wie winters in korrekter Kleidung seinen Aufgaben nach.

Iwan

Iwan hieß nicht – wie man meinen könnte – Iwan, Iwanowitsch oder Iwanow, sondern ganz anders, wurde aber von allen so genannt. In seinen früheren Jahren hatte Iwan als Elektriker in einer oberschlesischen Grube gearbeitet, in einer Tiefe von über fünfhundert Meter. In der Freizeit boxte er um die oberschlesische Juniorenmeisterschaft. Er war ein Kind des Reviers, wo schon Kleinkinder wussten, dass Kohle das schwarze Gold war. Seine Familie verließ die Heimat in den sechziger Jahren, nur er und seine Mutter blieben in dem mit Kohlestaub und Chemieabfällen kontaminierten Land, in dem Umweltschutz noch kein Thema war. Iwan sprach besser Schlesisch als die offizielle polnische Sprache, denn diese lernten die Kinder erst in der Schule.

Anfang der achtziger Jahre machten sich dann auch Iwan und seine Mutter auf den Weg in die Bundesrepublik Deutschland. Die Schwester der Mutter hatte in Bad Kreuznach den Sohn eines der hiesigen Honoratioren geheiratet. Später fand sie Arbeit beim städtischen Finanzamt und war bei ihrer Pension sogar Leiterin dieser Behörde. Iwan und seine Mutter zogen zu der Tante, aber Arbeit war in dieser Gegend knapp. Da bekam Iwan, der ein ausgezeichneter Elektriker war, eine Anstellung in Frankfurt und ließ sich hier nieder. Er mietete eine Bleibe im Stadtteil Preungesheim, im selben Haus, in dem später die Redaktion einer polnischen Exilzeitschrift untergebracht war. Dort begegnete ich ihm zum ersten Mal. Als ich damals mit Marek Strzelecki die Kirche in der Savignystraße aufsuchte, war es Iwan, der diese Exilzeitschrift an den Mann (bzw. auch an die Frau) zu bringen versuchte. Er half sowohl beim Satz wie auch beim Vertrieb dieses Blattes mit. Er setzte sich auch als Jobvermittler für arbeitsuchende polnische Staatsangehörige ein. Damals kamen viele Polen in die Bundesrepublik, um hier zu arbeiten und ein bisschen Geld in die Heimat zu schicken. Es herrschte zwar kein Hunger in Polen, aber die Geschäfte waren leer gekauft, die Wirtschaft lag am Boden. Das gebeutelte Volk sah in der Arbeit in der Fremde die einzige Chance, die drohende Armut zu bekämpfen.

Die arbeitswilligen Landsleute erfuhren schon in ihrer Heimat, dass es in Frankfurt jemanden gab, der ihnen Arbeit und Quartiere besorgen konnte. Iwan bemühte sich sehr, diese Leute bei verschiedenen Firmen unterzubringen. Bei erfolgreicher Vermittlung war eine bescheidene Gebühr an ihn zu entrichten. Daneben pflegte er auch sehr gute Kontakte zur Konsularabteilung der polnischen Botschaft in Köln. Damals brauchten polnische Staatsbürger ein Visum für den Aufenthalt in Deutschland. Anträge hierfür konnte man bei der Konsularabteilung der Botschaft erhalten und sie mühsam alleine durchackern. Man konnte die Formulare aber auch bei Iwan bekommen und mit seiner Hilfe ausfüllen. Er schickte sie dann nach Köln und fast alle wurden wohlwollend bearbeitet. Diese Dienstleistung wurde pauschal abgerechnet, alle waren zufrieden und Iwan hatte ein gesichertes Einkommen.

Der geschäftstüchtige Iwan zog bald in eine Sozialwohnung in Sachsenhausen, gemeinsam mit der Frau seines Herzens, die jedoch irgendwann wieder auszog. Dann verliebte er sich in eine »Kundin«, die er bei ihrem Visumsantrag unterstützt hatte, und die beiden wurden ein Paar. Doch wie wir wissen, gibt es im Leben Höhen und Tiefen. Iwan arbeitete endlich in seinem Beruf als Elektriker, seine Lebensgefährtin lernte fleißig Deutsch und betreute alte und pflegebedürftige Menschen. Er schenkte ihr einen Kleinwagen, mit dem sie schon am Tag darauf einen Unfall verursachte. Es entstand nur Blechschaden, aber man rief die Polizei. Ein junger und strebsamer Polizist nahm den Unfall auf und schloss die attraktive Dame in sein Herz. Nach einigen Wochen zog die junge Frau aus der gemeinsamen Wohnung aus und übersiedelte zu dem Beamten. Damit war sie unbestritten gleich mehrere Stufen in ihrer persönlichen Karriereleiter aufgestiegen. Jetzt war sie die Freundin eines deutschen Polizeibeamten, wohnte in einer Doppelhaushälfte mit großem Garten. Dem Muff des sozialen Wohnungsbaus war sie auf diese Art und Weise entkommen.

Ihr ehemaliger Lebensgefährte brauchte viel Zeit, um mit dieser Tatsache klarzukommen. Sein Verhältnis zum anderen Geschlecht wurde ambivalent. Er traute diesem alles zu und schwor, keine

Frau mehr anzusprechen. Die nächste sprach aber ihn an. Sie war schön, charmant und sehr selbstbewusst. Allen war klar, dass sie ihn als Wasserträger für ein neues Leben brauchte, nur ihm nicht. Iwan verliebte sich hoffnungslos und vergaß die ganze Welt. Er kündigte bei seinem Brötchengeber und gründete eine eigene Elektrofirma. Nach den erwarteten Startschwierigkeiten entwickelte sich sein Betrieb sehr gut. Er stellte Leute ein, bekam viele Aufträge, von denen einige sehr lukrativ zu sein schienen. Seine neue Lebensgefährtin hatte gehobene Ansprüche, die Iwan zu befriedigen versuchte. Sie trug immer neue, elegante Kleider, ging häufig zum Friseur und präsentierte sich sehr eindrucksvoll als die Frau an seiner Seite. Einer beruflichen Tätigkeit ging sie nicht nach. Manchmal kam sie abends spät nach Hause, müde von den Treffen in ihrem Freundeskreis. Manchmal übernachtete sie sogar bei einer Freundin. Iwan hatte keine Zeit für gesellschaftliche Verpflichtungen, er führte seine Firma recht erfolgreich und verbrachte seine ganze Zeit mit dieser Aufgabe.

Einmal begegnete ein Freund von Iwan dessen Lebensgefährtin in der vornehmen Goethestraße, wo sie gerade mit zwei großen Tüten in der Hand eine superteure Boutique verließ. Der Freund fragte sich, woher ein armes polnisches Mädchen, das keiner Arbeit nachging, das nötige Geld hatte, um in solch exklusiven Läden einzukaufen. Iwans Einnahmen konnten diesen Kaufrausch nicht rechtfertigen. Als Iwan damit konfrontiert wurde, warf er zunächst den Informanten aus der Wohnung, aber dann begann er nachzudenken. Um Geld für einen Privatdetektiv zu sparen, wurde er zum Schnüffler in eigener Sache. Und er machte die Aufgabe sehr gut. Schon nach ein paar Tagen fand er heraus, wohin die Dame seines Herzens ihre Schritte führte. In einer Villengegend am Stadtrand entdeckte er ein Haus aus weißem Marmor, das von einem großen Garten umgeben war. Am Eingangstor war ein Schloss angebracht, dessen Code die Frau auswendig kannte. Es gelang ihm, das Grundstück zu betreten. Vor dem Hinterhaus parkten Luxuslimousinen. An den Fenstern hingen weiße Gardinen, er konnte deshalb nicht erkennen, was im Inneren geschah. Als er zurück zu seinem Wagen wollte, wurde er von einem großen Mann mit breitem Rücken gestellt. Als Willkommensgruß bekam Iwan einen Schlag in die Magengegend. Bevor er reagieren konnte, wurde er von einem Hagel an Schlägen zu Boden geworfen. Aber der Gegner wollte ihn nicht nur angezählt sehen und traktierte ihn mit den Füßen weiter. Dann zerrte er ihn zum Gartentor und legte ihn ordnungsgemäß auf dem Bürgersteig ab. Erst nach einiger Zeit kam Iwan wieder zu sich und schleppte sich mühevoll zu seinem Wagen.

Ein paar Tage später fuhr er erneut zu der Villa und gut versteckt observierte er das Gelände. Teure Autos mit Kennzeichen aus der Region fuhren auf das Anwesen. Plötzlich sah Iwan seinen Peiniger wieder. Er stand am Eingang und beobachtete das Geschehen. Gerade als der Schurke das Tor schließen wollte, war Iwan bei ihm und meldete sich mit einem Doppelschlag auf Kinn und Magen zurück, was seinen Gegner zu Boden warf. Nun verprügelte ihn Iwan nach allen Regeln der Kunst. Dann schleppte er sein Opfer zum Wagen und vernahm es zur Sache. Wie er schon vermutet hatte, trafen sich in der Villa vermögende einsame Männer mit weiblichen Personen, die gegen gutes Geld viel Verständnis für ihre Freier aufbrachten.

Iwan war außer sich vor Wut. Um sich an seiner Lebensgefährtin zu rächen, ertränkte er zuerst ihren Pudel in der Badewanne, dann sagte er der Lebedame nachdrücklich und handfest Adieu. Er beschloss, ab jetzt keine Frau mehr in sein Leben zu lassen. Es dauerte fast ein ganzes Jahr, bis er es wagte, wieder eine Frau anzusprechen. Eine adrette Polin aus Ostpolen durfte bei ihm bleiben und seine freien Stunden versüßen. Er war sehr zufrieden, fast glücklich, und die Dame seines Herzens anscheinend auch. Nach einem Jahr in großer Harmonie wollte das Paar sein Verhältnis legalisieren. Bevor man aber zur Tat schritt, bemerkte der Ehemann in spe, dass seine künftige Gemahlin ein Alkoholproblem hatte, was ihm die ganze Zeit über überhaupt nicht aufgefallen war. Erst als sie einige Male volltrunken nach Hause kam, begriff er, dass die Frau unbedingt eine Therapie brauchte. Sie wollte ihre Sucht natürlich nicht zugeben und suchte fleißig nach immer neuen Erklärungen. Eines Tages verursachte sie im Zustand der Trunkenheit einen Unfall und wurde zu einer satten Geldstrafe verurteilt, die Iwan selbstverständlich für sie bezahlte. Doch als bald darauf das gemeinsame Privatkonto geplündert wurde, da wurde es dem angehenden Frauenhasser zu bunt. Er brachte seine Gefährtin zur Therapie in eine Anstalt für Alkoholsüchtige. Sie riss jedoch aus und kam wieder zu ihm nach Hause. Nachdem er sie aufs Neue in der Anstalt abgeliefert hatte, bemerkte er nach seiner Rückkehr, dass ein großer Geldbetrag fehlte, den er für Notzeiten in der Wohnung versteckt hatte. Er fuhr also zurück, um mit seiner Freundin über das Verschwinden des Geldes zu sprechen, doch die Anstaltsleitung eröffnete ihm, dass diese gleich nach seiner Abreise ein Taxi bestellt hatte und davongefahren war. Alle Suchaktionen Iwans brachten keine Resultate, die Dame schien wie vom Erdboden verschluckt zu sein. Er besuchte sogar den Ort an der polnisch-russischen Grenze, aus dem sie angeblich stammte. Man kannte sie dort nicht, ihre Eltern waren schon vor langer Zeit weggezogen, keiner konnte sagen wohin. Iwan fuhr unverrichteter Dinge zurück nach Deutschland.

Durch diese Geschichte steigerte sich Iwans Hass auf die Frauen ins Unermessliche. Während er mit seinen Partnerinnen beschäftigt war, mit denen er doch nie glücklich wurde und die ihn betrogen und finanziell ausgenommen haben, vernachlässigte er seine Elektrofirma. Die Aufträge wurden nicht rechtzeitig bearbeitet, ein stiller Kompagnon erleichterte Iwan um einige Tausend Mark. Dazu kam, dass einige Auftraggeber zahlungsunfähig wurden und die Rechnungen nicht beglichen. Sein Pech war, dass er die fälligen Steuern nicht entrichtet hatte, wie ihm ein Steuereintreiber in einem persönlichen Gespräch erläuterte. Das Finanzamt machte bei ihm eine Betriebsprüfung, was zu einer sehr hohen Nachforderung führte, die er nicht bezahlen konnte. Außerdem verklagten ihn mehrere Mitarbeiter vor dem Arbeitsgericht auf Lohnzahlung. So an die Wand gedrängt, beantragte er die Insolvenz. Unser moderner Hiob verlor fast alles, Frauen, Freunde, Firma und die Hoffnung auf bessere Zeiten. Er leistete den Offenbarungseid und gehörte nun zu der Armee der Elenden. Das Sozialamt bezahlte ihm weiterhin die Wohnung, Essen gab es bei der Frankfurter Tafel. Das Sozialamt übertrug alle Daten zum Finanzamt, das an der Sozialhilfe für Iwan geringfügig partizipierte. Dann entzog er sich der Obhut der Ämter, indem er bei einem Bekannten in der Nähe von Bad Homburg unterschlüpfte. Jetzt war Iwan für kein Amt mehr erreichbar, der Staat half ihm nicht mehr, nahm ihm aber auch keinen Pfennig mehr weg. In dieser ausweglosen

Situation wurde Iwan psychisch labil, zu Frauen war er aggressiv und bezeichnete sie als das größte Unglück der Welt. Er begann zu trinken. Seine Wutausbrüche gegen das weibliche Geschlecht führten dazu, dass er der Obhut von Spezialisten zur psychologischen Behandlung anvertraut wurde.

Nach einer Zeit der Besinnung und der Rückkehr zu den Werten unserer Gesellschaft kam Iwan im Gartenhaus eines Ärzte-Ehepaares unter, das für ein Entwicklungshilfeprojekt in Tansania weilte. Er kümmerte sich um den Garten, überprüfte die Hauselektrik und hielt das Anwesen instand. Dafür bekam er freie Kost und Logis und ein bisschen Taschengeld. Als die Ärzte aus Afrika zurückkamen, war Iwan wieder arbeits- und wohnungslos. Eine Bleibe fand er bei einem Freund, der im Taunus Bilderrahmen anfertigte. Eines Tages erschien Iwan rein zufällig in meinem Kiosk. Ich erkannte ihn auf den ersten Blick nicht, denn er befand sich in einem Zustand der geistigen Verwirrtheit und Apathie. Sein Haar war lang und ungepflegt, sein rotgrauer Bart hing ihm verwahrlost im Gesicht. Seine Kleidung schrie nach einer gründlichen Reinigung. Er wunderte sich, mich hier anzutreffen, denn er hatte den Kiosk als eine kleine Holzbude in Erinnerung. Nun war daraus ein ganz passabler Pavillon mit einer etwas ungewöhnlichen Architektur geworden. Iwan bewunderte das Kunstwerk und inspizierte die elektrische Installation, an der er nichts verbesserungswürdig fand. Ich erzählte ihm vom Kauf des weiteren Kioskes am Rathenauplatz. Bei der Neueinrichtung war er dann sehr behilflich, für seine Arbeit verlangte er nur ein ausgedehntes Mittagessen, das er auch postwendend bekam.

Nach einiger Zeit änderte Iwan sein Outfit grundlegend. Er rasierte sein Gesicht, schnitt den Bart vollständig ab und auch seine ganze Haarpracht. Er fiel den Menschen mit den Aufschriften auf seinen T-Shirts auf. Dort stand fein säuberlich geschrieben, dass Frauen unser Unglück sind, dass man keinem weiblichen Wesen über fünf Jahren trauen darf, dass Frauen hinterlistig und gemein sind, dass sie nur das eine wollen: den Mann ausnutzen. So viel philosophisches Talent hatte ich Iwan gar nicht zugetraut. Er verriet mir nicht, wer ihm diese Aufschriften auf die Hemden druckte. Mit der Zeit avancierte Iwan zum »Kiosk-Freund«. Er gehörte dazu, die anderen Kunden gewöhnten sich mit der Zeit an ihn.

Und das wortwörtlich: Sein Aussehen war wirklich gewöhnungsbedürftig, er trug eine modifizierte Irokesenfrisur. Er liebte die Provokation, da war er in seinem Element. Sein wildes Aussehen verleitete Kleinkinder zum Weinen, Frauen machten einen großen Bogen um ihn und auch Männer mieden diesen Außerirdischen nach Möglichkeit. Es war der sanfte Niedergang eines außergewöhnlichen Menschen, der nie richtig zu kämpfen vermochte und bei Problemen und Schwierigkeiten schnell kapitulierte. Mit Sonderaufträgen verdiente Iwan sich etwas Geld. Immer noch verrichtete er schwere Gartenarbeit und reparierte Herde, Kühlschränke und Waschmaschinen. Da kam ihm das Finanzamt auf die Schliche und präsentierte ihm die alte Rechnung, die er nie hätte bezahlen können. Man bot ihm Ratenzahlung an, aber Iwan zog es vor, wieder unterzutauchen.

Bevor er auf der Straße landete, wurde ihm durch den Verein gegen Wohnsitzlosigkeit ein Platz in einer schäbigen Unterkunft am Hauptbahnhof vermittelt. Wer dort wohnte, war nur einen kleinen Schritt vom vollständigen sozialen Ruin entfernt. Zusammen mit Berufstrinkern, Huren, Dieben, Drogenabhängigen, psychisch kranken und verwirrten Menschen bewohnte er dieses verschimmelte Haus der letzten Hoffnung. Dort lernte er eine Sozialarbeiterin und Anwältin kennen, die sich bemühte, ihm zu helfen. Er erhielt wieder einen legalen Status, man besorgte ihm eine Wohnung im Taunus und durch die Vermittlung einer Zeitarbeitsfirma bekam er Arbeit in seinem alten Beruf. Dazu betätigte er sich weiterhin als Aushilfe in den Gärten und Haushalten. In meinem Kiosk erneuerte er alle elektrischen Leitungen und die Klimaanlage, er installierte sogar eine Starkstromleitung sowie eine neue Alarmanlage. Außerdem reparierte er Kühlschränke und Elektrogeräte. Wenn die Kunden mich nach der Firma fragten, welche so gut gearbeitet hatte, gab ich ihnen Iwans Telefonnummer. Ob Ärzte, Werbefachleute, Ladenbesitzer oder Maklerfirmen, alle nahmen gerne Iwans Arbeitskraft in Anspruch. Er wurde zur Kultperson, bald kannte jeder Iwan, den Irokesen.

Einmal bat Iwan den gegenüber dem Kiosk arbeitenden Bettler, ihm seine Fertigkeit zu vermitteln. Er setzte sich mit ihm zusammen auf das Straßenpflaster und versuchte sich in der Technik des Bettelns. Nach drei Stunden hatte er genug, er brach das Experiment ab und verkündete, das Reparieren elektrischer Anlagen sei einfacher und auch angenehmer. Als sich die *Bild*-Zeitung mit der Bitte, den Verkauf tatkräftig zu unterstützen, an die Händler wandte, da zog sich Iwan ein Verkäufertrikot an, hängte sich einen Zeitungskasten um und ging damit auf die Zeil. Er brach sämtliche Verkaufsrekorde, alle gelieferten Exemplare wurden von ihm an die Frau und an den Mann gebracht. Dafür erhielt unsere Verkaufsstelle einen Preis, den Iwan entgegennehmen durfte.

Nach einiger Zeit war Iwan fast allen Einwohnern seines Taunusstädtchens bekannt. Ich konnte mich selbst davon überzeugen, als ich ihn eines Tages dort besuchte. Ob der türkische Kebabverkäufer, die Sparkassenangestellte oder der Rentner, der mit seinem Hund Gassi ging, alle kannten ihren neuen Mitbürger. Mit seinem Motorroller war er überall präsent, jeder Trinkhallenbesitzer begrüßte ihn als alten Freund. In der Wohnung fiel sofort sein Sammeltick ins Auge. Hier lagen Schrauben, Drahtrollen, elektrische Geräte und alle möglichen Utensilien, die einem Elektriker nützlich sein könnten, in heilloser Unordnung am Boden. Iwan kannte sich in diesem Durcheinander erstaunlich gut aus, es hatte wohl ein nur für ihn ersichtliches System, denn er konnte immer die gesuchte Schraube oder den Schraubenzieher finden.

Einmal im Monat fuhr er nach Bad Kreuznach, um seine Mutter und die Tante zu besuchen. Sie bemutterten ihn eifrig und nahmen regen Anteil an seinem Schicksal. Als seine Mutter starb, traf Iwan ihr Tod schwer. Er blieb längere Zeit bei der Tante, und als er zurück nach Frankfurt kam, war er schweigsamer und ruhiger. In seiner Wohnung arrangierte er ein Denkmal aus Blumen und Andenken an die Mutter, in der Mitte flackerte ein ewiges Licht. Er machte sich Vorwürfe, sie nicht öfter besucht zu haben, und war selbst überrascht, wie stark er trauerte. Iwan gab seine Irokesenfrisur auf und versuchte es mal ganz ohne Haare. Er begann zu philosophieren über die Verlogenheit der Welt, über den Tod und das irdische Leben. Er hinterfragte den Sinn unseres kurzen Daseins auf der Erde und fand keine plausiblen Antworten auf seine Fragen. Er präsentierte sich plötzlich in einem T-Shirt mit der Aufschrift »Alle Frauen sind Huren, nur meine Mutter ist eine Heilige«.

Nach und nach konzentrierte sich Iwan dann wieder auf das

gegenwärtige Leben. Er machte für mich im Kiosk einige Ausbesserungsarbeiten und war mit fast allem fertig, bis auf eine klemmende Schublade im mittleren Verkaufsschrank. Er versprach, sie zu reparieren und wir verabredeten uns für den Sonntag. Um elf Uhr war Iwan noch nicht da, um zwölf auch nicht. Er kam selten zu spät, und wenn, dann rief er mich an. Diesmal schwieg er. Ich hatte ein mulmiges Gefühl. Um halb eins rief ich ihn an, doch er meldete sich nicht. Bis vierzehn Uhr versuchte ich in regelmäßigen Abständen, ihn zu erreichen, aber ohne Ergebnis. Da wusste ich schon, dass etwas nicht in Ordnung war. Ich rief seine Bekannte an, die im selben Ort wohnte, und bat sie nachzusehen. Sie klopfte an seine Tür – alles vergebens. Daraufhin rief sie die Polizei. Die Beamten fanden keinen Hausmeister, deshalb holten sie die Feuerwehr zu Hilfe, die mit einer Leiter auf den Balkon gelangte. Einer der Feuerwehrmänner schaute durch das Fenster und erblickte den reglos daliegenden Iwan. Der herbeigerufene Arzt stellte dessen Tod fest. Er hatte im Schlaf einen Herzinfarkt erlitten. Ich benachrichtigte seine Tante, die schon weit über achtzig Jahre alt war. Die Urne mit seiner Asche wurde nach Bad Kreuznach gebracht, und dort versammelten sich in der kleinen Friedhofskapelle nur einige wenige Personen zur Beerdigung. Neben dem Pfarrer waren nur seine Tante mit ihrem Lebensgefährten, ein ferner Verwandter aus dem Taunus, die Bekannte aus dem Taunusstädtchen, ein Kollege und meine Wenigkeit anwesend. Seine sogenannten Freunde fanden keine Zeit, sich von Iwan zu verabschieden. Der Pfarrer erzählte Iwans Lebensgeschichte in acht Sätzen. Die Tante lud uns zu einem gespenstischen Umtrunk in ein Restaurant ein, dann fuhren wir alle zurück nach Hause.

Nach einigen Wochen erhielt ich eine Postsendung aus Bad Kreuznach. Sie enthielt eine Halskette und einen Ring. Die Tante schrieb, dass Iwans Mutter vor ihrem Tod die Kette ihrem Sohn geschenkt hatte, und den Ring hatte er seit seinem zwanzigsten Lebensjahr getragen. Weil ich bei den Beerdigungsvorbereitungen geholfen hatte und Iwan über mich »nur Positives« berichtet habe, schicke sie mir diese Andenken. Sie selbst sei schon sehr alt und diese Sachen wären bei ihr fehl am Platz. Ich nahm das Geschenk als Andenken an Iwan gerne an. Das andere Andenken habe ich im Kiosk: die unvollendete Schublade. Sie klemmt immer noch, aber ich lasse sie nicht reparieren. Sie ist eine Erinnerung an einen Sonderling, der uns viel zu früh verließ und jetzt das Geschehen auf der Erde von Weitem beobachtet.

Der Bettler

Der Bettler sah zu Beginn seiner »Karriere« nicht wie ein solcher aus, obwohl er sich die größte Mühe gab, als solcher erkannt und honoriert zu werden. Der Bittsteller war groß und kräftig, hatte graues Haar und ein glatt rasiertes Gesicht. Bei genauem Hinschauen konnte man zu dem Ergebnis kommen, dass er sogar gepflegt aussah. Dieses Erscheinungsbild passte nicht gut zu seinem Beruf, was ihn am Anfang vor einige Probleme stellte.

Mit der Zeit überprüfte er seine Garderobe, oder anders formuliert, seine Berufskleidung, und passte sie dem vom Publikum erwarteten Bild an. Seine bisher jeden Tag ordentlich geputzten Schuhe verwandelten sich in das löcherige Schuhwerk eines armen Teufels. Auch sein Äußeres glich immer mehr dem der anderen Obdachlosen. Mit einer Ausnahme: Der Bettler, den ich ab jetzt Fritz nennen will, wusch sich regelmäßig, nie stank er nach Entwurzelung und Hoffnungslosigkeit. Er war etwa fünfundfünfzig Jahre alt, ein Einzelkämpfer, und er arbeitete nach einem Plan, den er in seinen heimischen Gefilden entwickelt hatte. Seine grauen Augen vermittelten Entschlossenheit und eine erstaunliche Willensstärke. Er konnte stur oder auch flexibel sein, abhängig von der Lage, in der er sich befand.

Der Bettler fand den geeigneten Arbeitsplatz in einem Hauseingang schräg gegenüber von meinem Kiosk. Es war eine mit Bedacht gewählte Stelle, die dem hier Arbeitenden Schutz vor Wind und Wetter gewährte. Zunächst suchte er nach der besten Methode, um sein Talent zum Betteln, das er fürwahr hatte, optimal einzusetzen. Er legte ein paar Münzen in einen Kaffeebecher, den er kräftig schüttelte, sodass alle Passanten auf ihn aufmerksam wurden. Später verfeinerte er seine Bemühungen, um noch effizienter zu arbeiten. Er begann zu sprechen. Seinen Text kannte er auswendig. »Haben Sie etwas Kleingeld für mich?«, war sein Standardsatz, den er monoton immer wieder von sich gab. In der Wahl seines

Bittspruches unterschied er sich von seinem direkten Konkurrenten, der seine Kundschaft mit dem etwas forschen »Haben Sie einen Euro für mich?« nicht recht begeistern konnte und gezwungen war, den Slogan zu überprüfen. Dieser junge Mann aus dem Taunus, der bei mir Lotto spielte, wenn er gerade ein paar Euro übrig hatte, war drogenabhängig mit Auszeiten, in denen er clean zu sein schien. In eine Decke gehüllt saß er auf dem Trottoir und versuchte die Passanten von seinem Anliegen zu überzeugen. Einmal machte er Fritz den Arbeitsplatz streitig, was zu einer Aussprache im Kiosk führte. Nach einer einmaligen Abstandszahlung von fünfundzwanzig Euro überließ der junge Bettler dem Älteren die so begehrte Stelle.

Er selbst entschloss sich zu einer eher mobilen Ausrichtung seiner Arbeitsstätte. Entweder saß er vor der Rolltreppe neben dem Geox-Laden oder er bearbeitete das Gebiet an der Hauptwache. Auch vor dem Buchkaufhaus Hugendubel konnte man ihm begegnen. Seine Arbeitsweise war viel aggressiver als die von Fritz, er hatte eine gewisse Unruhe, die er zu verbergen versuchte. Fritz dagegen strahlte Ruhe und Gelassenheit aus, unbeirrt richtete er sich von seinem Lagerplatz aus an die Vorübergehenden. Seine Besonnenheit und Diszipliniertheit waren durchaus imponierend. Mit Bedacht versuchte er die Kundschaft in seine Bahn zu lenken, um sie dann nach allen Regeln der Bettelkunst zu bearbeiten. Die angewandten Techniken mussten erlernt sein, was er in einem Gespräch mit mir auch zugab und erläuterte. Nach seinen Worten lernte er die Arbeitsmethoden bei einer Gruppe Sinti, mit der er einige Zeit unterwegs war. Psychologie und Menschenkenntnis waren besonders wichtig für den Erfolg. Man musste Demut mit List vereinen, das gesprochene Wort messerscharf formulieren und mit perfider Knappheit ins Herz des Delinquenten injizieren. Das war hohe Kunst und musste trainiert werden.

Sein Kollege aus dem Taunus hatte auf diesem Gebiet deutliche Defizite, die er durch seine Ausdauer kompensierte und den eisernen Willen weiterzumachen, obwohl sich die Geldgeber merklich zurückhielten und er öfter angepöbelt wurde. Man riet ihm, gefälligst arbeiten zu gehen, schickte ihn zum Teufel und betitelte ihn als »Schmarotzer«. Fritz' Spender waren da etwas vornehmer und gaben ihm viele Ratschläge für eine »geordnete« Zukunft, die er dankbar und mit der nötigen Untertänigkeit entgegennahm. Noch während des jovialen und netten Gesprächs reichte er dem Dialogpartner den Becher und in der Regel spendete dieser etwas Geld. Aufmerksam und devot zuhören und gleichzeitig den Lohn seiner Arbeit ernten, darin war er sehr geschickt. Seine »Kunden«, denn von solchen sprach er immer, waren meist ältere Mitbürger, davon die meisten weiblichen Geschlechts. Sie brachten ihm außer Bargeld, was er am meisten schätzte, auch frische Brötchen vom Bäcker oder gewaschene Socken vom unlängst verstorbenen Ehemann. Manchmal bekam er Fallobst, Wurst und Lebensmittel, deren Haltbarkeitsdatum schon einige Zeit abgelaufen war. Diese Schenkungen sah er fast als Beleidigung und er beklagte sich bei mir über den Sittenverfall mancher Spender. Er entsorgte diese Produkte mit einem Ausdruck von Ekel im Gesicht. Fritz hatte Stammkunden, die jede Woche zehn oder mehr Euro in seinen Becher warfen. Manche Spender warfen das Geld nicht in den Becher, sondern überreichten es ihm feierlich in einem Akt der sozialen Selbstdarstellung. Sie hofften auf seine Ehrerbietung, seinen demütigen Blick. Sie brauchten diese Inszenierung, um sich selbst als gute Menschen zu feiern, sich anders als die Mehrheit zu fühlen. Damit will ich diejenigen, die wirklich ein edles Herz hatten und helfen wollten, nicht diskreditieren, aber solche Personen waren in der Minderheit.

Manche der helfenden älteren Damen brachten sogar heiße Suppen und selbst gebackenen Kuchen an die Bittstelle. Im Winter, wenn es richtig kalt war, war die Spendierfreude besonders groß. Die Damen brachten Fritz handgestrickte Handschuhe, warme Jacken und die Winterschuhe ihrer dahingegangenen Gatten. Eine ältere Frankfurterin brachte jedes Jahr Mitte November eine warme Mütze, die sie Fritz fast feierlich überreichte. Sie hatte früher ein Hutgeschäft geführt und einige nicht verkaufte Ware lag noch auf dem Dachboden ihres Häuschens im Stadtteil Bornheim. Über solche Art von Spenden freute sich Fritz sehr, ersparten sie ihm doch den Weg zu einer der karitativen Kleiderausgabestellen. Aber am meisten freute er sich auf die Vorweihnachtszeit. Diese besondere Atmosphäre, die in der Luft lag und die man sogar riechen konnte, war für ihn das Schönste.

Fritz stand das ganze Jahr und bei Wind und Wetter in seiner

Ecke. Wenn er einmal nicht da war, fiel das seinen Kunden und anderen Passanten sofort auf. Dann fragten sie im Kiosk nach, was mit dem Bettler los sei, ob er krank sei oder eine Auszeit nehme. Er gehörte zum Stadtbild wie eine bekannte Einrichtung. Ich bin sicher, dass viele Passanten eher den Standort des Bettlers kannten als den des Goethe-Denkmals in der unmittelbaren Nähe. Zur Ehrenrettung des Denkmals muss ich erwähnen, dass dieses einige Male seine Position wechselte, wohingegen Fritz immer seinen fixen Platz innehatte. Dort zelebrierte er das Betteln auf seine ganz besondere Art und Weise. Pflichtbewusst und unerschütterlich stand er seinen Mann und versuchte die Herzen der vorbeigehenden Menschen zu erobern. Wenn sich in der Vorweihnachtszeit die Geldbörsen der meisten Menschen öffneten, dann brach für Fritz die schönste Zeit des Jahres an. Sicherlich ergötzte auch er sich an den weihnachtlichen Schaufensterauslagen, an dem imposanten Weihnachtsbaum, der am Römer jedes Jahr für Furore sorgte, an Lichterglanz und Weihnachtszauber. Aber seine größte Freude galt den mildtätigen Gaben der verehrten Kundschaft. Neben Christstollen und anderem Weihnachtsgebäck floss auch das Bargeld besonders ergiebig und füllte seine Taschen. In dieser Jahreszeit bekam er besonders hartnäckige Konkurrenz. Private kleine Zoos und Zirkusbetriebe heuerten Mitbürger an, die mit den abgemagerten Tieren die besten Plätze zur Entgegennahme von Spenden belegten. Der Bettelplatz von Fritz war sehr begehrt, diesen zu erhaschen war für viele Konkurrenten ein stetig verfolgtes Ziel. Seine »Kollegen« schielten auf die besten Arbeitsplätze und versuchten diese für sich einzunehmen. Fritz war auf seinem Platz jedoch dauerpräsent und genoss ein gewisses Ansehen in seiner »Zunft«, etwaige Unstimmigkeiten wurden meist in Gesprächen ausgeräumt.

Mit der Zeit erfuhr ich immer mehr Einzelheiten aus dem Leben von Fritz. Ich bin von Natur aus ein vorsichtiger Mensch, der dem Gesprächspartner Glauben schenkt, ihm aber nicht immer glaubt. Das Zweite schließt das Erste nicht aus, doch man muss versuchen, Dichtung von der Wahrheit zu unterscheiden. So erschien mir seine Vita etwas lückenhaft und nicht immer glaubwürdig. Aber ich wusste, dass dahinter eine schwierige Lebensgeschichte stand. Es war nicht einfach, sein Leben aufzuzeichnen, die verschwommene Schilderung hatte Gründe, die ich nicht ausmachen konnte.

Fritz stammte aus der Gegend um Kassel. Seine Schwester lebte in Fulda und gehörte dort einem Nonnenorden an. In Nordhessen lernte Fritz auch seine Frau kennen. Auf der Suche nach Arbeit kamen sie in die aufstrebende Finanzmetropole, wo Fritz eine Ausbildung als Kellner machte und seine Gattin eine Anstellung in der Großküche eines in Frankfurt tätigen Weltkonzerns fand. Die Lehrjahre als Kellner schloss er mit Auszeichnung ab und folgerichtig machte er sich selbstständig. Zusammen mit einem Partner eröffnete er im Stadtteil Oberrad ein Gartenlokal, seine Frau arbeitete als Köchin. Das Lokal ging ganz gut, Fritz war ein guter und umsichtiger Gastronom, der rechnen konnte. Der Niedergang begann mit dem Entschluss, ein weiteres Lokal in der Nähe zu übernehmen. Das nötige Geld sollte der Partner organisieren, der vorgab, gute Verbindungen zu der Frankfurter Bankenwelt zu haben. Man hatte sich bereits mit dem Besitzer des konkurrierenden Lokals geeinigt und den Vertrag unterschrieben, als das kreditgebende Geldinstitut seine Finanzierungszusage zurücknahm. Anscheinend stimmte der Finanzierungsplan nicht und auch die Bilanzzahlen konnten die Banker nicht überzeugen. Jetzt gab es ein Problem. Den beiden blieb nur noch die Unterschrift bei einem Kredithai.

Nach ein paar Monaten suchte der Geschäftspartner das Weite und überließ dem Ehepaar die Führung der beiden Lokale. So allein gelassen verloren sie den Überblick über die Finanzen. Der Kredit wurde nicht bedient, der Geldgeber, eine Kreditgesellschaft dubioser Herkunft, bestand auf vollständige Rückzahlung. Da Fritz nicht in der Lage war, das Darlehen zurückzuzahlen, erklärte sich der Kredithai bereit, die beiden Lokale zu übernehmen. Fritz verlor zwar seine Geschäfte, hatte aber keine Schulden mehr. Die Gattin kehrte an ihre alte Arbeitsstelle zurück, Fritz arbeitete im Restaurant des Hotels »Frankfurter Hof«. Das Ehepaar war zufrieden, Hauptsache, man konnte wieder in Ruhe leben. Das Intermezzo der Selbstständigkeit hinterließ zwar unangenehme Erinnerungen, aber, wie Fritz treffend anmerkte: »Lieber ein Ende mit Schrecken als ein Schrecken ohne Ende.« Doch leider war die Sache noch nicht ausgestanden: Eines Tages bekam Fritz eine Zahlungsaufforderung vom Finanzamt. Die Summe war sehr hoch, aber eine um Stellungnahme gebetene Steuerberatungsgesellschaft konnte nur die Richtigkeit des Bescheides bescheinigen. Da Fritz nicht zahlen konnte, wurde eine anteilige Lohnpfändung bei ihm und der Gattin vereinbart. Zusätzlich konfiszierte eine Gerichtsvollzieherin alle pfändbaren Gegenstände aus der Wohnung.

Als der Gattin gekündigt wurde, musste Fritz die finanzielle Last alleine tragen. Man fand eine kleinere Wohnung in den Außenbezirken Frankfurts, wo die Miete und der Wohnkomfort überschaubar waren. Fritz war ein guter Kellner, mit der Zeit schaffte er es sogar zum Oberkellner. Das Gehalt wurde aufgebessert, die Ratenzahlung an das Finanzamt stieg ebenfalls. Aber dann passierte ein Unglück, welches das Leben des Ehepaars völlig umkrempelte. Während seiner Arbeit als Oberkellner weilte Fritz auch häufig in der Küche, um sich mit dem Chefkoch zu besprechen. Während einer solchen Besprechung fiel durch die Unaufmerksamkeit eines Küchenmitarbeiters ein voller Kessel auf die beiden Männer. Fritz' Gesprächspartner erlitt nur einige leichtere Verletzungen. Fritz dagegen hatte weniger Glück und musste ins Krankenhaus eingeliefert werden. Man diagnostizierte mehrere Knochenbrüche, eine schwere Gehirnerschütterung und ein Schädeltrauma. Zum Glück war die Flüssigkeit im Kessel kalt gewesen, sonst hätte er sich auch noch Verbrennungen zugezogen. Seine Rehabilitation dauerte über ein Jahr, der Job im Hotel war weg. Zum Glück erhielt er von der Berufsgenossenschaft eine kleine Rente. Das Sozialamt bekam einen neuen Klienten. Fritz war in seinem Beruf nicht mehr vermittelbar, so hockte er die ganze Zeit zu Hause und haderte mit dem Schicksal. Die gesellschaftliche und finanzielle Lage des Ehepaares wurde immer prekärer, denn das Finanzamt kennt keine Gnade, insbesondere bei den weniger Begüterten. Sie hatten keine Fürsprecher, schienen das Pech gepachtet zu haben. Vom Schicksal gezeichnet, von den Behörden verfolgt, von der Gesellschaft gedemütigt, vegetierten sie in ihrer abgeschlossenen Welt. Fritz aß nur das Nötigste, was seine Frau halt so besorgen konnte, und musste einmal sogar wegen Unterernährung ins Krankenhaus eingeliefert werden. Er sah die Welt nur noch dunkelgrau.

Wann sie auf die Idee zum Betteln verfielen, wusste er nicht mehr. Seine Frau war nicht besonders begeistert und zweifelte, ob er dieser Herausforderung standhalten könnte. Auch er selbst war unschlüssig. Das war etwas, was er bisher noch nie in Erwägung gezogen hatte. Ob er dieser Aufgabe gewachsen war? Er war schon eine Kämpfernatur und hatte eine gewisse Kaltblütigkeit. Diese Angelegenheit aber erforderte stählerne Nerven, ein großes Stehvermögen und die Fähigkeit, mit ständiger Erniedrigung zu leben. Man schlüpft in eine Rolle, die einen zu einem Außenseiter macht, einem Ausgestoßenen, der vom Wohlwollen der Gesellschaft abhängig ist. Aber Fritz war fest entschlossen, dieses Experiment zu starten. Er hatte keine Angst, aber er schämte sich. Er erinnerte sich an das abenteuerliche Leben inmitten des Zigeunerlagers, wo er sehr viel für diese Zukunft gelernt hatte. Und an einem nebligen Novembertag, an dem die Kälte durch die Kleidung drang, positionierte er sich zum ersten Mal schräg gegenüber von meinem Geschäft. Er schüttelte seinen Pappbecher und bat die vorbeigehenden Menschen um eine milde Gabe.

Schon bald kam er zu mir mit der Bitte um einen neuen Becher. Zunächst kaufte er seinen Kaffee, um nicht als Schnorrer abgestempelt zu werden. Erst später gab er diese Zurückhaltung auf und daran konnte man erkennen, dass er auf dem besten Wege war, ein professioneller Bettler zu werden. Die Scham verschwand. Das Geld lag zwar nicht auf der Straße, sondern in den Geldbörsen der Passanten, aber die Kunst, an dieses Geld zu kommen, verstand er meisterhaft. Weil er ihre Psyche studierte, konnte er seinen Kunden etwas vormachen. Um als ernsthaftes Mitglied seines Berufsstandes anerkannt zu werden, veränderte er sein ganzes Aussehen und spielte eine Rolle als abgerissener und ungepflegter Clochard, was er auf keinen Fall war und auch nicht werden wollte.

Mit der Zeit lernten wir uns besser kennen und den anderen respektieren. Fritz machte sich im Kiosk nützlich, mit dem Ziel, unentbehrlich zu werden. Er ging für mich zum Kleingeld wechseln und erledigte kleine Dienste. Dafür bekam er einen Kaffee oder bei größeren Aufträgen eine Schachtel Zigaretten. Wir spielten gemeinsam Lotto oder ich kaufte für ihn im Großhandel billig ein. Seine Dienstleistungen baute er kontinuierlich aus. Er entfernte das wuchernde Grün vom Dach des Kioskes. Im Winter kehrte er den Schnee vom Kioskeingang weg und im Frühling reinigte er die Dachrinne, um dem Wasser freien Abfluss zu ermöglichen. Er wurde zu *dem* Fritz, den jeder in der Innenstadt kannte. Er war eine Institution, seinen Umsatz konnte er laufend steigern. Bevor er am Abend nach Hause ging, wechselte er sein Münzgeld bei mir. Meistens waren es um die dreißig Euro pro Tag, ohne die Scheine, die er manchmal von seinen Stammkunden bekam. An sehr guten Tagen hatte er auch mal sechzig Euro zu wechseln. Ich brauchte immer Kleingeld, er wollte es loswerden, es war für uns beide ein sinnvolles Arrangement.

Inzwischen hatte seine Frau Arbeit in der Küche im Krankenhaus Nordweststadt gefunden. Nach einigen Jahren überraschte mich Fritz mit der Nachricht, dass er zwei Wochen lang nicht da sein werde. Falls jemand nach ihm frage, solle ich mir einfach eine Krankheit für ihn ausdenken. Um Aufklärung gebeten, gab er bekannt, dass er mit seiner Frau zwei Wochen Urlaub auf Mallorca machen werde. Alles war schon gebucht, die Reise stand bevor. Viele Menschen nahmen an seinem Schicksal regen Anteil, denn ich musste jeden Tag seiner besorgten Kundschaft Märchen erzählen. Laut diesem Märchen war Fritz im Krankenhaus. Wie lange er dort bleiben würde, wusste ich nicht, vermutlich um die zwei Wochen. Da Fritz seine Mallorca-Reise im Sommer machte, fiel seine frische Bräune nicht besonders auf. Als er wieder da war, freuten sich die Menschen aufrichtig. Der stämmige Mann mit der zerknitterten Jacke und der melodischen Stimme nahm wieder seinen angestammten Platz ein und verzauberte die Menschen mit seinem Bittgesang nach Kleingeld.

Während seiner Abwesenheit war sein Bettelplatz niemals leer geblieben. Um diesen gab es regelrechte Streitereien zwischen den Konkurrenten. Sie sahen die Möglichkeit, ihren Umsatz zu steigern und neue Kunden zu gewinnen. Es gab verbale Auseinandersetzungen, die aber nie in Handgreiflichkeiten ausarteten. Anscheinend galt ein nur den Eingeweihten bekannter Ehrenkodex, und so einigte man sich auf ein Rotationsverfahren, das auch penibel befolgt wurde.

Fritz war kein gesunder Mann, viele kleine Wehwehchen und Blessuren beeinträchtigten seinen Arbeitstag. Das ewige Stehen war für sein lädiertes Bein eine große Herausforderung. Die Folgen des damaligen Unfalls meldeten sich in immer kürzeren Zeitabständen und mit besorgniserregender Regelmäßigkeit. Eines Tages erzählte mir Fritz, dass er operiert werden müsste. Die Ärzte hätten große Bedenken wegen seines Beines, die Belastung sei zu groß. Eine Operation würde aber Ausfallzeiten bedeuten, die er finanziell nicht verkraften könnte. Ich musste ihm plausibel machen, dass er im Falle ihres Ausbleibens seinen Beruf vielleicht nicht mehr lange würde ausüben können. Seine Arbeit erforderte ein großes Stehvermögen, das auch einen völlig gesunden Menschen erschöpfen würde. Es sei besser, jetzt eine gewisse Ausfallzeit in Kauf zu nehmen, als später ein Invalide zu werden.

Ich weiß nicht, ob meine Erklärungen seinen Entschluss beeinflussten, aber er machte das, was ich ihm nahelegte. Er wartete noch die Osterzeit ab, in der er immer großzügig beschenkt wurde, danach ging er ins Krankenhaus und ließ sich operieren. Fritz wollte im Krankenhaus nicht besucht werden. Er lehnte dies sehr energisch und mit solchem Nachdruck ab, dass ich erste Zweifel an seiner Aufrichtigkeit und an seiner ganzen Vita, die er mir erzählt hatte, bekam. Ich überdachte die Situation, erinnerte mich an seine Erklärungen und fand Kleinigkeiten, die nicht in dieses Puzzle passten. Ich sah Fritz auf einmal in einem ganz anderen Licht, eine fremde Person stand da plötzlich vor meinem inneren Auge und verzerrte das zuvor von ihm gemachte Bild. Vielleicht war Fritz ein notorischer Lügner, der gar nicht krank war, der durch das Betteln nur ein paar schnelle Euros verdienen wollte. Oder war er gar ein gemachter Mann, der einfach Spaß daran hatte, einige Zeit als Bettler durchs Leben zu gehen? War er etwa ein Journalist, der undercover recherchierte? Man hätte in dieser Branche sicher einiges zu enthüllen gehabt, aber die Allgemeinheit wartet auf Enthüllungen anderer Art: Wer mit wem ein Verhältnis hat oder nicht mehr hat, Geheimnisse aus dem Leben bekannter Politiker, Schauspieler und anderer Prominenter. Ein öffentliches Interesse am Leben eines Bettlers besteht nicht. Nein, Fritz war das Original, er war keine Kopie. Er war ein aufrechter Bettler, dem das Schicksal übel mitgespielt hat.

Er hatte seine neue Tätigkeit gewissenhaft gelernt und nahm die Herausforderung sehr ernst. Vom Leben nicht gerade verwöhnt, nahm er das Gebot der Stunde an und machte das Beste daraus. Davon, wie schwer seine Tätigkeit wirklich war, überzeugte sich

Iwan, als er Fritz eines Tages bat, ihn in die Betteltechniken einzuweihen. Als Iwan so saß und den Passanten den Becher entgegenstreckte, da verstand er plötzlich, wie viel Mut und Selbstüberwindung es kosten musste, sich tagtäglich so vor den Menschen zu erniedrigen. Iwan erlebte die Bettelhaltung und die Blicke der vorbeigehenden Bürger als schlimme Schmach. Die drei Stunden, die er in Gesellschaft von Fritz mit Betteln verbrachte, brachten seine Seele aus dem Gleichgewicht. Er fühlte sich danach schwach und unrein, er schämte sich vor sich selbst. Da verstanden wir, was für eine Leistung Fritz vollbrachte, wie viel Pein, Schmähung und Erniedrigung er auf sich nahm. Er musste sich als Mensch zweiter Klasse, als Angehöriger einer niedrigeren Kategorie empfinden. Das, was Iwan in drei Stunden durchmachte, erlebte Fritz viele Jahre lang. Er war eine Institution, die man zwar als solche akzeptierte, die aber in einer anderen Liga spielte. Ein Bettler steht auf der untersten Stufe der Gesellschaft, hinter ihm ist der Abgrund, vor ihm eine unerreichbare Höhe. Ein Aufstieg ist ausgeschlossen, ein Abstieg bedeutet eine Katastrophe. Fritz machte das Beste daraus, er arrangierte sich mit seiner Umwelt und mit seinem Ich.

Mein Kiosk wurde für ihn zum Ausgangspunkt seiner Aktivitäten. Hier deponierte er seine Privatsachen, die ihn beim Ausüben seiner Tätigkeit nur gestört hätten. Mit der Zeit wurden seine Fehlzeiten immer länger. Sein Bein bereitete ihm enorme Probleme, eine erkennbare Besserung trat nicht ein. Dazu entwickelte sich eine anfangs kaum merkliche psychische Veränderung, eine langsam ansteigende Hyperaktivität in allen Lebenslagen. Sie äußerte sich zu Beginn mit einem schnellen, nur schwer zu stoppenden Redeschwall. Dann begannen seine Hände einen unruhigen Tanz, ein Symptom der Überaktivität seines Nervensystems. Er ging zum Arzt, der ihn medikamentös behandelte.

Die nächste Katastrophe war da schon im Anmarsch. Diese betraf seine Frau. Sie hatte schon einige Zeit über Kopfschmerzen geklagt, aber es dauerte lange, bis sie sich entschloss, einen Arzt aufzusuchen. Dieser überwies sie in ein Krankenhaus und als die Ergebnisse vorlagen, erkannte man den Ernst der Sache: Sie hatte einen Tumor im Kopf. Eine Operation war erforderlich, um die Patientin zu retten. Der komplizierte Eingriff verlief gut, der Tumor wurde entfernt. Die Patientin lag aber lange im Koma.

Man befürchtete, der Eingriff könnte wichtige Arterien in Mitleidenschaft gezogen haben. Dazu stellte sich nach erneuter Untersuchung heraus, dass sich schon Metastasen gebildet hatten. Man unterzog die arme Frau einer Chemotherapie. Fritz erlebte die schlimmste Zeit seines Lebens. Zwischen Hoffen und Bangen, zwischen Todesangst und Zuversicht, funktionierte er wie eine präzise Schweizer Uhr. Zuverlässig wie ein gut eingestellter Automat ging er seiner Arbeit nach, danach fuhr er ins Krankenhaus, um bei seiner Gattin zu sein. Manchmal schlief er dort und erschien am Vormittag müde und niedergeschlagen an seinem Platz. Seine Gefühle und sein Elend versteckte er hinter einer undurchdringlichen Wand.

Eines Tages überraschte er uns mit einer Prise Hoffnung, die die behandelnden Ärzte ihm mit auf den Weg gaben. Seiner Frau ging es den Umständen entsprechend gut, eine berechtigte Zuversicht keimte auf. Fritz war im siebten Himmel, er nahm gleich Urlaub auf unbestimmte Zeit, um bei seiner Frau zu Hause zu sein. Sie fuhren gemeinsam zur Chemotherapie in das Nordwestkrankenhaus, wo man sich freute über die spürbare Genesung der Patientin. Als er wieder seinen angestammten Platz belegte, war Fritz nicht wiederzuerkennen. Er machte Spaß mit den Kunden, ließ alle seine Vitalität spüren. Seine gute Laune wirkte ansteckend, wir alle freuten uns über die guten Nachrichten seine Gattin betreffend. Der stämmige Mann begann sich ordentlich zu kleiden, seine Berufskleidung verwahrte er zu Hause. Das Leben begann für Fritz aufs Neue, die Faszination, mit der er alles um sich herum aufnahm, begeisterte nicht nur mich.

Zum Charakter des Lebens gehört auch seine Wechselhaftigkeit, was gläubige Menschen als Gottes Willen beschreiben. Nach diesem Schema des menschlichen Daseins ereilte Fritz die Nachricht, dass seine Frau einen Rückfall hatte und in das Nordwestkrankenhaus eingeliefert werden musste. Die Metastasen waren auf dem Vormarsch und die Chemotherapie hatte ihre Wirkung leider verfehlt. Es dauerte nicht mehr lange, bis mir Fritz anvertraute, dass seine Frau im Sterben lag. Drei Tage danach trat der Tod ein. Die ganze Zeit über saß Fritz bei ihr am Krankenbett und hoffte vergebens. Nach ihrem Tod blieb er zu Hause, er musste das Begräbnis vorbereiten und hatte viele Behördengänge zu absolvieren. Auch nach der Beerdigung blieb sein Platz leer. Die Nachricht vom Tod seiner Frau berührte uns sehr, obwohl wir sie kaum kannten. Wir sammelten etwas Geld für ihn, das wir ihm aber nicht geben konnten, denn er war nicht da.

Erst nach etwa acht Wochen erschien Fritz wieder, aber nicht zum Betteln, er kam nur in den Kiosk. Er hatte sein Haar blond gefärbt, trug einen ausgefallenen dunkelblauen Anzug, rauchte eine stinkende Zigarre und bat um einen Kaffee. Dabei benahm er sich sehr merkwürdig, so als hätte er Alkohol getrunken oder Drogen genommen. Er erzählte mir von der Beerdigung, die im Familienkreis in Nordhessen stattgefunden hatte, und von der Witwerrente, die er erhalten sollte. Dazu hatte ihm seine Frau zu seiner Überraschung ein kleines Erbe hinterlassen, was ihn sehr glücklich machte. Nie wieder werde er betteln, beteuerte er, und es klang wie ein Schwur. Dafür hatte ich volles Verständnis und ich konnte ihn in seiner Entscheidung nur bestärken. Tags darauf war er wieder bei mir im Kiosk. Jetzt trug er einen Hut und einen braunen Anzug. Sein Gesicht war glatt rasiert, er roch nach Alkohol. Fritz fragte mich, ob ich nach Feierabend mit ihm einen Cognac trinken würde, was ich so freundlich wie möglich ablehnte.

Der Platz schräg gegenüber wurde schnell von dem jungen Bettler aus dem Taunus belegt, mit »ausdrücklicher Genehmigung« von Fritz, wie er verkündete. Er erzählte mir auch von dessen plötzlicher Spendierlaune. Er kaufte Alkohol und lud den jungen Mann zu sich nach Hause ein, wo man trank bis zum Morgengrauen und andere »leichte« Drogen konsumierte. Am Wochenende wolle man sich wieder treffen, dazu werde Fritz auch Frauen »einladen«.

Bei seinem dritten Besuch im Kiosk benahm sich Fritz noch merkwürdiger. Er sprach meine Kunden mit verwirrenden Fragen an und die Kundinnen schien er mit den Augen auszuziehen. Er erzählte wirres Zeug und ich warf ihn kurzerhand aus dem Laden. Am Abend kam er wieder und stank dermaßen nach Alkohol, dass ich ihm Hausverbot erteilte, was er sofort akzeptierte. Danach war er für einige Zeit verschollen. Als er erneut im Kiosk auftauchte, war er vollkommen verwirrt. Er trug einen Koffer mit sich und teilte mir mit, dass er verreisen wolle, dorthin, wo es nette Menschen gebe und auch schöne Frauen.

»Ins Paradies?«, fragte ich.

Er antwortete, dass er noch kein spezielles Ziel vor Augen habe. Dann verabschiedete er sich und meinte, er komme am Abend wieder und wolle so lange seinen Koffer bei mir deponieren. Aber er kam nicht am Abend und auch nicht am folgenden Tag. Es verging eine ganze Woche, bis er sich endlich meldete. Das tat er per Telefon: Er sei in der psychiatrischen Abteilung des Markus-Krankenhauses, ob ich ihm seinen Koffer dorthin bringen könne. Das lehnte ich rundheraus ab. Ich fuhr in Urlaub und als ich zurückkam, war der Koffer nicht mehr da. Laut meinem Mitarbeiter hatte Fritz ihn persönlich abgeholt.

Seitdem haben wir ihn nicht mehr gesehen. Sein Platz wird jetzt von dem Jungen aus dem Taunus eingenommen. Auch dieser hörte nichts mehr von Fritz und wusste nur, dass er aus seiner Wohnung ausgezogen war. Seine Spur endete dort. Vielleicht ist er in seine alte Heimat nach Nordhessen zurückgekehrt, wo er das Leben eines zurückgezogenen Einsiedlers führt. Oder er wohnt mit einer neuen Lebensgefährtin irgendwo in Deutschland. Es könnte auch sein, dass er in einer psychiatrischen Anstalt gelandet ist. Möglicherweise hat er auch seine alte Dienstkleidung wieder angezogen und geht in irgendeiner Stadt auf Betteltour.

Wenn ich eine fremde Stadt besuche, sehe ich mir ihre Fußgängerzone an. Dort halte ich Ausschau nach einem stämmigen Mann mit Designerbrille, der mit tiefer Stimme nach ein wenig Kleingeld fragt. Ich würde nicht zu ihm hingehen und ihm etwas Geld in den halbleeren Becher werfen – ich würde einfach weitergehen, um das Bild der vergangenen Jahre, das ich in mir trage, nicht zu beschädigen.

Die spanische Armada

Rund um meinen Verkaufspavillon gibt es die verschiedensten Geschäfte. Alle Bedürfnisse der Kaufwilligen werden bedient, es werden Waren für jeden Geldbeutel feilgeboten. Es gibt sehr teure Läden, die hochwertige Produkte verkaufen, es gibt Geschäfte, die mit Ramsch horrende Umsätze tätigen. Boutiquen in der Goethestraße gehören zu den feinsten Adressen Frankfurts, dementsprechend sind die Mieten die höchsten in der Innenstadt. Daneben erzielen Shops für die jungen, dynamischen Käufer ihre Gewinne. Es gibt Textilgeschäfte, Restaurants jeglicher Provenienz, Juwelierläden, Feinkostgeschäfte, Warenhäuser, Elektronikmärkte und ein Bücherkaufhaus, wo man auf drei Etagen Bücher kaufen kann.

Eines schönen Tages wurde ein Geschäft in der Nähe ganz plötzlich geschlossen. Frühmorgens um fünf Uhr kamen drei große Lastwagen, die von einer Armada von Helfern mit dem ganzen Inventar des Ladens beladen wurden und es an einen unbekannten Ort transportierten. Am gleichen Tag verschwanden auch die Mitarbeiter des Geschäftes, das zu einer bekannten, international tätigen Kette gehörte. Die Schaufenster und die Eingangstür wurden mit Zeitungen verdeckt, alles sah verlassen und gespenstisch aus. Dieser Zustand verleitete viele Mitbürger zu fantastischen Erklärungen und diffusen Gedankengängen. Manch einer behauptete, man hätte der Kette wegen gravierender Sicherheitsmängel die Betriebserlaubnis entzogen. Ein anderer wollte im Geschäft Vertreter von Feuerwehr und Ordnungsamt gesehen haben, die mit dicken Ordnern ausgestattet das Innere des Ladens inspiziert hätten. Die Lokalpresse erwähnte nicht erfüllte Brandschutzmaßnahmen als Grund für die plötzliche Schließung.

Man wusste buchstäblich nichts, aber man spekulierte gerne. Die menschliche Fantasie kennt schier keine Grenzen. Doch meine Vorstellungskraft reichte nicht aus, mir auszudenken, dass eine ausländische Firma mit dem radikalen und kompletten Umbau des riesigen Ladens beauftragt worden sein könnte. Tatsächlich erschienen jedoch irgendwann mehrere Transporter und Pkws mit fremdländischen Kennzeichen und spuckten viele Menschen in Bauarbeiterkleidung aus. Sie machten sich in den leer stehenden Räumlichkeiten zu schaffen und warfen abgebaute Teile in dafür bereitgestellte Container. Diese Aktion dauerte mehrere Tage, es schien, als würden die Männer rund um die Uhr arbeiten, was hoffentlich nicht stimmte. Einige von ihnen suchten meinen Kiosk auf, um Getränke, Kaffee, Eis, Zigaretten oder auch Kaugummis zu erwerben. Mir fiel auf, dass sie spanisch sprachen, manche von ihnen unterhielten sich wohl auch auf Portugiesisch.

Dann verschwand diese Gruppe, um von einer anderen abgelöst zu werden. Diese Arbeiter kamen ebenfalls aus Spanien. Manche konnten ein paar Brocken Englisch, einer sprach ein bisschen französisch, aber nur der Vorarbeiter verstand Deutsch. Die Gruppe gehörte zu einer Baufirma namens Spainvest. Die meisten der Bauarbeiter, die allesamt Facharbeiter waren, stammten aus der Gegend um Valencia, wo die Firma ihren Sitz hatte. Nach den Worten des Vorarbeiters, der komischerweise in Offenbach geboren, aber im zarten Alter von zwei Jahren mit den Eltern nach Spanien ausgewandert war, war diese Arbeit in der Fremde wie ein Hauptgewinn im Lotto. Im Land von Cervantes, Picasso und Dalí sind viele Menschen arbeitslos und haben kaum eine Chance, einen ihrer Qualifikation entsprechenden Job zu ergattern. Das alte Land mit den wunderschönen Urlaubsinseln steht wirtschaftlich am Rand der Pleite und ist auf die Hilfe der EU angewiesen. Dazu gehören Vorgaben, welche die in die Schieflage geratene Finanzsituation wieder stabilisieren sollen. Dies erfordert vom Staat und seinen Bürgern große Einschränkungen. Es wurden Sozialleistungen gekürzt oder ganz gestrichen, viele Betriebe mussten schließen, die Staats- und Kommunalverwaltungen trennten sich von Mitarbeitern. Nur Banken wurden mit Staatsgeldern gerettet, Großkonzerne vom Staat großzügig unterstützt. Auch die Reichen wurden in Ruhe gelassen, ihre Besitztümer nicht angetastet. Das gemeine Volk musste wie immer die Lasten der radikalen Sparmaßnahmen tragen. Deshalb war das Engagement im Ausland eine willkommene Möglichkeit, der Arbeitslosigkeit und allgemeinen Instabilität des Lebens in diesem Land zu entkommen. Und so transportierte die Firma Spainvest ihre Leute in einer Karawane von Fahrzeugen nach Frankfurt. Die Bauarbeiter vom Mittelmeer bevölkerten den Rathenau- und den Goetheplatz, weiter kamen sie in ihren kurzen Pausen nicht. Alle trugen Hemden und Jacken mit der Firmenaufschrift, sodass man sie schon von Weitem erkennen konnte.

Unser Kiosk wurde von den Gastarbeitern zum Treff- und Versorgungsstützpunkt auserkoren. Hier kauften die Männer ihren Proviant und tranken ihren Kaffee. Sie verschlangen Unmengen von diesem schwarzen Gebräu, gesüßt mit viel Zucker, vielleicht um ihr bitteres Leben ein wenig zu versüßen. Da sie kein Deutsch sprachen und nur ungenügend Englisch, begann ich mir einige spanische Redewendungen anzueignen. Das wiederum beeindruckte meine neue Kundschaft, es entwickelte sich eine mehr oder weniger herzliche Beziehung. Es entging mir nicht, dass es zwischen den Arbeitern Animositäten gab, die sie nicht zu verbergen vermochten. Einige von ihnen kamen aus Andalusien und Kastilien, zwei stammten sogar aus dem Baskenland. In gemischten Volksgruppen gibt es häufiger Probleme, man denke nur an die Bosnier, Serben und Kroaten, die ihre jeweilige Volkszugehörigkeit bei allen Begegnungen zum Ausdruck bringen.

Nach einiger Zeit gesellten sich Fremdarbeiter aus anderen Ländern zu den Spaniern. Diese kamen, um besondere Arbeiten zu verrichten, und gingen danach wieder. Die Spanier aber blieben. Den Anfang machte eine bosnische Brigade, deren Angehörige Unmengen Cola tranken und fast ausnahmslos Marlboro rauchten. Nach ihnen kamen Polen. Mit ihrer Ankunft musste ich automatisch meine Bierbestände erhöhen, auch Mineralwasser wurde gerne getrunken. Manche Mitglieder der polnischen Division fanden gefallen an Wodka und Kräuterlikör, viele spielten Lotto und fast schon süchtig wurden Rubbellose gekauft. Als sie mitkriegten, dass mir die polnische Sprache nicht fremd ist, brachen alle Dämme. Vor der Arbeit, während der Pausen und nach Feierabend rollten sie wie eine Walze in das Kioskinnere, um ihre Einkäufe zu tätigen und sich mit den Kollegen zu unterhalten.

Schließlich kamen Arbeiter aus Ungarn. Die jüngeren sprachen ein ganz passables Englisch, die wenigen älteren versuchten es mit Deutsch. Einer von ihnen, den ich Imre nannte, sprach gut russisch. Da ich in der Schule im Russischunterricht aufgepasst hatte, führten wir eine interessante Unterhaltung in der Sprache unserer früheren »Kolonialherren«. Die Ungarn waren Wanderarbeiter, die auf Baustellen in ganz Deutschland eingesetzt wurden. Sie führten das Leben von Nomaden des 21. Jahrhunderts, die auf der Suche nach Arbeit ihre Familien, ihre Heimat und ihr Land verlassen, um in der Fremde Geld zu verdienen. Ich sah schon Heerscharen von diesen modernen Arbeitsuchenden am Kiosk vorbeimarschieren. Albaner, Bulgaren, Rumänen, Ukrainer und viele andere, die versuchen, ein wenig Geld nach Hause zu bringen. Es findet eine Völkerwanderung statt, wobei diesmal keine Stämme eine neue Heimat suchen, sondern Menschen aus Ländern mit wirtschaftlichen Problemen in reichen Industrienationen ihr Glück erhoffen. Das wirtschaftliche Gefälle zwischen den Ländern im Süden und Osten und andererseits dem Westen und Norden Europas ist groß und es gibt keine Anzeichen dafür, dass sich dies so schnell ändern könnte. Ich werde also noch oft diese Wanderer zwischen den Welten am Kiosk vorbeiziehen sehen.

Die spanische Equipe arbeitete fast vierundzwanzig Stunden am Tag. Wenn ich den Kiosk um fünf Uhr früh betrat, waren die Arbeiter schon zugange, wenn ich um zwanzig Uhr schloss, arbeiteten sie immer noch. Auch samstags und sonntags hatten sie keine Ruhe. Ich erfuhr, dass sie erst nach zweiundzwanzig Uhr mit kleinen Transportern abgeholt und zu einem Ort außerhalb von Frankfurt gebracht wurden. Dort gab es Baracken, in denen sie nächtigten. Schon um vier Uhr in der Früh wurden sie wieder zu ihrer Arbeitsstelle gefahren. Nach ihrer Entlohnung gefragt, antwortete mein Gesprächspartner, dass er mir darüber nichts sagen dürfe, sonst bekäme er große Schwierigkeiten mit seinen Vorgesetzten. Er ließ aber durchblicken, dass der Lohn dem hier in Deutschland üblichen Gehalt nicht im Geringsten entsprach. Der Auftraggeber und die ausführende Baufirma waren die Gewinner dieses internationalen Deals, die Bauarbeiter mussten sich mit der niedrigen Bezahlung zufrieden geben. Trotzdem waren sie froh, das dringend benötigte Geld nach Hause bringen zu können.

Mit dem Fortschreiten der Baumaßnahmen wurden immer mehr spanische Mitarbeiter hinzugezogen. Ihre Fahrzeuge gehörten jetzt zum allgegenwärtigen Bild, in Frankfurts City sprach man plötzlich spanisch, was nicht wenigen Frankfurtern »spanisch« vorkam. Von großen Lkws mit polnischen und tschechischen Kennzeichen wurden lange feuerrote Rohre und Eisenteile geliefert, die die Spanier entluden und zur Baustelle brachten. Alles geschah ohne Kran, nur mit menschlicher Kraft. Ob es an Sparmaßnahmen lag oder an der Schwierigkeit, einen Kran aufzutreiben, vermag ich nicht zu sagen. Der Termin der Übergabe nahte in großen Schritten, die Bauarbeiten wurden nochmals intensiviert. Das bedeutete für die Werktätigen noch weniger Zeit zum Schlafen. Für die Feinarbeiten erschienen nun auch deutsche Firmen auf der Baustelle. Der Rathenauplatz glich einem riesigen Parkhaus mit Fahrzeugen aus allen möglichen Regionen. Die Zufahrt zum Platz war ständig blockiert, aber die Mitarbeiter des Ordnungsamtes zeigten eine unerwartete Größe und verzichteten diskret auf das Verteilen von Strafzetteln. Vielleicht waren sie auch von »oben« angewiesen, den Platz während der Bauzeit einfach zu »übersehen«?

Als das neue Bekleidungsgeschäft schließlich einzog, waren die meisten Spanier abgereist. Die Mitarbeiter des Textilhauses führten Regie, die verbliebenen spanischen Arbeiter führten Ausbesserungsarbeiten durch. An einem Donnerstag wurde das Geschäft mit Pomp eröffnet. Alles sah super aus, es gab eine raffinierte Beleuchtung, alles glänzte und glitzerte und vermittelte ein besonderes Flair. Die Menschen zogen in Scharen in das Geschäft. Nichts, aber wirklich gar nichts erinnerte mehr an die vergangenen Monate des ständigen Durcheinanders, in denen sich die verschiedensten Fremdarbeiter einen Wettbewerb geliefert hatten.

Als ich am darauffolgenden Freitag frühmorgens zum Kiosk kam, begegnete mir eine schon vergessene Stille. Der Rathenauplatz war fast fahrzeugfrei, die Betriebsamkeit der Arbeiter durch eine beinahe unheimliche Ruhe ersetzt. Der spanische Redewirrwarr hallte nur noch in meinen Ohren, keine Schlange kaffeesüchtiger Arbeiter wartete vor dem Kiosk. Die Spanier, die kaum Kontakt zu der hiesigen Bevölkerung gehabt hatten, waren schon in ihrer Heimat. Sie wurden von ihren Familien begrüßt, manche hofften auf neue Auslandseinsätze. Sie stellten sich den Schwierigkeiten und Problemen und nahmen alle Unwägbarkeiten und Demütigungen in Kauf, um auf ihrem Weg etwas Fortüne zu finden.

Epilog

Die hier aufgezeichneten Geschichten sind nur ein Bruchteil dessen, was ich in all den Jahren in meinen Kiosken erlebt habe. Es gab nette und weniger nette Begegnungen und viele besondere, erzählenswerte Vorkommnisse. Jeder Tag brachte und bringt verschiedenste Ereignisse und Zusammentreffen. Da gibt es Begegnungen mit verwirrten oder einsamen Menschen, die dankbar für jedes an sie gerichtete Wort sind. Es gibt Menschen, die ein Opfer suchen, das ihnen zuhört, die den Kiosk gerne als eine Bühne zum Reden benutzen würden, die ihr Mitteilungsbedürfnis einfach nicht bremsen können. Es gibt auch Zeitgenossen, die im Kiosk einen Familienersatz sehen, die jeden Tag erscheinen, um für einen Augenblick der Community anzugehören, die es in Wahrheit hier gar nicht gibt. Viele von ihnen fühlen sich als Freunde des Kioskes, als Bestandteile seines Innenlebens. Als ich kundtat, dass ich Geschichten aus dem Kiosk und über die Menschen, die ihn besuchen, schreiben wollte, da meldeten sich viele Kiosk-Freunde mit der Bitte, im Buch erwähnt zu werden. Ich habe in den Jahren meiner Arbeit fast vierhundert Aufzeichnungen gemacht, meist in knappen Sätzen zusammengefasste Begebenheiten oder Personenbeschreibungen. Sollte ich die Möglichkeit dazu haben, werde ich noch einige weitere Geschichten veröffentlichen.

Ich könnte zum Beispiel über einen Mann berichten, der regelmäßig den Kiosk aufsuchte, ohne je irgendetwas zu erwerben. Er war ein Stammkunde ohne Kaufkraft. Er schaute sich die Presseerzeugnisse an, las die Schlagzeilen und kleine Reportagen in den Illustrierten und verschwand ohne ein Wort zu sagen. Überhaupt hörten wir nie ein einziges Wort aus seinem Mund. Wir nannten ihn den »Gucker«. Richtig wäre wohl der »schweigende Gucker«, denn keiner von uns hatte das Glück, jemals seine Stimme zu hören. Ich könnte auch erzählen von einem Kunden, der die ganze Zeit in eine Zeitschrift starrte, ohne einen einzigen Muskel seines

Gesichts zu bewegen. Als ich ihn schließlich höflich fragte, ob ich ihm helfen könne, herrschte er mich plötzlich laut an: »Sprechen Sie mich nicht an!« Ich hatte auch einen Lottospieler, der nie ein Wort von sich gab, der aber auch von mir erwartete, nicht angesprochen zu werden. Er setzte eine ganze Menge Geld ein. Der Mann kam, gab mir seinen Lottoschein, bezahlte und verschwand wieder. Diese Prozedur ging so lange gut, bis ich ihn eines Tages doch angesprochen habe. Es war nur Small Talk, ich hatte nur das schlechte Wetter erwähnt. Das reichte wohl, um mir den Rücken zu kehren. Ich habe diesen Kunden nie mehr zu Gesicht bekommen.

Die Menschen in unserer Gesellschaft sind immer mehr und mit fatalen Folgen Stress ausgesetzt. Als Beispiel soll die Sekretärin aus einem nahen Büro erwähnt werden, die Stammkundin war und häufig Zeitschriften kaufte und auch Lotto spielte. Eines Tages kam sie zu mir und verlangte mit gestresstem Gesicht ein halbes Weißbrot und ein Kilo Kartoffeln. Als sie erkannte, wo sie sich befand, bekam sie einen regelrechten Lachkrampf. Eine Dame bemängelte die ihrer Ansicht nach zu hohen Preise für meine Ansichtskarten. Bei ihr in Ilmenau würden die Karten alle nur dreißig Cent kosten. Da riet ich ihr, nach Ilmenau zu fahren und sich dort mit Ansichtskarten zu versorgen.

Als die Zeiten alles andere als rosig waren und das Geschäft stagnierte, überlegte ich ernsthaft, aus dem Kiosk ein Informationsbüro zu machen. Eine Menge Menschen besuchen meinen Pavillon, um eine Auskunft einzuholen. Sie fragen nach der Börse, vor der sie gerade stehen, sie suchen die Zeil oder die Kaiserstraße, bestimmte Geschäfte, Hotels oder Kinos. Eine Dame fragte mich nach dem Börsenplatz, ich sagte ihr, dass unser Kiosk auf diesem Platz steht. Sie widersprach, der Kiosk stehe nicht auf dem Börsenplatz. Ich erwiderte, wenn sie es besser wisse, solle sie mich nicht fragen. Die Leute fragen mich nach dem Friseur, der Sportschule, nach Aldi und Lidl, nach dem Vergnügungsviertel, den Banken und ihren Gebühren. Sie fragen nach der Zeit, dem Weg zum Hauptbahnhof, den Sehenswürdigkeiten von Frankfurt, ob die Biebergasse eine Einbahnstraße ist. Nach genauer Überlegung habe ich den Plan einer Auskunftei verworfen. Zu viel Mühe und keine Unterstützung seitens der Stadt. Die Stadtverwaltung scheint freistehende Kioske sowieso nicht besonders zu mögen, was einige ihrer Mitarbeiter deutlich zeigen.

So ein Kiosk zieht Kleinkriminelle magisch an. Es sind keine Schwerverbrecher, die mir ihre Besuche abstatten, eher verwirrte Drogensüchtige, die wieder Mal Geld brauchen und auf die verrücktesten Ideen kommen. Einmal tauchte ein junger Mann bei mir auf, der sich als neuer Nachbar vorstellte, mir eine Visitenkarte in die Hand drückte und dreihundertfünfzig Mark borgen wollte. Auf der Karte stand nur »Navini Export/Import Frankfurt am Main«. Eine Telefonnummer war angegeben, aber die Straße fehlte. So war die Visitenkarte universell einsetzbar. Ein anderer Drogenkonsument wollte mir Telefonkarten »zum halben Preis« verkaufen. Er hatte – nach seinen Angaben – zweihundert Karten dabei, die in einem Karton lagen. Bei Betrachten fielen mir die uralten Motive auf. Was der »Verkäufer« nicht wusste: Die Telekom hatte unlängst Prüfgeräte ausgeliefert. Alle zwanzig von mir stichprobenartig geprüften Telefonkarten waren schon verbraucht. Mein »Geschäftspartner« konnte sich das nicht erklären, wahrscheinlich habe ein »Zwischenhändler« die Karten »aus Versehen« vertauscht. Ein ganz verwirrter junger Mann im Drogenrausch überfiel mich eines frühen Samstagmorgens. Er zog eine Pistole aus der Jackentasche und verlangte nicht nach Geld, sondern nach Zigaretten. Ich hatte nur zwei Stangen Marlboro, die ich ihm umgehend aushändigte. Bevor er ging, bat er um eine Plastiktüte, in die er die Zigaretten und einige Feuerzeuge einpackte. Er nahm noch den *Playboy* mit und verschwand auf der Treppe zum U-Bahnhof Hauptwache. Ich rief die Polizei an. Bis diese kam, hätte ich theoretisch noch zehn Mal überfallen worden sein können. Der junge Mann wurde nie gefasst. Er hatte jetzt was zu rauchen, außerdem genügend Feuer und auch für seine intellektuelle Weiterbildung hatte er gesorgt.

Eine andere Masche verfolgten kleinkriminelle Ganoven und Trickdiebe, die fünfzig Euro gewechselt haben wollten. Sie nahmen das gewechselte Geld, wollten das Gewechselte noch mal gewechselt haben, dann doch wieder in den Fünfziger umtauschen, sodass der Betrogene total verwirrt und ihnen hilflos ausgeliefert war. Einmal zahlte ich Lehrgeld, dann zog ich daraus meine Lehre. Einen anderen Trick verfolgte ein professionelles Team, gebildet aus Sinti und Roma. Sie kamen in Scharen ins Geschäft, immer dann, wenn sich kein Kunde darin aufhielt. Ein Teil von ihnen ging zu den Glasbehältern mit den Rubbellosen, ein anderer Teil steuerte in die andere Richtung, wo sich die Kühlschränke befinden. Die »Kühlschrankfraktion« bat mich zu sich, um die Getränkepreise erläutert zu bekommen. Währenddessen öffneten die »Einbruchspezialisten« die Behälter und entwendeten die heiß begehrten Rubbellose. Zu meinem Glück hatte ich an diesem Tag nicht viele Lose der Sofortlotterien vorrätig, aber der Schaden betrug etwa siebzig Euro.

Einige Gauner versuchen, an die begehrten Paysafe-Karten heranzukommen. Man braucht nur die Codenummern der Karten, um über das Guthaben zu verfügen, und diese Tatsache wollen viele Betrüger für kriminelle Zwecke nutzen. Sie rufen im Geschäft an und geben sich als Mitarbeiter der Lotteriegesellschaft oder der Paysafe-Firma aus. Sie bräuchten für die Überprüfung der Karten deren Codenummern. Wer die Nummern herausgibt, hat schon verloren. Diese Karten gelten als verkauft und werden dem Händler belastet. Auch Prepaid-Karten für Telefonguthaben sind ein Objekt der betrügerischen Finesse. Manche lassen sich die Nummer ausdrucken, und bevor sie bezahlen, fotografieren sie diese. Danach suchen sie nach dem Geld, das sie nicht haben. Also geben sie dem Händler die Nummer zurück, die sie aber im nächsten Augenblick in ihr Handy eintippen. Der Betrag wird dem Handy-Inhaber gutgeschrieben, der Händler guckt in die Röhre.

Es gibt auch Gauner, die Gesetze erfinden. Einer von ihnen wollte mir einen alten Feuerlöscher verkaufen und berief sich auf ein Gesetz für Kioske und Kleingeschäfte, das es nicht gibt.

Eine andere im Kiosk ungern gesehene Gruppe sind die psychisch instabilen Besucher. Manche Menschen mit einem Hirnschaden verfügen über ungeheure Energien, die sich in vollkommen unvorhersehbaren Handlungen und Reaktionen entladen können. Für mich bedeutet dies, dass ich eine erhöhte Wachsamkeit, psychologisches Einfühlungsvermögen und das nötige Fingerspitzengefühl einsetzen muss. Solche Menschen haben mir schon Kühlschränke entleert, ohne für die entnommene Ware zu bezahlen, und am helllichten Tag in eine Ecke uriniert, ohne sich um das Publikum zu kümmern. Die Kundschaft fühlt sich bedroht durch ihr häufig sehr merkwürdiges Benehmen, manche werden sogar gewalttätig. Ein einsamer und von allen guten Geistern verlassener Mann, dem in der Woche zuvor die Wohnung gekündigt worden war, wollte am Heiligen Abend den Kiosk demolieren, als er erfuhr, dass ich zu meiner Frau und Tochter gehe und mit ihnen feiere. Einem anderen Verwirrten erschien der Preis für eine Flasche Cola zu hoch, daher warf er sie nach mir, das Ziel nur um Zentimeter verfehlend.

Einige Freunde des Kioskes unterhielten sich über politische Themen, die Meinungen waren so unterschiedlich wie die politischen Ausrichtungen der Gesprächspartner. Eine Kundin hörte die Diskussion mit und beschwerte sich bei mir über »obskure« Aussagen. Sie ermahnte mich zum Handeln, sonst drohe mir eine Anzeige. Eine andere Kundin kaufte eine Flasche Wasser. Während des Trinkens erschien ihr plötzlich der Preis im Vergleich zu dem immer weniger werdenden Inhalt als zu hoch. Sie hielt zwei Polizisten an und beschwerte sich über mich. Die beiden Beamten, nicht gerade die hellsten Köpfe, wollten mich zwingen, der Dame das Geld zurückzugeben inklusive Pfand. Am Ende einer nicht sehr niveauvollen Unterhaltung gab ich den Pfandbetrag zurück und verzichtete auf die Rückgabe der Flasche.

Aber nicht nur Kunden und Passanten verhalten sich manchmal merkwürdig. Auch die Verwaltungsangestellten der Stadt oder Mitarbeiter in größeren Firmen haben in ihren Reihen unfähige Kollegen. Nach der Fertigstellung meines neuen Kioskes am Börsenplatz verweigerte mir die Stadt Frankfurt plötzlich die Betriebsgenehmigung. Vor deren Erteilung wurden nämlich alle relevanten Ämter nach ihrem Einverständnis angefragt. Eine Routinebefragung, dachte man. Das damalige Gartenamt bemängelte nun die Nähe des Kioskes zu den soeben neu auf dem umgestalteten Platz eingepflanzten Bäumen und blockierte die Genehmigungserteilung. Ich musste einige Wochen darum kämpfen, einen Anwalt engagieren und die Neueröffnung verschieben.

Im Rahmen der Neugestaltung der Innenstadt ließ die Stadt Frankfurt die unterirdischen Installationen neu verlegen. Man holte alte Wasserrohre aus dem Boden und ersetzte sie durch neue, tauschte auch alte Telefonkabel gegen neue aus. Die Telekom verlegte außerdem Glasfaserleitungen für das Internet. Nach der

Beendigung der Arbeiten schüttete man alles zu und verlegte teure Platten, die aus der Tschechoslowakei angeliefert wurden. Nachdem die Bauarbeiten abgeschlossen waren, wollten die Anlieger ihre Computer an das Internet anschließen und ... guckten in die Röhre. Die Telekom hatte bedauerlicherweise »vergessen«, die neu verlegten Kabel anzuschließen. Man machte den Platz wieder auf, holte das »Vergessene« nach und war anschließend mit sich und der Welt zufrieden. Es entstanden enorme Kosten, die man an die Endverbraucher weiterzugeben versuchte, zum Glück ohne Erfolg.

Was die Stadt Frankfurt kann, kann die Deutsche Post schon lange. Eines Tages stellte man einen großen gelben Briefkasten direkt an die Wand meines Geschäftes, selbstverständlich ohne mich zu fragen. Um etwaige Dissonanzen mit der Stadt und der Post zu vermeiden, verzichtete ich auf Beschwerden. Nicht jedoch die Deutsche Post: Man beschwerte sich bei mir allen Ernstes, das Wasser meiner Klimaanlage, die sich direkt über dem Briefkasten befindet, tropfe auf den gelben Kasten und es bestehe Gefahr für die eingeworfene Post. Ich solle doch bitte die Klimaanlage woanders montieren oder dafür sorgen, dass das Wasser woanders hinfließt. Ich reagierte nicht und die Sache wurde ausgesessen.

Die meisten Kunden benehmen sich normal und kultiviert, obwohl die Handys heutzutage eine Plage sein können. Manche Menschen betreten mit dem Handy am Ohr das Geschäft und stellen sich vor die Verkaufstheke. Sie produzieren Sätze, deren Adressat nicht einwandfrei einzuordnen ist. Manchmal fühle ich mich angesprochen, dann antworte ich auch. Aber denkste! Dieser Mensch spricht ins Handy und ist auch noch sauer, von mir gestört zu werden. Er schaut mich kopfschüttelnd an und zeigt mir sofort sein Unverständnis für meine fehlende Rücksichtnahme. Verwirrt bitte ich um Verzeihung – aber eigentlich will er hier doch etwas von mir und sollte mir lieber seinen Wunsch mitteilen, anstatt Telefongespräche zu führen.

Die Zeiten ändern sich, die Menschen auch. Ihre Gewohnheiten entwickeln sich anders, gutes Benehmen und Höflichkeit nehmen ab. »Guten Morgen« oder »guten Tag« hört man sehr selten, »auf Wiedersehen« wird durch »Tschau« ersetzt – immerhin. Das Wort »bitte« kennen viele Kunden nicht mehr, besonders für die junge Generation scheint es ein Fremdwort zu sein. Aber die jungen, dynamischen Damen und Herren unserer Gesellschaft sind auch direkter und strahlen mehr Selbstsicherheit aus als ihre Eltern. Sie sind weltoffener und haben weniger Vorurteile, das muss man ihnen zugute halten. Mit der älteren Generation fand ich meist eine gemeinsame Sprache, aber ich habe auch mit den Jüngeren keine Probleme. In all den Jahren meiner Tätigkeit traf ich Tausende Menschen, führte unzählige Gespräche, meisterte verschiedene schwierige Situationen. Ich begrüßte Prominenz aus der ganzen Welt und die Verlierer unserer Gesellschaft, gewann neue Freunde und verlor manche alte. Ich lachte mit den Menschen und weinte mit ihnen, freute mich und war böse, traurig und verzweifelt. Durch die Kioske, diese städtischen Verkaufspavillons, lernte ich unzählige Menschen kennen, durfte an deren Freuden und Sorgen teilnehmen. Viele von ihnen weilen nicht mehr unter uns, vielen werde ich nie wieder begegnen. Aber das, was ich mit ihnen erleben durfte, bleibt in meinem Gedächtnis. Und das ist schön!

Frankfurt, den 7. August 2013

Weitere Bücher von Simon Zawalinski

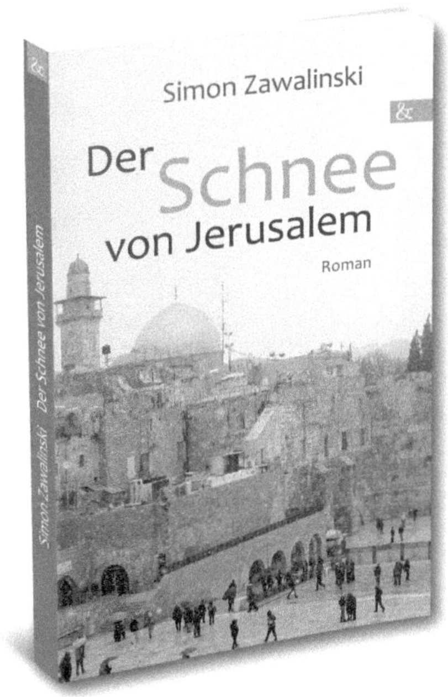

Der Schnee von Jerusalem
Roman, 168 S., Paperback
ISBN 978-3-86520-485-1

In seinem Roman »Der Schnee von Jerusalem« erzählt Simon Zawalinski in eindringlicher Sprache bewegende Lebensgeschichten zwischen Jerusalem und Frankfurt, Stettin und Tel Aviv: von den Juden in Polen und in der Sowjetunion während der Kriegs- und Nachkriegszeit. Von den Schwierigkeiten, sich mit den ehemals verhassten Deutschen in deren Land zu arrangieren. Von schicksalhaften Begegnungen und alten Liebenden, die sich nach Jahren wiederfinden. Und von den Schwierigkeiten der jüdischen »Heimkehrer« beim Aufbau eines neuen Lebens in Eretz Israel.

Der Ostpark-Blues
196 S., Paperback
ISBN 978-3-8391-9526-0

»Die Sehnsucht, die ab und zu aus meinem Inneren aufsteigt, wird manchmal unerträglich. Dann schließe ich die feucht gewordenen Augen und erinnere mich.«

In »Der Ostpark-Blues« erzählt Simon Zawalinski die bewegende Lebensgeschichte eines polnischen Juden, der sich an sein ereignisreiches Erwachsenwerden in Israel und Deutschland erinnert.